딜레마의 형이상학

딜레마의 형이상학

초판 1쇄 발행 2018년 7월 13일
초판 2쇄 발행 2019년 12월 5일

-

지은이 박제철
펴낸이 이방원
편 집 김명희 · 안효희 · 윤원진 · 정조연 · 정우경 · 송원빈
디자인 손경화 · 박혜옥
영 업 최성수
마케팅 이미선

-

펴낸곳 세창출판사
신고번호 제300-1990-63호
주소 03735 서울시 서대문구 경기대로 88 냉천빌딩 4층
전화 02-723-8660 **팩스** 02-720-4579
이메일 edit@sechangpub.co.kr **홈페이지** http://www.sechangpub.co.kr

-

ISBN 978-89-8411-761-7 93110

이 도서의 국립중앙도서관 출판예정도서목록(CIP)은 서지정보유통지원시스템 홈페이지(http://seoji.nl.go.kr)와
국가자료공동목록시스템(http://www.nl.go.kr/kolisnet)에서 이용하실 수 있습니다.(CIP제어번호: CIP2018019992)

딜레마의 형이상학

기체이론
다발이론
실체이론
귀납적 일반[redacted]
우연적 일[redacted]
법칙적 [redacted]
통시간[redacted]간적
이[redacted]론
[redacted]이론
[redacted] 시간론
[redacted]적 시간론
[redacted]부세계 회의론
지식회의론
현상주의
기호법
헴펠의 역설
통 속의 뇌

박제철 지음

세창출판사

머리말

이 책에서 나는 형이상학이라는 학문 분과 내에서 벌어지고 있는 몇 가지 흥미로운 일들을 그려 내려 한다. 그 흥미로운 일이란, 형이상학이 놓인 딜레마적 상황이다. 딜레마적 상황이란, 이러지도, 저러지도 못하는 그러한 상황을 일컫는다. 두 갈래 길 중 어느 한 길을 따라가더라도, 불만족스러운 곳에 도달할 수밖에 없는 그러한 상황 말이다. 이러한 딜레마적 상황에서의 두 갈래 길은 이론과 상식이다. 상식에서 출발해 이론을 전개하다 보면, 어느 순간 비상식적인 결론에 도달한다. 또 어떤 비상식적인 이론을 채택해, 그 이론을 전개하다 보면, 어느 순간 상식적인 이론에 도달하기도 한다. 항상은 아니지만, 매우 빈번하게 이러한 일들이 형이상학이라는 분과에서 발생한다. 이러한 과정을 그려 보고자 하는 것이 이 책의 목적이다.

이 책은 2부로 구성되어 있다. I부에서는 개체의 구조와 동일성의 문제를 다룬다. 철수, 영희, 내 앞의 나무, 연필 등등의 개체가 어떤 형이상학적 구조를 가지고 있는가에 대한 논쟁이 있다. 이와 관련해 이 책에서는 **기체이론**, **다발이론**, **실체이론**을 다루고, 그중 **다발이론**이 우리 상식에 가장 부합하며 또 이론적으로도 가장 적절하다는 것을 밝히고자 한다. 그런데 **다발이론**을 풀어 나가다 보면, 이상하게도 매우 비상식적인 이론에 도달하게 된다. 바로 개체의 시간적 동일성 문제와 관련한 **확장지속이론**, 그리고 개체의 통세계적 동일성 문제와 관련한 **통세계적 동일성 부정이론**이 그것이다. 자세한 내용은 본문에서 드러나겠지만, 한 가지 분명한 점은, 여기서 우리는 딜레마적 상황에 놓인다는 것이다. 상식에 부합하는 것으로 보였던 다발이론을 우리가 풀어 나가다 보면, 우리는 결국 비상식적인 이론에 도달하게 된다는 것 말이다. 개체의 구조와 동일성의 문제를 둘러싼 이러한 딜레마적 상황이 I부에서 자세히 묘사될 것이다.

II부에서는 인과성, 헴펠의 역설, 시간의 문제, 현상주의 등의 주제가 논의된다. 개체의 구조와 동일성이라는 주제와 마찬가지로 이 주제들도 여러 논쟁들을 일으켰다. 필자는 이 책에서 각 주제와 관련해 어느 특정 이론을 옹호할 것이다. 예를 들어 인과성과 관련해서는 흄의 이론을, 헴펠의 역설과 관련해서는 이 역설이 틀렸다는 주장을, 시간의 문제와 관련해서는 라이프니츠의 관계적 시간론을, 현상주의와 관련해서는 이 이론이 옳다는 주장을 옹호할 것이다. 문제는 이것들이 우리의 상식에 상당히 반한다는 것이다. 각 이론을 옹호하는 과정을 보면, 필자가 매우 상식적인 견해에서 시작함을 발견할 수 있을 것이다. 그러나 그러한 견해를 이론적으로 풀어 가다 보면, 우리는 어느 순간 매우 비상식적인 이론에 도달하게 된다. 이것 역시 딜레마적인 상황이라고 할 수 있다.

모든 면에서 만족스러운 길은 없어 보인다. 다만 여러 길을 다니다 보면, 느슨하더라도 전체 지도가 생긴다. 책의 곳곳에 그림을 넣어 최대한 이해가 쉽도록 지도를 만들었으니, 처음 이 길에 들어선 사람들은 이 지도를 좀 참조했으면 하는 바람이다. 처음 간 동네에서는 느슨한 지도라도 도움이 많이 된다. 어쩌면 이것이 이 책을 쓴 가장 큰 이유일지도 모르겠다. 느슨한 지도라도 만들었으니 이를 참고하기를 바란다.

그동안 도움을 주신 모든 분들에게 감사드린다. 강의를 하게 해 주신 선생님들, 또 여러 논평을 해 주신 선생님들, 모두에게 감사드린다. 가족에게도 감사드린다. 혜서, 준서는 내가 고맙다고 한다면 이해할 수 있을까? 세창출판사의 이방원 사장님, 그리고 편집을 맡아 주신 홍순용 님께 감사의 말씀을 전한다. 정성스러운 교정 덕에 책이 읽을 만하게 되었다. 다시 한 번 모든 분들에게 감사의 말씀을 드린다.

2018년 6월

박제철

차례

I **개체**의 구조와 **동일성**의 문제

II 상식과 이론의 충돌

I

개체의 구조와 동일성의 문제

1

서론

I부에서는 개체의 구조와 동일성의 문제를 다룬다. 개체란 공간적으로 마름질된, 그래서 우리가 하나, 둘 등으로 셀 수 있는 것들을 말한다. 철수, 영희, 동수도 개체이고, 하나의 나무, 하나의 코끼리, 하나의 토끼, 그리고 하나의 핸드폰, 연필, 나무 등등도 개체이다. 이러한 개체는 속성을 가진다. 속성은 개체의 존재방식으로서, 모양, 크기, 무게, 색, 성격 등등을 말한다. 철수는 키가 크고, 영희는 키가 작다. 저 나무는 초록색이다. 철수는 착하고, 동수는 항상 웃는다. 각 개체가 갖는 이러한 존재방식을 속성이라고 한다. I부에서 우리가 다룰 주제는 이러한 개체, 그리고 속성, 이 둘에 대한 것이다. 두 가지 주제가 대두되는데, 하나는, 이러한 개체가 어떠한 형이상학적 구조를 갖는가 하는 문제다. 이 주제와 관련해서는 세 가지 서로 다른 이론들이 대립하고 있다. 하나는, 개체가 기체*substratum*와 속성properties들로 이루어져 있다는 입장으로서, **'기체이론'**이라 불린다. 다른 하나는, 개체가 오직 속성들로만 이루어져 있다는 입장으로, **'다발이론'**이라 불린다. 마지막 이론은, 개체가 본질적 속성으로서의 종과 우연적 속성으로서의 일반 속성으로 이루어져 있다는 입장으로, 실체이론이라 불

린다. I부에서는 개체의 구조에 대한 이러한 서로 다른 입장들을 살펴보고, 그중 어떤 이론이 가장 가망성 있는가를 따져 보고자 한다. 이 책에서 우리가 선택할 이론은 다발이론인데, 그 이유는 이 이론이 우리의 상식과 직관에 가장 부합하며, 또 이 이론에 대한 가장 강력한 반박으로 이해되는 맥스 블랙의 논변에 대해서도 적절한 답을 낼 수 있기 때문이다.

이렇게 개체의 구조와 관련한 세 개의 서로 대립하는 이론들을 살펴본 다음 우리가 할 일은, 개체의 동일성의 문제에 관한 것이다. 두 가지 종류의 동일성에 대해 살펴볼 것인데, 하나는 개체의 통시간적 동일성, 그리고 그 다음으로는, 개체의 통세계적 동일성이 그것이다.

개체의 통시간적 동일성이란, 예를 들어, 어제의 철수와 오늘의 철수, 이 시간축상의 두 존재가 서로 같은가, 아니면 다른가 하는 문제이다. 시간축상의 두 개체를 수적으로 같다고 보는 이론을 **이동지속이론**endurantism이라고 부른다. 어제의 철수와 오늘의 철수는 수적으로 같은, 하나의 개체라는 것이다. 한편 이 둘을 다르다고 보는 이론을 **확장지속이론**perdurantism이라고 부른다. 이 이론에 따르면, 어제의 철수와 오늘의 철수는 수적으로 다른 존재이다. 개체의 지속, 혹은 개체의 시간적 동일성의 문제와 관련한 이 두 입장은 자신들 나름의 논변들을 제시하며 서로 경쟁한다. 이 책에서는 개체의 지속, 혹은 개체의 시간적 동일성의 문제와 관련해 이동지속이론이 더 가망성 있는 이론이라고 주장될 것이다. 그 이유는, 이 이론이 우리의 직관, 우리의 상식에 부합하기 때문이다.

개체의 동일성에 관한 두 번째 주제는 개체의 통세계적 동일성 문제이다. 이 주제는 현실적인 개체와 가능한 상황 속에서의 개체, 이 둘을 같은 개체로 볼 것인가, 아니면 다른 개체로 볼 것인가의 문제이다. 철수가 자동차 사고를 피했다고 가정해 보자. 그렇다면 우리는 현실에서의 철수와 가능한 상황 속에서의 철수를 나누어 생각해 볼 수 있다. 즉, "현실적으로 사고를 피한 철수", 그리고 "가능한 상황에서 사고를 당한 철수". 이 둘을 수적으로 같다고 볼 것인가, 아니면 다르다고 볼 것인가의 문제가 바로 개체의 통세계적 동일성이라는 주제에서의 핵심 논쟁점이다. 이렇게 현실의 철수와 가능한 상황에서의 철수, 이 둘을 같다고 보는 이론을 통세계적 동일성을 인정하는 이론, 다르다고 보는 이론을 통세계적 동일성을 부정하는 이론이라고 한다. 그런데 사고를 피한 철수와 사고를 당할 뻔한 철수, 이 둘을 같은 개체라고 보는 이론이 상식적이지 않은가? 그래서 우리는 통세계적 동일성을 인정하는 이론을 채택할 것이다.

여기서 딜레마적인 상황이 발생한다. 왜냐하면, 우리는 개체의 정체성 문제와 관련해 다음과 같은 이론들의 패키지를 갖기 때문이다. 첫째, "기체이론-이동지속이론-개체의 통세계적 동일성 인정 이론" 둘째, "다발이론-확장지속이론-개체의 통세계적 동일성 부정 이론." 기체이론을 선택하게 되면, 자연스럽게 이동지속이론과 개체의 통세계적 동일성을 인정하는 이론을 채택하게 된다. 그리고 다발이론을 선택하게 되면, 자연스럽게 확장지속이론과 개체의 통세계적 동일성을 부정하는 이론을 채택하게 된다. 여기서 딜레마적 상황이 발생하게 되는 것이다. 개체의 구조와 관련해서는 다발이론이, 우리의 상식과 직관에 부합한다는 이유로 채택되었는데, 이러한 이론을 좀 더 풀어내면, 우리의 상식과 직관에 전혀 부합하지 않는 이론, 즉 확장지속이론과 개체의 통세계적 동일성을 부정하는 이론으로 흘러가게 된다는 것. 어떻게 어제의 철수와 오늘의 철수가 서로 다르며, 어떻게 사고를 피한 철수와 사고를 당할 뻔한 철수가 서로 다르다고 할 수 있는가?

다음 장에서 자세히 논하겠지만, 그렇다고 기체이론을 채택하기도 어려운 일이다. 이 이론에서 핵심을 이루는 기체라는 것은, 우리의 경험 대상이 되지도 못하며, 그 어떤 속성도 가질 수 없다. 이러한 주장은 받아들이기 어렵다. 상식적으로, 직관적으로 기체는 여러 속성을 가지는 것으로 보인다. 기체는 속성들의 담지자라고 주장된다. 그런데 기체는 그러한 속성을 가질 수 없다. 무한퇴행을 피하려면 말이다. 이러한 사실은 대단히 비상식적이고, 비직관적이다. 어떻게 아무런 속성도 갖지 않는 것에 대해 우리가 말할 수 있다는 것인가?

실체이론도 큰 문제를 가진다. 철수를 철수이게끔 해 주며, 영희를 영희이게끔 해 주는 본질적 속성으로서의 종이, 즉 철수와 영희의 정체성을 결정해 주는 종이, 철수와 영희의 개체적 차이에 대해서는 전혀 설명해 주지 못한다는 문제가 그것이다. 한 개체의 정체성의 원리가 어떻게 차이의 원리가 될 수는 없는가? 이것이 실체이론의 문제이다.

이렇게 본다면, 딜레마적 상황은 분명해진다. 상식에서 출발하면 우리는 비상식에 도달하게 된다. 비상식을 피하기 위해 다른 선택을 하게 되면, 다시 비상식에 도달하게 된다. 그래서 우리는 다음과 같은 상황에 놓이게 된다. 상식과 이론, 이 모두를 충족시킬 적절한 이론들의 패키지는 없다. 상식을 믿고 싶지만, 이를 이론적으로 확장해 보면, 비상식에 도달하게 된다. 우리가 1부에서 전개할 이야기가 바로 이러한 딜레마적 상황이다. 이제 개체의 구조에 대한 세 이론을 살펴보면서, 왜 다발이론이 가장 상식적이며 직관적인지, 그리고 이론적으로도 적절한지 알아보자. 그러고 난 다음, 왜 이 이론의 이론적 확장판들이 비상식으로 귀결되는지 살펴보도록 하자. 그러한 고찰 이후 우리는 왜 형이상학이 딜레마적인 상황에 놓이게 되는지를 이해할 수 있을 것이다. 우선 개체의 구조에 대한 이론들을 살펴보는 것으로 출발한다.

2

개체의 구조: 기체이론, 다발이론, 실체이론

개체의 구조에 관한 서로 다른 세 개의 이론을 살펴보면서, 우리의 논의를 시작하도록 하자. 우선 개체라는 것이 무엇인지에 대한 설명부터 필요해 보인다. 개체란 무엇인가? 여러 형이상학적 이론들은 개체에 대한 자기 고유의 정의를 가지고 있다. 그러나 이 글에서는 개체를 매우 상식적인 수준에서 정의 내리며 출발하도록 한다. 그 정의란 다음과 같다. 개체는, 공간적으로 마름질된, 그래서 우리가 하나로 셀 수 있는 그 무엇이다. 그래서 코끼리 한 마리, 사슴 한 마리, 장미 한 송이, 떡갈나무 한 그루 등등이 개체이다. 인공물들도 공간적으로 마름질되어 있다면, 하나의 개체로 간주할 것이다. 그래서 하나의 컵, 하나의 연필, 하나의 핸드폰 등등은 개체이다. 개체에 대한 이러한 정의는 자의적으로 보일 수 있다. 왜냐하면, 하나의 핸드폰은 서로 다른 여러 부품으로 이루어진, 그래서 하나의 것이 아니라, 여럿의 총체인 것으로 보이기 때문이다. 이러한 정의상의 어려움이 발생하는 것은 사실이다. 그러나 우리의 논의를 위해서, 그리고 이 책의 전체 주장을 직관적이며 상식적인 방식으로 드러내기 위해서, 개체에 대한 다소 느슨한 이러한 정의에 만족하도록 하겠다. 그래서 우리에게는 여러 개체들이 주어져 있다. 코끼리, 사슴, 장미, 연필, 핸드폰 등등.

좀 전에 개체에 대해 이야기할 때, 예를 들어 하나의 핸드폰에 대해 이야기할 때, 그 핸드폰은 여러 부품, 여러 요소로 구성된 총체라고 말했었다. 그리고 이러한 사정에도 불구하고 우리는 그 핸드폰을 "하나"의 개체라고 부르자고 이야기했었다. 이제 이 둘, 즉 하나의 핸드폰, 그리고 그 부품들, 이 둘은 특별한 관계를 맺고 있다. 그 관계를 보통 '부분-전체의 관계'라고 부른다. 통상적으로 이러한 관계를 맺는 어떤 것들이 있다면, 그 전체는 부분들로 나뉠 수 있다. 어떻게 전체를 부분들로 나눌 수 있을까? 물리적으로 나눌 수 있다. 직관적으로 말하자면, 우리는 톱으로 썰어 전체를 부분으로 나눈다. 하나의 책상이 있다면, 우리는 각 부분들을 톱으로 썰어 그것을 나눈다. 그래서 우리는 톱으로 썰어, 책상 다리, 책상 서랍 등등의 부분들을 얻는다. 이것은 핸드폰도 마찬가지이다. 핸드폰을 썬다는 것이 조금 이상하다면, 분해한다고 하면 된다. 그렇게 하면, 하나의 전체로서의 핸드폰은 물리적으로 분할된다. 톱으로 썰든, 부품을 분해하든, 어쨌든 부분-전체의 관계를 맺는 것들은 물리적으로 분할된다.

하나의 책상, 하나의 핸드폰은 그것을 이루는 부분들로 분할될 수 있다. 그리고 우리는 하나의 책상, 하나의 핸드폰, 이것들과 그것을 이루는 부분들의 관계를 '부분-전체의 관계'라고 불렀다. 하나의 개체, 예를 들어, 하나의 책상, 하나의 핸드폰은 하나의 전체로서 자신의 부분들과 "부분-전체"의 관계를 맺는 하나의 총체이다. 그런데 이러한 개체가 갖는 또 다른 관계도 있다. 그것을 '요소-전체의 관계'라고 부른다. 이 요소-전체의 관계란, 한 개체와 그 개체가 갖는 속성들 사이의 관계이다. 속성이란, 한 개체의 존재 방식이다. 내 앞의 책상은 어떻게 존재하는가? 우선 갈색이 눈에 띈다. 내 책상은 갈색으로서 존재한다. 다음으로 책상 윗면이 보인다. 내 책상은 직사각형의 모양을 띠며 존재한다. 크기에도 주목하게 된다. 가로 1.3m 정도, 세로 70cm 정도의 크기를 가지면서 내 책상은 존재한다.

이러한 특성들, 내 책상의 존재 방식들을, 속성이라고 부른다. 내 책상은 자신의 존재 방식으로서, 갈색임, 책상 윗면이 직사각형임, 어떤 특정 크기를 가짐 등등의 속성을 가진다. 이러한 속성들은 내 책상이 가지는 부분들과는 다르다. 이러한 속성들은 책상의 부분들과는 다르게, 책상으로부터 물리적으로 떼일 수 없다. 나는 책상으로부터 책상 다리를 물리적으로 떼어 낼 수 있다. 톱으로 자르면 된다. 그러나 나는 내 책상으로부터 갈색을 물리적으로 떼어 낼 수 없다. 톱으로는 갈색을 떼어 낼 수 없다. 그렇다면 우리는 어떻게 이 속성들을 책상으로부터 분리해, 이 각각의 속성들에 대해 말할 수 있을까? 톱이 아니라 우리 정신이 그것들을 떼어 낸다. 그래서 우리는 이렇게 말할 수 있다. 부분들은 톱으로 잘라 내 전체로부터 떼어 낼 수 있다. 반면 요소들, 즉 속성들은 우리 정신으로 잘라 내 전체로부터 떼어 낼 수 있다. 이렇게 우리 정신적 작용을 통해 하나의 개체로부터 속성들을 떼어 내는 행위를 추상이라고 부른다. 외국어로서의 '추상abstract'은 떼어 낸다는 뜻이며, 숨겨진 뜻으로는 정신을 통해 떼어 낸다는 뉘앙스가 포함되어 있다. 이에 대립하는 단어가 '구체concrete'인데, 떼이지 않은 온전한 전체가 바로 구체이다. 이러한 구체적인 것, 즉 추상되지 않은 것이 바로 개체이다. 구상화(구체적인 것을 그린 그림)와 추상화를 비교해 보라. 그럼 구체와 추상에 대한 직관적인 개념 구분이 이루어질 수 있을 것이다. 구상화의 내용물들은 모두 우리가 우리 주위에서 보고 만질 수 있는 것들이다. 반면 추상화는 우리 주위에서 볼 수 있는 물건들을 그린 것이 아니라, 우리가 그러한 물건들로부터 떼어 낸 속성들, 즉 색과 도형으로만 이루어져 있다.

그래서 개체는 부분-전체의 관계로도, 요소-전체의 관계로도 분석될 수 있다. 이제 이 책에서 우리의 관심은 요소-전체, 혹은 속성-개체의 관계에 한정된다. 부분-전체의 관계가 형이상학적으로 중요하다 하더라도, 우리의 관심, 즉 형이상학 분과 내에서 벌어지고 있는 딜레마적 상황을 살펴보는 것과 관련해서는, 요소로서의 속성-전체로서의 개체, 이 둘의 관계가 중요하다. 왜냐하면, 이 관계를 둘러싸고 딜레마적 상황이 전개되는데, 이 책에서의 우리의 관심이 바로 이러한 딜레마적 상황이 어떤 전개 방식을 갖고 펼쳐지는가 하는 것이기 때문이다. 우리가 주목하고자 하는 문제는 다음과 같다. 개체의 구조, 개체의 시간적 동일성, 개체의 통세계적 동일성의 문제가 상식-이론의 대립 상황에서 우리로 하여금 어떤 때는 상식적이지만 어떤 때는 비상식적인 입장에 서도록 만든다는 그러한 문제. 이제 이 각각의 형이상학적 주장들에 대한 논의를 전개하면서, 어떤 방식으로 우리가 딜레마적 상황에 놓이게 되는지 살펴보도록 하자. 우선 개체의 구조에 대한 문제부터 살펴보도록 하자.

기체이론

개체는 속성들로 이루어진 총체이다. 색, 크기, 모양, 무게 등등의 속성들이 모여 하나의 개체를 이룬다. 그래서 내 책상은 갈색, 윗면이 직사각형, 가로 1.3m, 5kg의 무게 등등의 속성을 가진, 그러한 속성들이 모인 하나의 총체이다. 그래서 "내 책상은 어떠어떠하다"라고 내가 말할 때, 이러한 어떠어떠한 것들, 이것들이 내 책상이 갖는 속성들이며, 이것들이 내 책상의 존재방식이다. 이러한 속성들이 모여 하나의 내 책상을 이룬다. 그래서 내 책상은 어떤 구조를 이루는데, 그 구조를 이루는 요소들이 바로 속성이며, 그 속성들이 어떠한 것이냐에 따라 내 책상의 특성이 결정된다. 이제 형이상학자들은 각자 나름의 이유를 가지고서, 내 책상의 형이상학적 구조에 관한 서로 다른 여러 견해들을 제시한다. 이 책에서는 개체의 구조에 관한 세 개의 형이상학 이론을 검토하려고 하는데, 각각 개체의 구조에 관한 기체이론*substratum* theory, 다발이론bundle theory, 실체이론substance theory이 그것이다. 우선 기체이론을 살펴보도록 하자. 개체의 구조에 관한 형이상학적 이론으로서의 기체이론은, 하나의 개체를, 속성들, 그리고 기체, 이렇게 두 가지 종류의 무언가로 이루어진 것이라 생각한다. 그래서 기체이론가들은 개체의 구조에 대해 이렇게 말한다. "하나의 개체는 속성들, 그리고 기체, 이 둘로 이루어진 하나의 전체이다."

속성에 대해서는 앞에서 간략히 이야기했다. 속성은 한 개체의 존재방식으로서, 그 개체의 특성을 정해 주는 일종의 규정성들이다. 크기, 모양, 색, 무게 등등이 그러하다. 반면 기체에 대해서는 아무런 언급이 없었다. 이제 기체가 무엇인지, 그리고 왜 기체라는 것이 하나의 개체를 형이상학적으로 분석함에 있어 꼭 필요한지 살펴보도록 하자.

개체의 구조를 분석함에 있어 기체가 필요하다는 주장은 오래된 것이다. 적어도 로크까지 거슬러 올라가는데, 로크는 이러한 기체를 바늘꽂이에 비유했다.[1] 하나의 개체를 이루는 요소로서의 기체는 일종의 바늘꽂이로서, 바늘이 바늘꽂이에 꽂히듯이, 속성들이 이 기체에 달라붙음으로 해서, 하나의 개체가 완성된다는 것이다. 하나의 개체로서의 내 책상을 이 방에서 저 방으로 옮겨 보자. 크기, 모양, 색, 무게 등등의 속성들은, 그렇게 옮기는 과정을 거치고도 다른 데로 흩어지지 않고, 책상이 옮겨지는 전 과정에서 책상에 달라붙어 있다. 바로 이렇게 여러 속성들을 붙잡고 있는 존재, 바늘이 바늘꽂이에 꽂혀서 흩어지지 않는 것처럼, 속성들이 꽂혀서 흩어지지 않게 만들어 주는 존재, 그것을 로크는 기체*substratum*라고 불렀다. '기체*substratum*'라는 단어의 외국어명이 보여 주듯이, 기체는 속성들 아래에 서서(깔려서), 속성들을 잡아 주는 그 무엇이다. 그래서 이 이론에 따르면, 개체는 하나의 전체로서, 서로 다른 두 종류의 요소들로 이루어져 있는데, 그것은 바로 기체와 속성들이다. 그리고 개체는 이 두 요소, 즉 기

1 Locke (1690), II. xxiii, 6, 참조.

체와 속성들에 의해 구조화된 하나의 전체이다.

이렇게 기체는 속성들의 담지자로서 요청되고 있다. 기체이론가들에 따르면, 속성들이 휘날려 흩어지지 않는 이유는 개체의 한 요소로서의 기체가 이러한 속성들을 담지해 꽉 잡아 주고 있기 때문이라는 것이다.

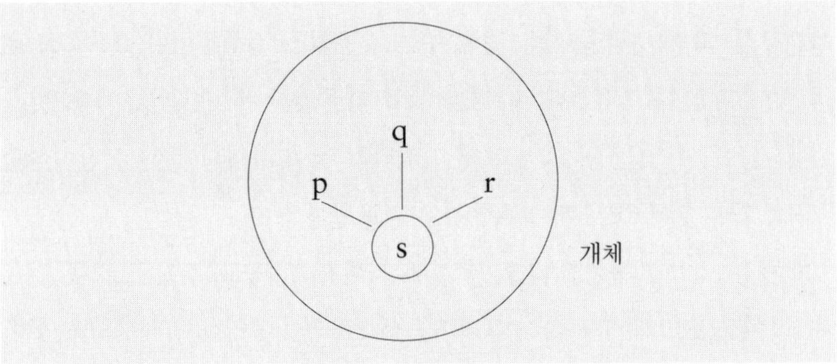

〈그림 1〉

기체이론에 따르면 하나의 개체는 기체(*substratum*의 약자 s라고 하자) 하나와 속성들(임의의 속성을 p, q, r로 부르자), 이 둘로 이루어져 있다. 위 그림에서처럼, 하나의 개체를 이루는 두 요소, 즉 기체 s와 속성들 p, q, r들이 있고, 이 둘의 관계는 그림에서 보듯이, 속성들 p, q, r이 기체 s에 꽂혀 있는 방식이다.

물론 이러한 아이디어는 우리 주변 사물들을 관찰했을 때 얻게 되는 상식적 아이디어를 형이상학의 영역에 확장한 결과로 추정된다. 민들레 홀씨들은 꽃받침이 꽉 잡아 주어 흩어지지 않게 된다. 꽃받침이 없다면, 이것들은 사방으로 흩어질 것이다. 컵에 물을 담으면 물은 고여 있지만, 컵이 없다면, 흩어져 버릴 것이다. 이러한 상식적 생각에 기반한 이론이지만, 이 이론은 형이상학에서 매우 강하게 받아들여지고 있는 이론이기도 하다. 왜냐하면, 기체이론에서의 기체는 속성들의 담지자 이상의 중요한 형이상학적 역할을 담당하고 있기 때문이다. 이제 기체의 이러한 역할들을 살펴보면서, 기체의 특성에 대해 좀 더 알아보기로 하자.

◎ 무속성

속성들의 담지자 역할을 하는 기체는, 그 어떤 속성도 가지지 않는, 그리고 그 어떤 속성도 가질 수 없는 무속성의 존재이다. 우선 하나의 개체는, 자신이 가진 속성들에 의해 특성 지어진다. 내 책상은 어떤 특성을 가질까? 내 책상은 윗면이 직사각형이다, 내 책상은 5kg이다, 내 책상은 갈색이다. 이 모든 내 책상의 특성은 모두 속성들에 의해 결정된다. 개체는 속성들에 의해 특성 지어진다. 그래서 내 책상은 위의 그림에서 보듯이 속성들 p, q, r 등에 의해 특성 지어진다. 이제 한 개체의 요소로서의 기체는 어떤 특성을 가질까?

이상하게도, 기체는 그 어떤 속성, 그 어떤 특성도 가질 수 없다. 이제 왜 그런지 살펴보도록 하자. 위 그림에서 보듯이, 개체는 p, q, r 등등의 속성을 가진다. 그런데 개체가 그러한 속성들을 갖는 방식은 내재적이다(위의 그림에서 보듯이, 속성 p, q, r 등은 개체 내부에 있다). 즉, p, q, r 등등의 속성을 가짐으로써, 그 개체는 p, q, r적으로 존재한다. 예를 들어 내 책상은 갈색, 5kg, 윗면이 직사각형임 등등의 속성을 가짐으로써, 바로 그러한 방식으로 존재하는 것이다. 그런데 기체이론에 따르면 한 개체가 어떤 속성을 가지기 위해서는 그 속성을 담지하는 기체가 필요하다. 이제 그 기체 s와 속성 p, q, r의 관계는 어떠한가? 위 그림에서 보듯이, 기체는 속성 p, q, r을 외재적으로 가진다. 다시 말해, 기체는 속성들을 담지하는 담지자이지만, 그 속성들로 인해 자신의 존재방식이 결정되지는 않는다. 하나의 개체는 자신이 갖는 내재적 속성들로 인해, 나름의 존재방식을 갖게 되지만, 기체는 그 속성대로의 존재방식을 갖지는 않는다. 그러한 의미에서 한 기체가 담지하는 속성들은 그 기체에 대해 외재적이다.

그렇다면, 한 기체는 개체가 갖는 내재적 속성과는 다른 어떤 속성을 가질 수는 없을까? 그렇게 할 수 없다. 왜 그런지 살펴보자. 우선 다음의 그림을 살펴보자.

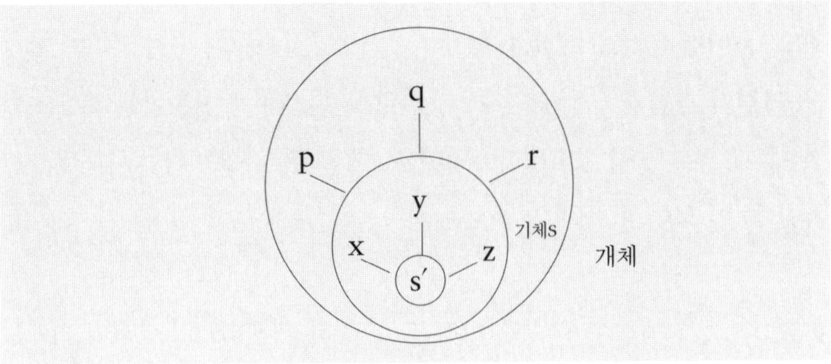

〈그림 2〉

위 그림에서처럼 기체가 어떤 내재적 속성 x, y, z를 가진다고 해 보자. 기체이론가들이 일관적이려면, 그러한 내재적 속성들의 담지자가 필요할 것이다. 개체가 내재적 속성 p, q, r을 가지기 위해서는 그러한 속성들의 담지자 s가 필요한 것처럼, 기체가 내재적 속성 x, y, z를 가지기 위해서는 그러한 속성들의 담지자가 필요할 것이다. 그러한 속성들 x, y, z의 담지자를 s′라고 해 보자. 기체 s가 x, y, z 등등의 내재적 속성을 갖는다면, 그러한 속성들의 담지자로서의 또 다른 기체 s′가 필요하다. 그런데 기체 s가 x, y, z 등등의 내재적 속성들을 갖는다면, 같은 이유로 기체 s′도 어떤 속성들을 가져야 할 것이다. 기체이론가들이 일관적이려면 말이다. 따라서 기체 s′가 갖는 내재적 속성들의 담지자 s″가 필요할 것이고, 이러한 과정은 무한히 반복될 것이다. 이러한 무한 반복을 철학자들은 무한퇴행이라고 부른다. 계속 새로운 무언가가 나타나야 하는 상황. 그리고 철학자들은 이러한 무한퇴행을 옳지 않다고 생각한다. 아마 자신들의 형이상학 목록에 너무나 많은 것들이 포함되는 것을 싫어하기 때문이 아닌가 생각된다. 상황이 이렇다면, 기체는 그 어떤 속성도 가질 수 없다. 단 하나의 속성만 인정해 주어도, 무한퇴행에 빠지게 되는데, 무한퇴행은 나쁜 것이므로, 단 하나의 속성도 인정해 줄 수 없다. 그래서 기체는 그 어떤 속성도, 그 어떤 특성도 가질 수 없다. 형이상학자들은 기체가 갖는 이러한 모습을 드러내기 위해, 기체라는 말 대신 '무속성 기체bare particular'라는 표현을 쓰기도 한다.[2] 핵심은 이런 것이다. 기체는 그 어떤 속성도 가질 수 없다.

◎ 경험 불가능성

우리는 오감을 가지고 있다. 눈, 코, 입, 귀, 피부 등등이 이러한 오감을 담당하는 기관이다. 우리를 둘러싼 대상들은 우리의 오감을 자극함으로써 우리에게 경험된다. 내가 책상을 보면, 갈색이, 어떤 모양이 주어진다. 만져 보면 딱딱하다. 툭 치면 쿵 소리가 난다. 맛은 없다. 이렇게 각각의 개체들은 우리의 오감을 통해 우리에게 경험되며, 그러한 경험은 각 개체가 갖는 속성들에 의해 결정된다. 내 책상은 자신이 갖는 속성들로 인해 갈색으로, 사각으로, 딱딱함으로, 쿵 소리로 나에게 경험된다. 반면 내 사탕은 자신이 갖는 속성들로 인해, 책상과는 달리 경험된다. 내 사탕은 자주색으로, 동그라미(구)로, 딱딱함으로, 이빨과 부딪힐 때 딸각 소리로, 달콤한 맛으로 경험된다. 우리의 경험이라는 것은 이렇게 하나의 사물이 가진 속성들이 어떠한 것인가에 의해 결정된다. 그렇다면, 기체는 경험될 수 없다는 결론이 도출된다. 왜냐하면 기체는 그 어떤 속성도 가지지 않으며, 그 어떤 속성도 가질 수 없기 때문이다. 어떤 속성을 가져야만 오감을 통해 경험이 될 텐데, 기체는 그 어떠한 속성도 가지지 않으므로 경험이 불가능하다.

2 Bergmann (1967), 26 참조.

경험이 되지 않는다는 것은 우리가 기체를 우리의 존재론에, 즉 존재하는 것들의 목록에 포함시키려 할 때 약점으로 작용한다. 상식적으로 볼 때, 경험되는 것들은 모두 존재한다고 할 수 있다. 어떤 경우에는 현미경과 망원경이 필요할 경우도 있다. 어쨌든 경험은 존재를 보장해 주는 것으로 보인다. 물론 경험이 되지 않는다고 다 존재하지 않는 것은 아니다. 경험이 존재를 보장해 주지만, 비경험이 비존재를 보장해 주는 것은 아니다. 적어도 철학의 영역에서는 그렇다. 예를 들어 신은 경험되지 않으나, 그렇다고 존재하지 않는다고 바로 주장하기는 어렵다. 이렇게 비경험이 바로 비존재를 주장하도록 하는 것은 아니지만, 적어도 철학의 영역에서는 경험 불가능한 어떤 것의 존재를 주장하려면, 그것이 왜 꼭 필요한지에 대한 정당화는 반드시 필요하다. 경험되지 않는 어떤 것이 존재한다고 할 때, 아무런 이유, 아무런 근거도 대지 못한다면, 우리는 우리가 원하는 모든 것들의 존재를 자의적으로 주장할 수 있을 것이다. 따라서 무언가 경험되지 않는 것이 존재한다고 주장하기 위해서는 어떤 이유, 어떤 근거가 필요하다. 기체는 왜 있어야 하는 것일까? 어떤 이론적 요청으로 인해 철학자들은 기체라는 것을 상정했을까? 여러 이유가 있다. 위에서 언급했던 것처럼, 기체는 속성들의 담지자 역할을 한다. 물론 이것은 상식적 경험을 철학적 이론의 영역에 투영한 결과물이다. 그래서 다른 이유들이 필요해 보인다. 다음과 같은 세 가지 이유를 살펴보자.

기체의 특성

기체이론가들이 개체를 구성하는 실재물로서 기체를 도입하는 이유는 여러 가지이다. 앞에서 기체가 필요한 이유 중 하나로, 개체가 가지는 속성들을 담지해 주는 담지자로서의 역할을 소개했는데, 지금부터는 그 외에 다른 세 가지 이유를 살펴보고자 한다. 형이상학적 역할을 수행하는 역할수행자로서의 기체는 첫째, 개체들의 수적 차이를 내는 원리이며, 둘째, 개체의 지속을 확보해 주는 원리이고, 셋째, 가능성과 관련해 개체의 동일성을 확보해 주는 원리이다. 특별히 이 셋을 언급하는 이유는, 이 책에서 바로 이 주제들이 우리로 하여금 딜레마적 상황에 놓이도록 하는 핵심이기 때문이다. 이제 이들 각각을 살펴보면서, 기체의 특성에 대해 더 알아보도록 하자.

◎ 개체들의 수적 차이를 내는 원리로서의 기체

다음과 같은 상황을 가정해 보자. 즉, 모든 면에서 완벽하게 닮은 두 개의 개체가 있는 상황. 이들은 완전하게 유사하지만 서로 다른 두 개체이다. 예를 들어, 용감하고 지식이 있고 현명한 철수와, 이와 똑같은 속성을 갖는 동수(쌍둥이라고 하면 이해가 쉬울 듯하다). 이제 다음과 같은 질문을 던져 보자. 이 경우 완벽하게 서로 닮은 두 개체를, 즉 철수와 동수를 하나의 동일인이 아닌 두 사람으로 간주하게 해 주는 원리는 무엇인가? 그들이 갖는 속성들의 차이로 이를 설명할 수 없다. 왜냐하면 이 둘은 정확히 유사하니까. 따라서 다른 원리가 필요하다. 이 때 기체이론가들은 서로 정확히 유사한 개체들의 수적 차이를 내는 원리로서 기체를 제시한다. 철수와 동수는 모든 면에서 정확히 유사하다. 하지만 철수는 철수 고유의 기체를 갖고, 또 동수는 동수 고유의 기체를 갖는다. 철수와 동수는 서로 완전히 닮았음에도 불구하고, 혹은 모든 속성을 공유함에도 불구하고 각자 자기 자신 내에 자기 고유의 기체를 가짐으로 인해 서로 다른 존재자가 된다. 그래서 이들은 둘로 간주될 수 있다. 이 경우 기체는 서로 완전하게 유사한 두 개체의 수적 차이를 내는 원리가 된다. 이것이 기체가 요구되는 첫 번째 이유이다.

◉ 개체의 지속을 확보해 주는 원리로서의 기체

우리는 개체가 시간과 변화를 뚫고 동일한 것으로서 지속한다고 말한다. 철수는 변화를 겪음에도 불구하고 어제로부터 오늘까지 동일인으로 지속한다. 이러한 지속을 어떻게 설명할 수 있을까? 우리의 상식은 동일한 하나의 철수가 어제로부터 오늘까지 변화를 뚫고 지속한다고 말해 준다. 이제 상식이 우리에게 말해 주는 바를 분석해 보자.

어제 용감했던 철수가 오늘은 용감하지 않다고 가정해 보자. 어제의 철수를 '철수-어제'라는 단어로 지칭하고 오늘의 철수를 '철수-오늘'이라는 단어로 지칭하도록 하자. 이제 상식이 우리에게 말해 주는 바는 다음과 같은 것이다. 즉, 철수-어제는 용감함이라는 속성을 갖지만 철수-오늘은 그 속성을 갖지 않는다. 그럼에도 불구하고 철수-어제는 철수-오늘과 동일하다. 그래서 개체의 지속은 철수-어제, 그리고 철수-오늘, 이 둘의 동일성Identity에 의해 확보된다. 이제 라이프니츠의 원리, 동일자 구별불가능성의 원리Principle of Indiscernibility of Identicals를 여기에 적용해 보자. 이 원리에 따르면 만약 철수-어제와 철수-오늘이 동일자라면, 이 둘은 모든 속성에 있어 일치해야 한다. 그러나 철수-어제는 용감함이라는 속성을 갖지만 철수-오늘은 그 속성을 갖지 않는다. 따라서 철수가 변화를 뚫고 지속한다는 사실의 근거로서 철수-어제와 철수-오늘이 동일함을 주장하는 것은 어려움을 낳는다. 이 문제를 해결하기 위해 우리는 기체를 도입할 수 있다. 기체이론에 따르면 한 개체는 기체와 속성들로 구성되어 있다. 철수의 예를 든다면, 철수는 자신에게 고유한 기체 s와, 그 밖의 여러 속성들로 구성되어 있다. 이제 기체이론에 따르면, 개체 철수의 변화와 지속은 기체 s와 그 밖의 속성들의 존재론적 특징에 의해 정의된다. 우선 개체의 변화는 다음과 같이 설명된다. 변화란 기체 s에 속성이 붙어 있다가 떨어지는 것이다. 철수가 어제 용감했다가 오늘 용감하지 않다는 것은, 철수가 갖고 있는 기체 s에 어제 용감함이라는 속성이 붙어 있다가 오늘 떨어져 나갔다는 것이다. 다음으로 개체의 지속은 다음과 같이 설명된다. 즉, 개체 철수는 변하지만, 철수가 자신의 핵심적 구성 요소로서 갖는 기체 s는 변하지 않는다. 변화하지 않는 s의 자기 동일성에 의해, s를 자신의 구성 요소로서 갖는 철수는 지속하는 것이다. 철수는 속성들이 바뀜에도 불구하고, 그래서 변화함에도 불구하고, 자기 고유의 기체 s를 항상 가지고 있기 때문에, 시간이 흘러 변화함에도 불구하고, 자신의 정체성을 항상 유지하는 것이다. 이처럼 기체이론은 변화를 속성들이 기체에 붙었다 떨어졌다 하는 것으로, 그리고 지속을 기체 자체가 변화하지 않는 것으로 설명한다.

◎ 가능성과 관련해 개체의 동일성을 확보해 주는 원리로서의 기체

우리는 지금 현재 어떠어떠한 상황에 놓여 있다. 우리 각각이 가지는 속성들이 그러한 상황을 보여 준다. 나는 지금 현재 피곤하다, 나는 지금 현재 배가 고프다, 그러나 나는 다른 상황에 놓일 수 있었다. 상황이 조금만 달라졌다면, 나는 지금 활기차며 배가 부를 수 있었던 것이다. 이것은 현실성과 가능성의 문제이다. 현실적으로 나는 피곤하며 배가 고프지만, 가능적으로는 활기차며 배가 부를 수 있는 것이다. 피곤하며 배가 고픈 현실적 나를 '현실-나'라고 하고, 활기차며 배가 부른 가능적 나를 '가능-나'라고 표현해 보자. 현실-나는 배고픔, 피곤함 등등의 속성을 가지지만, 가능-나는 이러한 속성을 가지지 않고, 그와 반대되는 속성, 즉 배부름, 활기참 등등의 속성을 가진다. 서로 다른 속성을 가진 현실-나와 가능-나는 서로 다른 존재인가? 만약 속성만이 한 개체의 정체성을 규정한다고 하면, 현실-나와 가능-나는 서로 다르다고 해야 옳을 것이다. 나는 배고프지만, 김씨는 그렇지 않다면, 그리고 오직 속성만이 이 두 사람의 정체성을 규정하는 것이라면, 이 둘은 서로 다른 존재인 것과 마찬가지로 말이다. 현실-나와 가능-나, 이 둘이 다른 속성, 모순되는 속성을 가진다면, 그리고 오직 속성만이 각 개체의 정체성identity을 규정한다고 하면, 이 둘은 서로 다르다고 해야 할 것이다. 그렇다면 문제가 발생한다. 현실-나와 가능-나, 이 둘이 다르다면, “상황이 좀 나아지면, 나는 활기차며 배가 부를 수 있었을 텐데”라는 가능성에 관한 주장이 어떤 의미를 가질 수 있을까? 위 문장은 나에 대한 가능성을 주장하는 문장이지만, 현실-나, 그리고 가능-나, 이 둘이 서로 다르다면, 위 문장은 내가 아닌 다른 그 어떤 사람에 대한 문장이 되고 마는 것이다. 위 문장에서의 ‘나’라는 표현의 주인공은, 현실-나와는 다른 그 어떤 사람이 되고 마는 것이다.

서로 다른 시간상의 두 존재에 대한 시간적 동일성을 설명할 때와 마찬가지로, 기체이론가들은 이러한 상황에서 기체를 도입한다. 현실-나, 그리고 가능-나, 이 둘은, 서로 다른, 혹은 서로 모순되는 속성을 가지고 있지만, 이 둘은 하나의 기체, 하나의 동일한 기체를 갖고 있는 이상, 서로 동일한 존재라는 것이 바로 기체이론가들의 입장이다. 이러한 이론가들의 주장에 따르면, 현실-나는 하나의 개체로서, 여러 속성들과 기체 s로 구성되며, 가능-나도 하나의 개체로서, 여러 속성들과 기체 s로 구성된다. 현실-나와 가능-나는 여러 다른 속성, 혹은 여러 모순되는 속성들을 가지지만, 그럼에도 불구하고, 기체 s가 유지되는 이상, 자신의 정체성을 그대로 유지하게 되는 것이다. 개체의 시간적 지속에서와 마찬가지로, 속성들의 차이에도 불구하고, 기체 s가 한 개체의 정체성을 규정하는 유일한 것으로서, 그 기체만 유지된다면 한 개체는 현실성과 가능성 사이에서 자신의 정체성을 그대로 유지하게 된다. 정체성과 관련해 속성은 큰 역할을 하지 못한다. 기체 s만 유지된다면 정체성은 유지된다. 개체의 정체성을 유지시켜 주는 것은 속성이 아니다. 그것은 기체다.

기체가 유지됨으로써 한 개체는 현실성과 가능성, 이 두 양상적 상황을 옮겨 다닐 수 있게 된다. 현실-나와 가능-나는 하나의 동일한 개체인데, 왜냐하면 속성들의 차이에도 불구하고, 동일한 하나의 기체가 각각의 개체에(사실은 하나의 개체에) 놓여 있기 때문이다. 기체이론가들은 이렇게 기체를 도입함으로써, 각각의 개체가 어떻게 현실적 상황과 가능적 상황에, 자신의 정체성을 유지하면서 옮겨 다닐 수 있는지를 설명해 낸다.

우리는 속성들의 담지자라는 역할로부터 출발해, 그러한 역할을 담당하는 기체에 대한 이미지를 얻었다. 그러나 이러한 기체는 우리가 감당하기 어려운 어떤 특성들을 보이고 있다. 즉 아무런 속성도 가지지 않는, 혹은 가질 수 없는 무속성적 존재라는 것. 그리고 이러한 무속성적 존재라는 사실로부터 이것이 경험이 될 수 없는 존재라는 사실이 도출된다. 이렇게 아무런 속성도 가지지 않는 그 무엇, 아무런 경험도 일으키지 않는 그 무엇은 우리가 감당하기 어려운 것이다. 하지만, 이러한 기체가 이론적으로 어떤 역할을 하고 있다는 것도 분명하기는 하다. 우리가 다룬 세 가지 역할에 대한 고찰은 기체가 어떤 현상을 설명함에 있어 특정 역할을 하고 있다는 점을 보여 주고 있다. 그래서 이제 문제는 다음과 같다. 너무나 감당하기 어려운 특성을 가지는 기체를 우리는 버려야 할까? 아니면 이론적 역할을 하기 때문에 우리는 이것을 받아들여야 할까?

이 책에서 나는 기체를 거부하는 입장을 취하고자 한다. 왜냐하면, 첫째, 감당하기가 너무 어렵기 때문이다. 그 어떤 속성도 가질 수 없는 그 무엇에 대해 우리가 이런저런 이야기를 하고 있다는 것 자체가 납득이 되지 않는다. 둘째, 우리는 개체의 수적 차이의 원리, 개체의 지속의 원리, 현실성과 가능성 사이에서 개체의 정체성 확립의 원리, 이 셋 모두를 기체 없이도 제시할 수 있다. 기체가 이상한 존재라는 생각 때문에 그것을 거부하려고 해도, 이것이 무언가 이론적 역할을 하기 때문에 필요하다고 기체이론가들은 주장하지만, 그러한 이론적 역할을 꼭 기체가 해야만 하는 것은 아니라는 점이 증명된다면, 우리는 굳이 기체를 필요로 할 이유가 없는 것이다. 이러한 이유로 이 책에서 나는 기체를 거부하는 입장을 취하고자 한다. 그래서 그 대안으로 나는 개체의 구조에 관한 이론 중 다발이론이 가장 선호할 만한 것이라고 주장할 것이다.

안타까운 점은, 이렇게 대안을 제시하는 과정에서, 우리는 딜레마적 상황에 빠지게 된다는 것이다. 안타까운 점이기는 하지만, 그러한 딜레마적 상황에 빠지게 되는 모습을 보여 주는 것도 이 책의 목적이며, 어쩌면 이것이 형이상학이라는 학문이 가지는 피할 수 없는 일일지도 모른다는 생각이 들기도 한다. 어쨌든 이 장에서는 일단 기체를 거부하는 첫 번째 이유를 간략히 설명하고자 한다. 두 번째 이유는 논의가 진행됨에 따라 뒷장에서 자세히 설명될 것이다.

기체는 감당하기 어려워 보인다. 두 가지 점에서 그렇다. 첫째, 무속성이라는 것, 둘째 경험이 안 된다는 것. 우선 경험이 안 된다는 문제부터 살펴보자. 내 오감을 자극하지 않는 그 어떤 것이 존재한다는 주장을 우리는 어떻게 받아들여야 할까? 더군다나 이것은 과학의 문제와는 다르다. 실험을 통해 우리가 경험할 수 없는 것의 존재가 확립되는 경우가 있다. 그러나 기체라는 것의 존재와 관련해서는 그 어떠한 실험도 관여할 수 없다. 만약 기체가 과학의 영역에 놓여 있는, 그래서 그 존재가 과학적인 쟁점이 되는 것이라면, 우리는 실험을 고안하기만 하면 된다. 에테르라든가, 아니면 암흑물질이라든가, 이러한 것들의 존재는 당장은 아니라 하더라도, 언젠가는 실험이 고안되어 그 존재 여부가 확인될 수 있는 것들이다(이 둘 모두 실험이 고안되어 그 존재 여부가 확인된 것으로 알고 있다. 에테르는 없는 것으로, 암흑물질은 있는 것으로). 그러나 기체는 과학적 영역에서 다루어지는 것이 아니다. 그 어떤 형이상학자도, 그 어떤 물리학자도 기체의 존재 여부에 관한 실험을 실행한 적도, 계획한 적도 없다. 따라서 기체는 에테르라든가 암흑물질 같은 것과는 그 위상이 다르다. 이것의 존재 여부는 어쩌면 귀신의 존재 여부와 비슷한 위상을 가지는 것이 아닌가 하는 생각이 든다. 즉 실험의 대상이 아니라 믿음의 영역에 놓여 있는 것 아닌가 하는 생각이 든다.

그렇다면 기체는 이론적으로 필요한 것인가? 기체이론가들은 기체를 이용해 다양한 현상들을 형이상학적으로 설명해 낸다. 따라서 기체는 필요한 것으로 보인다. 그러나 기체 없이 이러한 다양한 현상들을 설명해 낸다면? 그렇다면 기체는 이론적으로 불필요한 것이 된다. 그리고 기체이론과 대척점에 서 있는 다발이론가들이 바로 이러한 일을 수행하고 있다. 즉, 기체 없이, 오직 속성만으로 기체이론가들이 설명하고 있는 현상들을 설명해 내고 있는 것이다. 이것이 정당화된다면, 기체는 없다고 해도 문제가 없어 보인다. 이것은 뒷장에서 자세히 논의될 것이다.

기체는 경험이 되지 않는다. 이것은 약점으로 보인다. 그리고 이러한 약점은 더 심각한 약점으로부터 비롯된 것이다. 즉 기체가 무속성이라는 아주 받아들이기 어려운 주장. 무언가가 있다. 그런데 그 무언가는 그 어떤 속성도 가지지 않으며, 가질 수도 없다. 만약 기체가 어떤 속성을 가진다면 무한퇴행에 빠지게 된다. 그래서 기체는 그 어떤 속성도 가질 수 없다. 그런데 무속성이라는 것이 왜 문제가 되는가? 문제가 되는 이유는 다음과 같다. 기체이론가들은 기체가 무속성이라고 주장하지만, 그들이 기체에 대해 말할 때, 그들은 언제나 기체에 어떤 속성을 부여하고 있다. 우선 기체이론가들에 따르면 기체는 속성들의 담지자이다. 또 기체는 하나의 개체를 구성하는 요소이다. 그리고 기체는 개체들의 수적 차이를 내는 원리이다. 철수와 동수가 모든 속성에 있어 일치함으로써 완전히 닮아 있다 하더라도, 철수를 구성하는 요소로서의 기체 s와 동수를 구성하는 요소로서의 기체 s′가 서로 다르기 때문에 철수와 동수는 서로 다른 개체가 되는 것이다. 또한 기체는 개체의 지속을 보장해 주는 원리이다. 또 기체는 현실성과 가능성 사이에서 개체의 정체성을 확립해 주는 원리이기도 하다. 기체이론가들은 기체에 대해 이런 여러 이야기들을 한다. 그리고 이와 같이 말하는 동안 그들이 하고 있는 일은, 기체를 특정 방식으로 규정하는 것이며, 그러한 규정 행위는 기체에 속성을 부여하는 일이다. 기체이론가들은 기체에 속성을 부여하면서, 동시에 기체가 무속성이라고 주장한다. 기체이론가들은 기체를 옹호하기 위해 두터운 분량의 책을 쓴다.

그 책에는 기체가 갖는 여러 긍정적 속성들이 엄청나게 나열되어 있다. 그러나 그 책 중 어떤 부분에서는 기체가 무속성이라고 이야기된다. 이것을 어떻게 받아들여야 하는가? 이것은 이론적으로도, 상식적으로도 받아들이기 어렵다. 다음과 같은 주장은 상식에 어긋나는, 대단히 이상한 주장으로 보인다. "속성이 있지만, 사실은 없다."

경험이 되지 않는다는 것, 그리고 속성이 없다는 것, 기체가 갖는 이 두 가지 특성으로 인해 기체는 받아들여지기 어렵다. 상식에 너무도 반하는 주장으로 보이기 때문이다. 이러한 두 가지 이유 말고도 한 가지 이유가 더 있다. 이것은 기체이론을 반대하는 이유이기도 하지만, 기체이론 이외의 다른 이론들도 따라야 할 어떤 준칙으로 기능하리라 생각된다. 그것은 다음과 같은 주장이다. "개체들 사이의 동일성과 차이의 원리는, 너무 쉬운 것이어서는 안 된다." 기체는 개체들 사이의 동일성과 차이의 원리로서는 너무 쉬운 원리이다. 이 원리는 사실 "그냥 다르다"라고 주장하는 것 이상의 무언가를 말해 주지 않는다. 매우 의심스러운 특성을 가진 무언가를 제시하고는, 그것으로 인해 개체들의 동일성과 차이가 설명된다고 하는 것은, 개체들의 동일성과 차이에 대해 그것들은 "그냥" 동일한 것이고, "그냥" 다른 것이라고 말하는 것과 다르지 않아 보인다.

이 문제를 논의하기 위해, 우선 일상용어에서 "개체"라는 말이, 우리가 통상적으로 이야기하는 개체 말고, 다른 현상에 적용되는 경우를 예를 들어 살펴보자. 개체에 대한 것은 아니고, 서로 다른 여러 나라들에 대한 예이기는 하지만, 교훈이 있을 것으로 보인다. 한국과 스웨덴은 다른 나라이다. 속성의 차이에 주목해 왜 이들 나라가 서로 다른지 주목해 보자. 한국은 복지가 잘 안 되어 있는 나라이고, 스웨덴은 복지가 잘 되어 있는 나라이다. 왜 이렇게 다를까? 어떤 사람들은 스웨덴은 작은 나라이지만, 한국은 큰 나라이기 때문이라고 주장한다. 어떤 사람들은 스웨덴은 청렴한 나라이기 때문에 재정을 크게 유지할 수 있지만, 한국은 부패한 나라이기 때문에 재정을 작게 유지할 수밖에 없다고 주장한다. 그래서 복지에서도 차이가 나는 것이라 주장한다. 이 모든 차이들에 관한 주장은 모두 스웨덴과 한국이 각각 갖는 속성들의 차이에 관한 주장들이다. 만약 누군가가 한국과 스웨덴은 왜 다른가라고 물을 때, 한국은 한국의 기체가 있고, 스웨덴은 스웨덴의 기체가 있는데, 이 두 기체가 서로 다르기 때문에 다르다고 주장한다면, 그러한 주장은 정상적이고 상식적이라고 평가받기 어려울 것이다. 혹은, 한국은 자살률이 천 명당 15명이고, 스웨덴도 자살률이 천 명당 15명이지만, 한국의 천 명당 15명의 자살률과 스웨덴의 천 명당 15명의 자살률은 서로 다른 자살률이라고 주장한다면, 그래서 이 두 속성은 속성 수준에서 서로 다르다고 주장한다면 이 역시 정상적이고 상식적이라고 평가받기 어려울 것이다. 교훈을 얻어 낸다면 다음과 같다. 동일성과 차이는 "그냥"이 되어서도 안 되고, 너무나 쉬운 것이어서도 안 된다. 스웨덴과 한국의 동일성 차이의 원리에 대한 정상적이고 상식적인 수준의 답은, 개체들의 동일성과 차이의 원리에 대한 답에서도 똑같은 수준으로 제시되어야 할 것으로 보인다. 우리가 동일성과 차이에 대해 일상적으로 주고받는 물음과 답, 그러한 물음과 답의 성격이, 개체의 구조에 관한 우리의 형이상학적 물음과 답의 수준에서도 여전히 유지되어야 할 것으로 보인다. 그것, 즉 동일성과 차이는 바로 속성들의 수준에서 결정되어야 하는 것 아닌가 하는 생각이 든다.

지금까지 개체의 구조에 관한 여러 이론들 중의 하나로 기체이론을 다루었다. 기체는 우선, 속성들의 담지자이다. 속성들이 흩어지지 않고, 한 곳에 모여 있는 이유는, 바로 기체가 속성들 밑에서 그것들을 붙잡아 주기 때문이다. 이러한 형이상학적 상상력에 기반해 고안된 기체는 여러 형이상학적 역할을 수행한다. 우선 기체는 서로 완전히 닮은 두 개체의 수적 차이를 내는 원리로서 기능한다. 완전히 닮아 구분이 되지 않는 두 개의 동전을 생각해 보면 된다. 이것들은 구분이 안 되어 동일한 것으로 보이지만, 실제로는 서로 다른 기체를 각각 가짐으로써, 둘로 셀 수 있는 동전들이다. 다음으로 기체는 개체의 지속을 보장해 주는 원리이다. 한 개체는 시간을 뚫고 동일성, 정체성을 유지하며 지속한다. 개체는 각각의 서로 다른 시간에서 서로 다른 속성을 가짐으로써, 자신의 정체성을 잃을 것으로 보이지만, 실제로는 동일한 하나의 기체를 가짐으로써, 시간을 뚫고 자신의 정체성을 유지하게 된다. 마지막으로 기체는 개체의 가능성을 확보해 주는 원리로서 기능한다. 한 개체는 현실적으로 어떤 속성을 가지지만, 가능적으로는 그것과 모순되는 속성을 가질 수도 있다. 이렇게 현실성과 가능성 사이에서 개체는 자신의 정체성을 잃게 되는 것처럼 보이지만, 현실에서의 한 개체가 갖는 기체와 다른 가능한 상황에서 한 개체가 갖는 기체가 서로 동일한 하나의 기체이므로, 그 개체는 자신의 정체성을 유지하면서 현실성과 가능성, 이 두 양상적 상황에 놓일 수 있게 된다.

이러한 중요한 형이상학적 역할을 하는 존재이지만, 이러한 기체라는 것은 그 존재가 매우 의심스러운 것으로 보인다. 경험이 안 된다는 것, 그리고 무속성이라는 것, 이 두 가지가 그러한 의심의 이유이다. 어떤 존재가 아무런 속성도 가지지 않으며, 가질 수도 없다는 것은 납득하기 어려운 일이다. 기체는 적어도 속성들의 담지자 아닌가? 기체는 또 개체의 지속을 보장해 주는 원리 아닌가? 기체이론가들은 기체에 어떤 속성을 부여하면서 동시에 그것이 무속성임을 주장하고 있다. 이는 받아들이기 어렵다. 경험이 안 된다는 것도 문제이다. 경험이 안 되는 그 무엇이 존재한다는 것, 이것은 받아들이기 어렵다. 물론 경험이 안 되는 그 무엇이 존재할 수도 있다. 이론적으로 요청된다면 받아들일 수도 있는 것이다. 그렇다면 어떤 이론이 기체를 요구하는지 살펴봐야 한다. 과학적 이론이 기체를 요구한 적도 없고, 또 그럴 필요도 없다. 위에서 봤듯이 오직 형이상학적 이론이 기체를 요구하는 것처럼 보인다. 이제 기체가 설명해 내는 어떤 현상에 대해, 기체이론 말고 다른 어떤 이론이 기체를 상정하지 않고도 그러한 현상을 설명해 낸다면, 경험도 되지 않고 이론적으로 요구되지도 않는 기체는 필요 없다고 해도, 더 나아가 그냥 없다고 해도 되지 않을까?

개체의 형이상학적 구조에 관한 또 다른 이론인 다발이론이 이러한 작업을 수행한다. 이제 다발이론을 살펴보면서, 이 이론이 어떻게 위에서 기체를 이용해 설명해 낸 여러 현상, 즉 속성들의 담지자, 구별되지 않는 두 개체의 수적 차이의 원리, 개체의 지속, 현실성과 가능성 사이에서 개체의 정체성 유지 문제 등등을 기체 없이 잘 설명해 내는지 살펴보도록 하자.

다발이론

기체이론은 개체를 이루는 요소들로서, 기체, 그리고 속성, 이 둘을 제시한다. 다발이론은 이보다 간단하다. 이 이론에 따르면, 개체를 이루는 요소는 오직 속성들뿐이다. 기체는 없다. 오직 속성들만이 개체의 구성요소이다. 가진 것이 많으면 많은 일을 할 수 있다. 그래서 가진 것이 적다는 의미에서 다발이론은 기체이론에 비해 설명력이 떨어질 것으로 예상된다. 그러나 다발이론은 기체이론가들이 설명해 내는 모든 현상들을 나름의 정합성을 가지고 다 설명한다.

우선 밝혀 둘 것이 두 가지 있다. 이 두 가지의 것이 이 책 전반부 주제, 즉 개체의 구조와 동일성의 문제에서 발생하는 딜레마적 상황이라는 주제를 이끌어 나가게 될 것이다. 첫 번째 것은 다음과 같다. 나는 개체의 구조에 관한 형이상학적 이론 세 가지, 즉 기체이론, 다발이론, 실체이론, 이 셋 중 오직 다발이론만이 가장 올바른 이론이라고 생각하며 논의를 진행하고자 한다. 기체이론은 무속성, 경험불가능성이라는 매우 치명적인 약점을 가지며, 실체이론은 뒤에서 설명할 문제, 즉 개체성의 확보가 불가능하다는 치명적인 약점을 가지기 때문이다. 오직 다발이론만이 특별한 이론적 문제없이, 매우 상식적인 수준에서 이해될 수 있는 유일한 이론이 아닌가 한다. 그래서 나는 이 책에서 다발이론을 옹호하고자 한다. 여러 반론들이 있지만, 다발이론은 이 모든 반론들을 적절히 처리할 수 있다. 두 번째 것은 다음과 같다. 이론적으로나 상식적으로도 건전한 다발이론은 개체의 시간적 동일성, 개체의 가능세계적 동일성 문제와 관련해, 매우 비상식적인 이론으로 흘러가게 된다. 이 책에서 딜레마적 상황이라고 부른 바로 그러한 상황이 이것이다. 상식적으로 건전한 이론이 매우 이상한 이론으로 이어지게 되는 그러한 상황 말이다. 이제 다발이론을 살펴봄으로써, 먼저 왜 이 이론이, 이론적으로도, 상식적으로도 건전한지 알아보자. 물론 그 다음의 이야기는 왜 이 이론이 딜레마적 상황에 놓이게 되는지에 관한 것이다. 우선 딜레마적 상황에 대해 말하기에 앞서, 왜 이 이론이 건전한지 먼저 살펴보는 것이 순서일 것 같다. 이 이론의 내용에 대해, 그리고 이 이론이 갖는 설명력에 대해 먼저 살펴보면서 시작해 보자.

다발이론에 따르면, 개체를 구성하는 요소는 오직 속성들뿐이다. 이것은 매우 상식적으로 보인다. 나는 내 책상, 어떤 사람, 어떤 나무를 바라볼 때, 한 번도 속성 이외의 것을 본 적이 없다. 예를 들면, 나는 기체 같은 것을 본 적이 없다. 나는 하나의 개체로서의 내 책상에 대해, 그것이 갈색이라고 경험한다. 얼굴이 하얀 사람이 있고, 초록의 나무가 있다. 이러한 속성들은 각 개체들의 정체성을 규정하는 것으로서, 즉 그것이 무엇인가를 결정하는 것으로서, 이것들 이외의 것을 나는 경험한 적이 없다. 누군가가 내 책상이 어떠한지를 물으면, 나는 기체를 제시하지 않는다. 대신 나는 내 책상의 정체성, 즉 내 책상의 어떠함에 대해, 그것은 갈색이라고, 그것은 윗면이 직사각형이라고, 혹은 그것은 얼마짜리라고 말한다. 이렇게 상식이라는 것, 그것이 이 이론, 다발이론의 출발점이다. 그렇다면 이론적으로는 어떠한가? 이 이론은 기체이론이 잘 설명해 내는 여러 현상들을 마찬가지의 강도를 가지고 설명해 낼 수 있는가? 이제 기체이론이 설명해 내고 있는 여러 현상들을 어떻게 다발이론 역시 잘 설명하는지 살펴보자. 이러한 고찰이 끝나면 다발이론은 이론적으로도 매우 강하다는 것이 드러날 것이다.

우선 설명해야 할 것은 속성들의 담지자 문제이다. 기체이론은 하나의 개체를 이루는 요소로서, 우선 기체, 그리고 이 기체가 떠받치고 있는 속성들, 이 둘을 제시한다. 그런데 다발이론의 입장에서는, 그것이 기체를 배제하는 만큼, 속성들을 떠받칠 무언가를 제시할 수 없다. 그렇다면 속성들은 어떻게 한곳에 모여 있는가? 다발이론가들의 설명은 간단하다. 그냥. 그냥 한곳에 모여 있는 것이다. 이에 대해서는 설명이 필요해 보인다. 우선 속성들의 담지자로서의 기체, 이에 대한 형이상학적 이미지는 우리의 상식적 경험으로부터 온 것이라 여겨진다. 앞에서 말했듯이, 민들레 홀씨들은 꽃받침이 꽉 잡아 줌으로써 흩어지지 않고 한곳에 모여 있게 된다. 꽃받침이 없다면, 이것들은 사방으로 흩어질 것이다. 컵에 물을 담으면 물은 고여 있지만, 컵이 없다면, 흩어져 버릴 것이다. 이것은 매우 상식적인 이미지이다. 그러나 왜 이러한 상식적 이미지가 형이상학 이론에까지 침투해야 하는가? 우리 주변의 상식적 이미지가 과학 이론의 모델이 될 수 있다. 그러나 어떤 과학 이론은 우리의 상식적 이미지와 매우 다른 형태로 제시된다. 상식과 과학은 다른 영역이다. 마찬가지로 우리 주변의 상식적 이미지가 형이상학 이론의 모델이 될 수 있다. 그러나 우리의 형이상학 이론이 반드시 상식적 이미지와 유사해야 하는가는 의심의 여지가 있다. 더군다나, 그냥 모여 있는 것들의 경험적 사례도 있다. 아무런 받침대도 없이 뭉쳐 있는 것들의 사례를 생각해 보면 될 것이다. 뭉쳐 있는 목화솜, 뭉쳐 있는 먼지들, 그 밖의 많은 것들이 떠오른다. 이것들은 기체와 유사한 어떤 받침대도 없이 그냥 뭉쳐 있다. 민들레 꽃받침이 형이상학 이론을 위한 모델이 된다면, 왜 그냥 뭉쳐 있는 목화솜, 그냥 뭉쳐 있는 먼지들은 형이상학 이론을 위한 모델이 될 수 없는가? 이와 같은 이유로 다발이론가들은 한 개체를 이루는 속성들이 그냥 모여 있다고 주장한다. 그리고 이러한 주장은 크게 문제될 것이 없어 보인다.

다발이론에 따르면 한 개체를 이루는 속성들은 그냥 한곳에 모여 있다. 내 책상을 이루는 요소로서의 여러 속성들, 예를 들면 갈색임, 윗면이 직사각형임, 길이가 1.3m임 등등의 속성들은, 그냥 한곳에 모여 있고, 그렇게 함으로써 내 책상이라는 하나의 개체를 구성한다.

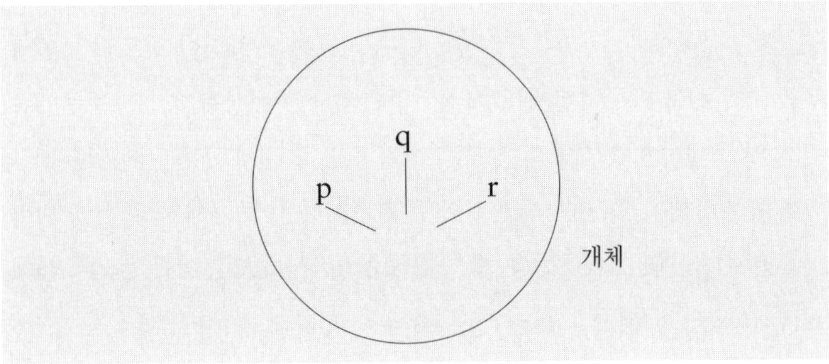

〈그림 3〉

다발이론은 속성들의 담지자라는 역할에 대한 나름의 설명을 가지고 있다. 속성들은 어떤 받침에 기대어 모여 있는 것이 아니라, 그냥 모여 있는 것이다. 이제 다발이론은 기체이론이 설명하고 있는 또 다른 세 가지 현상을 설명해야 할 필요가 있다. 그 세 가지 설명되어야 할 현상은 다음과 같다. 첫째, 서로 완전히 닮은 두 개체의 수적 차이의 문제, 둘째, 개체의 지속 문제, 셋째, 현실성과 가능성 사이에서 개체의 정체성 유지 문제. 그런데 이 문제들은 간단히 다루기 어렵다. 왜냐하면, 이 문제들은 여러 복잡한 논증들이 동원되어야만 이해될 수 있기 때문이다. 따라서 이 문제들은 다음 장으로 넘기고자 한다. 3장에서 첫 번째 문제, 즉 서로 완전히 닮은 두 개체의 수적 차이의 문제가 다루어질 것이다. 이 문제는 매우 복잡한 논증이 개입되는데, 그러한 복잡한 논증이 정리되고 나면, 다발이론이 이 문제에 대해서도 기체이론보다 더 나은 이론임이 드러날 것이다. 4장에서 두 번째 문제, 즉 개체의 지속 문제가 다루어질 것이다. 이것은 '개체의 통시간적 동일성'이라는 제목으로 다루어질 것이다. 5장에서는 세 번째 문제, 즉 현실성과 가능성 사이에서 개체의 정체성 유지 문제가 다루어질 것이다. 이것은 '개체의 통세계적 동일성'이라는 제목으로 다루어질 것이다.

4장과 5장은 이 책에서 딜레마적 상황이라고 부르는 어떤 상황에 관한 것이다. 3장까지의 논의에서는 다발이론이 기체이론에 비해 우수한 이론임이 주장된다. 그런데 다발이론과 연계되어 있는 다른 이론들, 즉 개체의 시간적 동일성에 관한 이론, 개체의 통세계적 동일성에 관한 이론은, 우리의 상식과 상당히 동떨어진 이론으로 귀결된다. 마치 이런 것이다. 우리는 상식에서 출발했지만, 매우 비상식적인 결론에 도달한다. 이것이 바로 이 책에서 딜레마적 상황이라고 말한 대목이다. 4장과 5장에서 이러한 상황에 대한 자세한 묘사가 주어질 것이다.

아직 다발이론의 설명력은 확인되지 않았다. 이것은 3장, 4장, 5장에서 이루어질 것이다. 그 전에 개체의 구조에 관한 세 번째 이론, 즉 실체이론에 대해 설명하고자 한다. 이 이론은 그 자체로도 흥미롭지만, 그에 더해, 이 이론이 갖는 약점으로부터 얻어 낼 교훈도 있다. 그리고 그 교훈은 매우 중요하다.

실체이론을 다루기에 앞서, 용어의 문제 하나를 다루고 넘어가야 하겠다. 그것은 바로 영어 단어 'identity'에 관한 것이다. 이 책에서는 지금까지 이 용어에 대해 다소 모호한 번역어를 사용했었다. 어떤 경우 영어 'identity'는 한국어 '동일성'으로 번역되었고,[3] 어떤 경우에는 한국어 '정체

3 예를 들어, 앞에서 "개체의 지속을 확보해 주는 원리로서의 기체" 절에서 우리는 영어 단어

성'으로 번역되기도 했었다.[4] 이 두 번역어 모두 옳은 것으로서 맥락에 따라 어떤 경우는 '동일성', 어떤 경우는 '정체성', 이렇게 번역되어야 한다는 것이 나의 생각이다. 통상 영어 'identity'는 동일성으로 번역된다. 동일성이란 일종의 관계로서, 자기 스스로와 맺는 관계이다. 어느 한 사람이 이름과 호 둘 다를 가지고 있다면, 그 이름의 주인공과 그 호의 주인공은 동일한 사람이다. 그래서 우리는 "춘원은 이광수와 동일하다identical"고 말한다. '춘원'이라는 호를 가진 사람과 '이광수'라는 이름을 가진 사람이 동일하다는 의미이다. 이렇게 영어 'identity'는 한국어 '동일성'으로 번역되는 것이 일반적이다.

그런데 영어 'identity'가 항상 '동일성'으로 번역되는 것은 아니다. 예를 들어 영어 'identity card'는 한국어 '신분증'으로 번역된다. 이 경우 의미를 잘 살리면, 여기서의 'identity'는 한국어 '정체성'으로 번역되는 것이 옳아 보인다. 신분증은 "당신은 누구입니까?"라는 질문의 답으로 제시되는 것이 보통이다. 그리고 "당신은 누구입니까?"라는 질문은 정체성에 대한 질문이다. 그래서 "당신은 누구입니까?"라는 정체성 질문을 받으면 우리는 주민등록증, 학생증, 사원증 등등을 제시한다. 그래서 영어 'identity card'에서의 'identity'는 정체성을 의미한다고 해야 한다.

이렇게 영어 'identity'는 '동일성'으로도, 또 '정체성'으로도 번역될 수 있다. 맥락에 따라서 말이다. 어떤 경우 우리는 "어제의 철수와 오늘의 철수는 같은가, 아니면 다른가?" 하는 문제를 따지게 된다. 이 경우 'identity'는

'identity'를 한국어 '동일성'으로 번역했었다. 그래서 다음과 같이 주장했었다. "그래서 개체의 지속은 철수-어제, 그리고 철수-오늘, 이 둘의 동일성identity에 의해 확보된다."

4 예를 들어, 앞에서 "가능성과 관련해 개체의 동일성을 확보해 주는 원리로서의 기체" 절에서 우리는 영어 단어 'identity'를 한국어 '정체성'으로 번역했었다. 그래서 다음과 같이 주장했었다. "현실-나와 가능-나, 이 둘이 다른 속성, 모순되는 속성을 가진다면, 그리고 오직 속성만이 각 개체의 정체성identity을 규정한다고 하면, 이 둘은 서로 다르다고 해야 할 것이다."

'동일성'으로 번역되어야 할 것이다. 혹 다른 경우, 우리가 "저것은 무엇인가?"라는 질문에 대해 "저것은 토끼이다", "저것은 호랑이다"라고 답하는 경우, 이 경우 'identity'는 '정체성'으로 번역되어야 할 것이다(이 문제는 다음 절에서 아리스토텔레스주의적 실체이론을 검토할 때 자세히 다루어질 것이다).

그래서 영어 'identity'가 우리 앞에 놓이면 우리는 맥락에 따라 다른 번역어를 선택해야만 한다. 무언가가 있는데, 그것이 같은 것인지, 아니면 다른 것인지를 다루는 맥락에 우리가 놓이게 되면, 그때, 'identity'라는 단어는 한국어 '동일성'으로 번역되어야 한다. 그리고 "그것은 무엇인가?"와 같은 정체성 문제를 다루는 맥락에 우리가 놓이게 되면, 그 때, 'identity'라는 단어는 '정체성'으로 번역되어야 한다. 그래서 다음 절에서 우리가 아리스토텔레스적 실체이론을 다루는 경우, 이 경우 가장 중요한 것은 "그것은 무엇인가?"라는 정체성 문제이므로, 'identity'는 주로 '정체성'으로 번역될 것이다. 그리고 4장과 5장에서 "서로 다른 시간상의 개체를 둘로 볼 것인가, 하나로 볼 것인가", 그리고 "현실에서의 개체와 가능한 개체를 둘로 볼 것인가, 하나로 볼 것인가"의 문제가 제기될 경우, 이 경우는 동일성/차이의 문제가 핵심인 만큼, 'identity'는 주로 '동일성'으로 번역될 것이다. 맥락에 의존하는 번역이니만큼, 다음절에서도 '동일성'으로 번역되는 경우가 있을 것이며, 4장과 5장에서도 '정체성'으로 번역되는 경우가 있을 테지만, 혼동의 염려는 적을 것이라 생각된다.

이제 '아리스토텔레스적 실체이론'이라고 불리는 이론을 분석하면서, 개체의 구조에 관한 이론들 셋 모두에 대한 고찰을 마무리 짓도록 하자.

아리스토텔레스적 실체이론

개체의 구조에 관한 여러 이론들 중, 아주 오래된 이론이 하나 있는데,

이 이론은 아리스토텔레스까지 거슬러 올라간다. 이 이론은 두 가지 점에서 기체이론과 다발이론의 약점을 극복하는 것으로 보인다. 그런 의미에서 이 이론은 검토되어야 한다. 그러나 자세한 분석을 거치면, 이 이론 역시 기체이론과 마찬가지로 매우 큰 약점을 가지고 있다는 점이 드러날 것이며, 그런 이유로 개체의 구조에 관한 이론들 중 다발이론이 가장 적절한 이론이라는 점이 밝혀질 것이라 생각된다.

이 이론에 따르면, 한 개체는 두 가지 종류의 속성들로 구성되어 있다. 하나는 우연적 속성이고, 다른 하나는 본질적 속성이다. 우연적 속성은, 한 개체가 가질 수도, 또 갖지 않을 수도 있는 속성이다. 한 개체가 자신의 정체성identity을 유지함에 있어, 이러한 속성들은 완전히 우연적이다. 이러한 속성들에는 종을 제외한 모든 속성이 해당한다. 소크라테스는 인간이라는 종에 속한다. 실체이론에 따르면 이 종을 제외한 다른 모든 속성, 예를 들어, 매부리코를 가짐, 철학자임, 독배를 마시고 죽음 등등의 속성들이 바로 우연적 속성들이다. 소크라테스는 매부리코를 갖지만, 갖지 않을 수 있다. 즉 자신의 정체성을 유지함에 있어 매부리코는 아무런 영향도 끼치지 않는다. 바로 그러한 의미에서, 즉 소크라테스의 정체성에 아무런 영향도 주지 않는다는 의미에서 매부리코, 철학자임, 독배를 마시고 죽음 등등의 속성은, 우연적인 속성들이다. 이것들은 한 개체의 정체성에 그 어떠한 영향도 끼치지 않는다. 소크라테스가 철학자라는 것은 우연적인 일이며, 그런 의미에서 소크라테스는 자신의 정체성을 위협받지 않으면서, 철학자가 아닐 수 있다. 소크라테스가 철학자가 아니더라도 소크라테스는 여전히 그 자신의 정체성을 유지할 수 있다.

반면 아리스토텔레스에 따르면 한 개체가 속하는 종은, 예를 들어 소크라테스가 속하게 되는 인간이라는 종은, 혹은 뽀삐가 속하는 개라는 종은, 그 개체가 갖는 본질적 속성으로서, 한 개체는 이러한 속성(종적 속성)을 잃으면, 그 개체는 자신의 정체성을 잃게 되어, 다른 무엇이 되거나, 아예 그 존재를 위협받게 된다. 이렇게 실체이론에 따르면 한 개체는 두 가지 종류의 속성들을 갖는다. 하나는 우연적 속성으로서, 자신의 정체성을 위해 가질 수도, 갖지 않을 수도 있는 속성이고, 다른 하나는 본질적 속성으로서, 자신의 정체성을 유지하기 위해서는 그 개체가 반드시 가져야 하는 그러한 속성이다. 아리스토텔레스에 따르면, 한 개체는 실체substance로서 어떤 종에 속하며, 그렇게 어떤 종에 속함으로써 자신의 정체성을 획득하게 된다. 그리고 종 이외의 나머지 속성들은 그렇게 정체성이 획득된 실체의 부수적 존재방식만 표현하는 것이다. 하나의 개체로서의 실체는 자신의 정체성의 핵심에 종을 두고, 그 이외의 속성들을 부수적으로 갖는 존재이다.

그래서 한 개체는 자신의 핵심을 이루는 본질로서의 종, 그리고 자신을 부수적으로 특징짓는 우연적 속성, 이 두 가지 서로 다른 종류의 속성들로 구성되어 있는 하나의 총체이다.

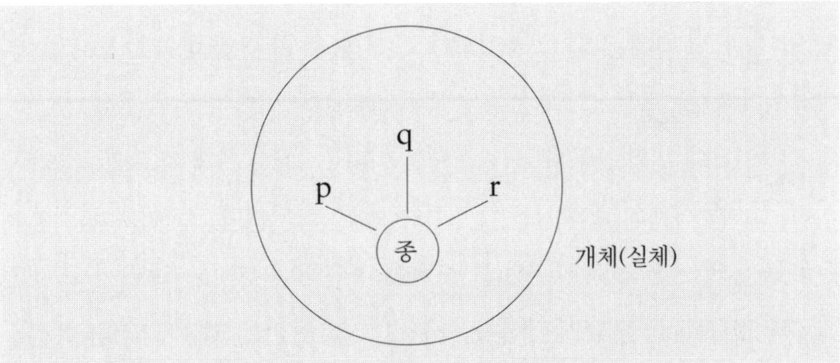

〈그림 4〉

이 그림에서 보듯이, 실체이론가들이 주장하는 개체는, 자신의 요소로서 종, 그리고 우연적 속성들, 이 둘로 구성되어 있다. 얼핏 보자면, 종은 기체이론에서의 기체와 유사한 기능을 하는 것으로 보인다. 하지만 기체이론에서의 기체와 달리 실체이론에서의 종은 어떤 규정성을 가지고 있다. 이것은 하나의 종으로서, 우리는 이것이 무엇인지 안다. 소크라테스를 볼 때 우리는 소크라테스가 속한 종이 무엇인지 안다. 소크라테스는 인간이다. 뽀삐를 볼 때 우리는 뽀삐가 속한 종이 무엇인지 안다. 그것은 개다. 따라서 종은 무속성 기체와 달리 어떤 특성을 가지고 있는 그 무엇이다. 우리로 하여금 기체이론에 거부감을 갖게 만드는 한 요소, 즉 무속성의 존재라는 사실이 실체이론에서는 문제가 되지 않는다. 종은 무속성이 아니며, 그런 한에서 우리는 그것이 무엇인지에 관해 고민할 필요가 없다. 우리는 그것이 무엇인지 알고 있다.

이 지점에서 한 개체가 갖는 속성들, 그것들의 존재론적 지위에 관해 한 가지 언급하고 가는 것이 좋을 것 같다. 아리스토텔레스주의자들은 한 개체가 갖는 속성을 두 가지 종류로 구분한다. 하나는 본질적 속성이며, 다른 하나는 우연적 속성이다. 본질적 속성은 한 개체의 핵심을 이루는 것으로서, 그 개체가 속하는 종을 말하며, 우연적 속성은 한 개체의 핵심 변방에 위치하는 속성으로서, 그 개체가 속하는 종 이외의 모든 속성을 말한다. 이렇게 한 개체가 갖는 속성들을 본질적 속성, 그리고 우연적 속성, 이 둘로 구분하는 형이상학적 입장을 '본질주의essentialism'라고 부른다.

기체이론은 반본질주의anti-essentialism이다. 기체이론에 따르면, 한 개체의 핵심, 한 개체의 정체성을 규정하는 것은 기체이다. 그 이외에 기체에 달라붙어 있는 모든 속성들은 한 개체를 우연히 특징짓는, 그래서 그 개체가 그러한 속성들을 갖지 않아도 여전히 그 자신인, 그래서 그러한 속성들을 갖지 않아도 여전히 자신의 정체성을 유지할 수 있는 그러한 속성들이다. 오직 기체만이 한 개체의 정체성을 규정하며, 속성들은 개체의 정체성을 규정하는 데 아무런 역할도 하지 않는다. 그런데 바로 그러한 기체는 그 어떤 속성도 갖지 않는다. 따라서 기체이론에 따르면, 두 가지 종류의 무언가가 한 개체를 구성하게 되는데, 하나는 그 어떠한 속성도 갖지 않는 기체, 그리고 개체의 정체성과 관련해 그 어떤 핵심적 역할도 하지 않는 속성들, 이 둘이다. 이렇게 볼 때, 한 개체를 이루는 모든 속성은 다 우연적이다. 아리스토텔레스적 실체이론에 따르면, 실체를 특징짓는 종은 한 개체에 본질적이다. 이 이론에 따르면 한 개체의 핵심을 이루는, 한 개체의 정체성을 규정하는 어떤 속성(종)이 있다. 그것이 그 개체의 본질이다. 반면 기체이론에 따르면, 한 개체의 핵심을 이루는, 한 개체의 정체성을 규정하는 것은 무속성 기체로서, 기체 이외의 그 어떤 속성도 한 개체의 본질을 규정하지도, 그 개체의 정체성을 규정하지도 않는다. 이런 의미에서 기체이론을 '반본질주의'라고 부를 수 있는 것이다.

아리스토텔레스적 실체이론은, 한 개체가 갖는 속성을 본질적 속성, 그리고 우연적 속성, 이 둘로 나눈다는 의미에서 '본질주의'라고 부를 수 있다. 한 개체의 정체성을 규정하는 어떤 속성(그 개체가 속하는 종), 즉 그 개체가 본질적으로 가지고 있는 속성이 존재한다는 의미에서 그러하다. 반면 기체이론은 반본질주의인데, 한 개체의 정체성을 규정하는 그 어떤 속성도 없다는 의미에서 그러하다. 이 이론에 따르면 한 개체의 정체성을 규정하는 것은 기체인데, 이 기체는 그 어떤 속성도 가지고 있지 않다. 따라서 속성의 존재론적 지위와 관련해 기체이론은 반본질주의인 것이다. 반면 다발이론은 초본질주의super-essentialism이다. 이 이론에 따르면 한 개체가 갖는 모든 속성은 그 개체의 정체성을 규정하는, 그 개체에 본질적인 그러한 속성이다. 우리가 개체의 구조에 관한 세 이론 각각을 그림으로 표현했을 때 우리는 이러한 사실을 확인할 수 있다. 우선, 아리스토텔레스적 실체이론에서 볼 수 있듯이 한 개체의 정체성을 구성하는 것은 우연적 속성들 밑에 깔린 종이다. 다음으로 기체이론에서 볼 수 있듯이 한 개체의 정체성을 구성하는 것은, 역시 우연적 속성들 밑에 깔린 무속성 기체이다. 그런데 다발이론의 이미지에서 볼 수 있듯이, 이 이론에서는 개체의 정체성을 규정하는 것이 속성 이외에는 없다. 한 개체는 자신이 갖는 속성들로서만 규정되며, 그 속성 이외의 그 어떤 것도 자신의 요소로서 갖지 않는다. 오직 속성만이 한 개체를 규정하며, 그 개체의 본질을 이룬다.

한 개체에 대해 우리는 묻는다. "그것은 무엇인가?" 기체이론가는 서로 완전히 구분되지 않는 두 개체에 대해, 하나는 기체 s를 가지는 그 무엇이며, 다른 하나는 기체 s′를 가지는 또 다른 무엇이라고 주장할 것이다. 한 개체의 정체성을 규정하는 것은 기체이다. 한편 실체이론가들은 "그것은 무엇인가?"라는 질문에 대해, 이렇게 대답할 것이다. "그것은 인간이다." "그것은 개다." 이렇게 실체이론가들에 따르면, 한 개체의 정체성을 규정하는 것은 그 개체가 속하는 종이다. 반면 다발이론가들은 한 개체에 대한 "그것은 무엇인가?"라는 질문에 대해, 이렇게 대답할 것이다. "그것은 갈색이며, 1.3m이며, 5kg이며, 윗면이 직사각형이다." 이들에 따르면, 한 개체의 정체성은 오직 그 개체가 갖는 속성들의 수준에서 결정되며, 그 이외에는 아무 것도 없는 것이다. 그래서 이 이론에 따르면 한 개체는, 자신의 가지는 속성에 의해 그 정체성이 규정되며, 그런 의미에서 속성은 개체의 정체성 규정 방식에 있어, 모두 본질적이다.

이렇게 기체이론, 다발이론, 실체이론은, 속성들의 존재론적 위상과 관련해 서로 다른 입장들을 취하고 있다. 기체이론은 그 어떤 속성도 한 개체의 정체성을 규정함에 있어 본질적이지 않다고 하는, 반본질주의적 입장을 취한다. 한편 다발이론은 한 개체의 정체성을 규정하는 것은 그 개체가 갖는 모든 속성이라고 주장하면서, 초본질주의적 입장을 취한다. 반면 아리스토텔레스적 실체이론은 한 개체의 정체성을 규정하는 것으로서, 그 개체가 속하는 종을 대면서, 본질주의적 입장을 취한다.

기체이론은 우리의 직관에 잘 맞지 않는 것으로 보인다. 앞에서 언급한 것처럼, 경험 불가능성, 그리고 무속성, 이런 특성들에 대해 많은 의구심이 든다. 한편 다발이론은 우리의 직관에 잘 맞는 것으로 보인다. 이 이론은 경험 가능한 속성들을 통해, 그리고 오직 그러한 속성들만 가지고 한 개체의 정체성에 대해 말한다. 아리스토텔레스적 실체이론도 우리의 직관과 잘 맞는 것으로 보인다. 기체이론은 이렇게 우리의 직관 수준에서 배제되었으므로, 이제 다발이론, 그리고 실체이론, 이 둘의 이론적 우열에 대해 이야기해 볼까 한다. 어떤 이론이 더 우세할까? 결론부터 말하자면, 나는 다발이론이 더 우세하다고 생각하는 편이다. 이것을 논하기 위해 우선 아리스토텔레스적 실체이론의 강점을 논하고, 그다음 이 이론이 갖는 치명적 약점에 대해 이야기해 볼까 한다.

앞에서 다발이론은 우리의 상식과 잘 맞고, 또 매우 직관적이라고 주장했었다. 하지만, 실체이론에 대해 좀 더 이야기해 보면, 실체이론이야말로 가장 직관적이며 상식적인 이론이라 생각될 수 있을 것 같다. 이제 왜 그런지 설명해 보자.

동물원에 갔는데 저기 백조가 한 마리 있다고 가정하자. 아이가 묻는다. "아빠, 저거 뭐야?" 보통의 아빠라면 다음과 같이 대답하지는 않을 것이다. "저거 하얘." 혹은 "저거는 커." 이렇게 "저것은 무엇인가?"라는 정체성 물음에 대해, 그것이 갖는 우연적 속성을 대는 것은 통상적이지 않다. 그렇다면, 통상적인 답, 정체성 질문에 대한 통상적 답은 어떤 것일까? 당연히 그 답은 "저거? 백조야"라는 답일 것이다. 이 답이 중요하다. 한 개체의 정체성에 대한 질문, 그 질문에 대한 우리의 답은, 언제나 그 개체가 속하는 종이다. "저것은 무엇인가?"에 대한 답은 언제나 "그것은 백조야" "그것은 개야" "그것은 장미야" 등이다. 한 개체에 대한 아이의 묻는 행위는 언제나 "그것은 무엇인가?"라는 정체성 질문으로 시작하며, 그다음에야 "그것은 어떠한 것인가?"라는 기술적descriptive 질문으로 이어지는 것이다. 아이는 정체성what을 확인한 이후에야 비로소 그 존재의 존재방식how을 묻는다. "저거 뭐야?" "저건 백조야" "백조는 뭐 먹고 살아?" "물고기 먹고 살아." 이러한 질문, 답변 과정이 가장 통상적인 방식이다. 이렇게 보았을 때, 한 개체가 속하는 종은, 그 개체의 정체성을 규정하는, 그것이 무엇인지를 규정하는 본질적인 속성이며, 그 이외의 속성들은 그 개체의 정체성 규정 이후, 그 개체가 어떠한 것인지 만을 이야기해 주는 우연적인 속성인 것이다. 그래서 한 개체가 속하는 종은 그 개체의 정체성identity을 규정하는 핵심으로 기능한다. 그래서 한 개체가 속하는 종은 그 개체의 정체성의 원리이다.

이 종은 또한 차이의 원리이기도 하다. 동물원에서 한 백조를 보며 아이가 묻는다. "저거 뭐야?" 아빠는 답한다. "저건 백조야." 조금 후 아이가 말한다. "저기 백조!" 아빠는 말한다. "잘했어, 저것도 백조야." 한편 오리가 있는 곳에서 아이가 말한다. "저기 백조!" 아빠는 말한다. "아니야, 저건 오리야." 아이들은 그렇게 배워 간다. 동일성과 차이의 원리로서의 종을 발견하면서, 그 종의 범위 내에서 각 개체들이 어떤 특성들을 가지고 있는지를 발견하면서 아이들은 세계를 알아 나간다. 이렇게 종은 한 개체의 동일성의 원리일 뿐만 아니라, 그 개체의 차이의 원리이기도 하다. 종적 동일성과 차이를 통해 사람들은 이 세계를 범주화하며, 분류 체계를 익혀 나간다.

종은 동일성(정체성)과 차이의 원리이다. "그것이 무엇인가?"라는 정체성 질문에 대한 답에는 언제나 그 개체가 속한 종이 등장한다. 바로 그런 의미에서, 다음과 같은 아리스토텔레스적 실체이론의 주장, 즉 한 개체가 속하는 종이 바로 그 개체의 본질이라는 주장은 상식적으로 보인다. 이제 이 이론이 갖는 또 다른 면을 살펴보면서, 왜 이 이론이 그렇게 상식적인지 살펴보자.

종은 셈의 원리이기도 하다. 개체를 셀 때, 우리는 종을 언급하면서, 그 개체들을 센다. 무언가를 세고자 할 때, 그 질문부터가 종을 전제한다. "저기 몇 개의 개가 있는가?" "저기 몇 개의 장미가 있는가?" "저기 몇 개의 책상이 있는가?" 이런 질문에 대해 우리는 우리가 처음 질문할 때와 마찬가지로 종을 언급하며 답을 낸다. "개 두 마리, 장미 열 송이, 책상 하나" 등등. 우리는 다음과 같이 말하지 않는다. "황색 두 개" "빨강 열" "1.3m 하나" "5kg 하나" 등등. 왜 우리의 세는 행위는 우연적 속성과는 거리가 있고 오직 본질적 속성으로서의 종과만 관련이 있을까? 어떤 형이상학적 원리가 우리로 하여금 그러한 방식으로만 무언가를 세도록 만드는가? 왜 개체를 셀 때 우연적 속성들은 아무런 역할도 하지 못하는가? 왜 오직 종만이 개체의 셈과 관련이 있을까? 어떤 형이상학적 원리가 이러한 셈 행위 속에 포함되어 있기에 그러한가?

아리스토텔레스의 『범주론』에 나오는 다음과 같은 두 개의 논증을 비교해 보면, 종 안에 포함되어 있는 그러한 셈의 원리가 무엇인지 알 수 있다. 하나의 논증은 다음과 같다.

논증 A :
(1) 소크라테스는 인간이다.
(2) 인간은 동물이다.

---

(3) 따라서 소크라테스는 동물이다.

A 논증은 잘 흐른다. 전제 (1), (2)도 참이고, 결론 (3)도 참이다. 두 번째 논증은 다음과 같다.

논증 B :
(1) 소크라테스는 하얗다.
(2) 하양은 색이다.

---

(3) 따라서 소크라테스는 색이다.

논증 B는 잘 흐르지 않는다. 전제 (1) (2)는 참이지만 결론은 거짓이다. 두 논증 모두 전제는 참이고, 또 비슷한 논증 형식을 띠는데, 왜 이러한 차이가 나는가? 그 이유는 인간이라는 종에는 들어 있지만, 하양이라는 속성에는 들어 있지 않은 그 무엇이 있기 때문이다. 이제 그 무엇이 어떤 것인지 알아보기 위해 논증 B를 변형시켜 보자.

논증 C :
(1) 소크라테스는 하얀 "것"이다.
(2) 하얀 "것"은 색 있는 "것"이다.

---

(3) 소크라테스는 색 있는 "것"이다.

논증 C는 논증 B를 조금 변형시킨 것이다. 그리고 이 논증은 논증 A와 마찬가지로 잘 흐른다. 그리고 이렇게 논증 C가 잘 흐르는 이유는 하양이라는 속성에 "것thing"을 포함시켰기 때문이다. 이렇게 본다면 우리는 다음과 같은 사실을 알 수 있다. 하양이라는 속성에는 "것(사물)"이 없기 때문에, 논증 B는 잘 흐르지 않지만, 인간이라는 종에는 암묵적으로 "것(사물)"이 포함되어 있어, 논증 A는 참인 전제로부터 참인 결론을 도출하는 데 있어 성공하고 있다.

속성과 관련되어 있는 논증 B는 잘 흐르지 않는데, 여기에 "것(사물)"만 추가하면, 이 논증이 잘 흐르게 된다. 즉 "것(사물)"만 포함시키면, 논증 B는 논증 A처럼 잘 흐른다. 따라서 논증 B가 잘 흐르지 못하도록 만들었던 부족분이 바로 "것(사물)"이었다고 해야 한다. 이렇게 봤을 때, 논증 A가 잘 흐르는 이유는 거기에 암묵적으로 "것(사물)"이 포함되어 있다고 해야 한다. 즉 그 논증에서 나타나는 인간 종 안에는 암묵적으로 "것(사물)"이 포함되어 있다고 해야 하며, 논증 B가 잘 흐르지 않는 이유는 그 논증에 나타나는 속성, 즉 하양 안에는 "것(사물)"이 포함되어 있지 않기 때문이라고 해야 한다. 종에는 "것(사물)"이 포함되어 있다고 추정된다. 그래서 논증 A가 잘 흐르는 것이다. 따라서 속성에 "것(사물)"을 추가한다면, B 논증도 잘 흐를 것이라 예상되며, 논증 C에서 볼 수 있듯이, 정말로 그러하다.

이렇게 본다면 우리는 다음과 같은 사실을 알 수 있다. 인간이라는 종 안에는, 암묵적으로 "것(사물)"이 포함되어 있다. "것(사물)"이 포함되었기 때문에 논증 A가 논증 C처럼 그토록 잘 흐르는 것이다. 이제 종에는 들어 있지만 속성에는 들어 있지 않은 것이 무엇인지 알 수 있다. 그것은 바로 "것(사물)"이다. 소크라테스는, 자신이 속하는 종 안에 포함되어 있는 이러한 "것(사물)"을 갖게 됨으로써 하나의 개체, 하나의 사물이 되고, 또 그래서 우리는 소크라테스를 "하나의 인간"으로서 셀 수 있는 것이다.

종은 "것(사물)"을 포함한다. 그러한 종에 속함으로써 소크라테스는 어떤 "것(사물)"이 된다. 어떤 "것(사물)"이 됨으로써 우리는 소크라테스를 하나의 인간으로 셀 수 있다. 종 안에 포함되어 있는 바로 이"것(사물)"이 셈의 원리이다. 소크라테스는 어떤 종에 속함으로써 "하나의 사물"이 된다. 그렇게 함으로써 우리는 소크라테스를 하나로 셀 수 있게 되는 것이다.[5]

이렇게 한 개체가 속하는 종은, (1) 개체의 정체성의 원리, 개체의 동일성/차이의 원리이며, (2) 개체의 셈의 원리가 된다. 그리고 이렇게 종이 개체를 셀 수 있도록 하는 원리가 되는 이유는, 바로, (3) 이러한 종이 개체에게 "것(사물)"을 확보해 줌으로써, 개체가 하나의 사물, 하나로 셀 수 있는 사물이 되기 때문이다.

이렇게 종은 개체의 정체성, 동일성/차이의 원리, 셈의 원리, 사물성을 확보해 주는 원리가 된다. 그리고 위에서 본 것처럼, 이러한 주장은 매우 상식적이며 그럴듯해 보인다. 이것이 아리스토텔레스적 실체이론이 갖는 큰 장점이다. 매우 상식적이며 우리의 직관에 부합한다. 그러나 나는 아리스토텔레스적 실체이론이 개체의 구조에 관한 가장 가망성 있는 이론으로서 선택되기 어렵다고 본다. 치명적인 문제가 있기 때문이다. 이제

5 박제철(2008, b, 12 참조)

이 문제를 다룸으로써, 왜 실체이론보다 다발이론이 더 가망성 있는 이론인지를 살펴보도록 하자.

앞에서 우리는 종이 동일성(정체성)과 차이의 원리라고 말했었다. "그것은 무엇인가?"라는 정체성 물음에 대해 우리는 "그것은 개다" "그것은 백조다"라고 말한다. 어떤 것의 정체성 물음에 대해 우리는 종을 제시하면서 이 물음에 답한다. 종은 차이의 원리이기도 하다. 오리를 가리키면서 아이가 "저거 백조야!"라고 말하면, 우리는 "아니야, 저건 오리야!"라고 교정해 준다. 이렇게 종은 차이의 원리로 작동한다. 그런데 여기서의 차이는 종적 차이이지 개체적 차이는 아니다. 따라서 우리는 종이 개체적 차이를 확보해 주는지 살펴봐야 한다. 종은 개체적 차이를 확보해 주는가?

종이라는 것은 분류 단위로 기능한다. 우리는 코끼리들, 사자들, 백조들, 사람들 등으로 사물들, 개체들을 묶어, 그것들의 공통적인 특성들에 대해 말한다. 코가 긴 것들, 발톱과 이빨이 강한 것들, 하얗고 우아한 것들, 합리적이며 말하는 것들 등으로. 그래서 어떤 한 그룹에 속한 것들은, 그래서 같은 종으로 분류되는 것들은 특정한 공통 특성들을 가지게 된다. 이제 한 그룹에 속하는 개체를 살펴보자. 인간이라는 그룹에 속하는 두 개체, 철수와 영희를 살펴보자. 이 두 개체는 모두 인간이라는 종에 속하며, 그에 따라 특정한 종적 속성들을 공유한다. 이제 다음과 같이 물어보자. 철수가 속하는 종, 즉 인간과, 영희가 속하는 종, 즉 인간, 이 둘은 같은가, 다른가? 다르다고 주장하기 어려워 보인다. 철수와 영희는 하나의 그룹, 즉 인간이라는 하나의 그룹에 속하는 개체들이다. 하나의 그룹에 속한다는 말을 달리하면, 이 둘은 하나의 종에 속한다는 말이다. 그렇다면, 철수와 영희가 공통적으로 속하는 종인 인간은, 둘이 아니라 하나이다. 즉, 철수가 속하는 인간 종과 영희가 속하는 인간 종, 이것은 둘이 아니라 하나, 즉 동일한 것이다. 그런데 아리스토텔레스적 실체이론의 주장에 따르면, 종은 개체의 정체성, 즉 그것이 무엇인지를 말해 주는 원리이다. 종은 하나의 개체가 무엇인지 말해 준다. 이러한 동일성(정체성)의 원리로서의 종이, 철수가 왜 개체로서의 철수인지, 그리고 영희가 왜 개체로서의 영희인지를 설명해 준다. 그런데 개체의 정체성을 규정하는 이러한 종이 개체들 사이의 개체적 차이에 대해서도 말해 주는 바가 있는가? 즉 종이 철수와 영희가 어떻게 다른지를 설명해 주는가? 그렇지 않아 보인다. 철수의 정체성을 규정하는 종, 즉 인간과, 영희의 정체성을 규정하는 종, 즉 인간, 이것은 둘이 아니라 하나이기 때문이다. 철수도 인간이고, 영희도 인간인 이상, 이 둘의 차이를 규정하는 것은 인간이라는 종이 될 수 없다. 이렇게 실체이론의 경우 개체의 정체성을 규정해 주는 원리가 개체들 사이의 차이를 말해 주지 못한다. 개체의 정체성을 규정해 주는 원리와 개체들 사이의 차이에 대한 원리가 다르다. 이것은 문제점으로 보인다.

정체성의 원리와 차이의 원리는 같아야 할 것으로 보인다. 한 개체의 정체성, 즉 그것이 무엇인가를 규정해 주는 원리는, 그것이 왜 다른 개체와 다른지도 규정해 주어야 할 것으로 보인다. 종이 위에 원을 그려 보라. 테두리로 마름질된 원은 그 테두리로 인해 자신의 정체성을 확보한다. 테두리의 안쪽은 하나의 정체성을 보여 준다. 그렇게 형성된 정체성으로 인해, 그 테두리 안의 영역은 테두리 밖의 영역과 차이 나게 된다. 테두리 밖은 다른 세계이다. 이렇게 테두리라는 정체성의 원리는 동시에 차이의 원리이기도 하다. 테두리 안의 규정성을 확보하는 어떤 원리는, 테두리 밖과 구별시켜 주는 원리로도 기능한다. 이렇게 정체성의 원리와 차이의 원리는 같아야 할 것으로 보인다. 그런데 왜 종은 테두리 안의 규정성은 확보해 주면서도, 테두리 밖과의 차이는 확보해 주지 못하는가?

앞에서 개체의 정체성과 차이의 원리를 제공하는 나머지 두 이론, 즉 기체이론과 다발이론을 살펴보았다. 이 두 이론은 이러한 문제를 발생시키지 않는다. 기체이론은 개체가 갖는 기체를 통해 개체의 정체성과 차이의 원리를 제공한다. 기체이론에 따르면 철수가 갖는 기체 s와 영희가 갖는 기체 s′는 철수와 영희 각각의 정체성을 규정해 주며, 또 이 기체 s와 s′가 서로 다르기 때문에 이 둘은 각각 서로 다른 개체로서 규정된다. 기체가 바로 개체의 정체성과 차이, 이 둘 모두의 원리로 기능한다.

다발이론 역시 개체의 정체성을 규정하는 원리와 개체의 차이를 규정하는 원리, 이 두 원리가 같다고 본다. 다발이론은 개체가 갖는 속성들의 동일성과 차이를 통해 개체의 정체성/차이의 원리를 제공한다. 다발이론에 따르면 한 개체의 정체성을 규정하는 것은 속성들뿐이다. 모든 속성들이 공유된다면, 예를 들어 춘원이 밥 먹으면 이광수도 밥 먹고, 춘원이 소설을 쓰면 이광수도 소설을 쓰는 등등, 모든 속성들이 공유되면, 춘원과 이광수는 동일한 하나의 개체다. 속성들은 또한 차이의 원리이기도 하다. 적어도 하나의 속성이라도 어긋난다면, 예를 들어 철수가 행복하지만 동수는 우울하다면, 이 둘은 서로 다른 개체이다.

기체이론과 다발이론은 개체의 정체성과 차이의 원리를 제공하는 데 있어 동일한 기준을 제시하고 있다. 기체이론의 경우 개체의 정체성/차이를 규정하는 것은 오직 기체뿐이고 다발이론의 경우는 오직 속성뿐이다. 그러나 아리스토텔레스적 실체이론은 이렇게 개체의 정체성과 차이의 원리를 제공하려 할 때, 아주 곤란한 문제에 직면하게 된다. 종이 바로 개체의 정체성의 원리라고 그들은 주장하는데, 이 종이 차이의 원리라고 주장할 수 없다는 것이 바로 그러한 문제이다. 철수의 정체성을 규정하는 종과 영희의 정체성을 규정하는 종, 이것은 둘이 아니라 하나이다. 따라서 철수와 영희의 개체적 차이를 보장해 주는 원리로서 인간이라는 종은 전혀 기능하지 못한다. 이것이 아리스토텔레스적 실체이론의 가장 큰 문제점으로 보인다. 왜 개체의 정체성을 구성하는 종이, 차이의 원리로는 기능하지 못하는가? 기체이론은 기체로서, 다발이론은 속성으로서, 이러한 개체들의 정체성, 차이, 이 둘 모두를 설명하는데, 왜 실체이론은 그렇게 하지 못하는가? 더군다나 사물들은 자신의 정체성을 확보함으로써 다른 사물들과 달라지는 것 아닌가?

"그것은 무엇인가?"라는 정체성 물음에 답으로 제기되는 종이, 왜 "그것은 다른 것들과 어떤 방식으로 다른가?"라는 차이 물음에 대해서는 답하지 못하는가? 왜 개체를 하나로 셀 수 있게 해 주는 원리로서의 종이, 그 개체와 다른 개체를 둘로 셀 수 있게 해 주는 원리로 기능할 수 없는가? 영희를 "하나"로 셀 때, 그러한 셈의 원리로 기능하는 종이 왜 철수를 "둘"로 세도록 해 주는 원리가 될 수 없는가? 어쨌든 이 경우 종은 오직 하나뿐이니 말이다.

아리스토텔레스적 실체이론은 매우 상식적이다. 이 이론은 "그것은 무엇인가?"라는 한 개체의 정체성에 대한 물음에 대해 매우 상식적이면서 탄탄한 대답을 제시해 준다. 무언가를 가리키며, "저것은 무엇인가?"라고 물을 때, 우리는 그 개체가 속하는 종을 언급한다. 그래서 "저것은 백조다" "저것은 오리다" 등등의 답을 우리는 제시한다. 그러나 이렇게 개체의 정체성의 원리가 되는 종이 차이의 원리로도 작동하는가 하는 물음을 던질 때, 우리는 망설일 수밖에 없다. 왜냐하면, 철수가 속한 인간 종과 영희가 속한 인간 종은 동일한 하나의 것이기 때문이다. 인간 종으로 인해 철수와 영희가 달라지지 않을 것으로 보인다. 그런데 우리는 다음과 같이 생각하지 않는가? 하나의 개체의 정체성을 규정하는 바로 그것으로 인해, 그 개체는 다른 개체와 구분되고 차이 나게 된다. 따라서 정체성의 원리와 차이의 원리는 같아야 할 것으로 보이는데, 실체이론에서는 개체의 정체성을 규정하는 원리로서의 종이 차이의 원리가 될 수 없다는 문제점이 보인다. 종이 위에 원을 그려 보라. 테두리로 마름질된 원은 그 테두리로 인해 자신의 정체성을 확보한다. 동시에 그 테두리로 인해 테두리 밖의 모든 것들과 차이 나게 된다. 왜 종은 테두리 안의 규정성은 확보해 주면서도, 테두리 밖과의 차이는 확보해 주지 못하는가?

앞에서 우리는 상식적이지 못하다는 이유로 기체이론을 배제했다. 경험이 안 되고, 그 어떤 속성도 갖지 않는 그 무엇을 받아들이기는 어렵다. 반면 다발이론과 실체이론, 이 둘은 우리의 상식에 부합해 보인다. 그런데 실체이론은 그 자체의 문제점을 가지고 있음이 드러났다. 종은 개체의 정체성의 원리는 될 수 있을지 모르지만, 차이의 원리가 되기는 어렵다. 그런데 사물들은 자신의 정체성을 확보함으로써 다른 사물들과 달라지는 것 아닌가? 이것은 심각한 문제로 보인다. 따라서 실체이론도 배제해야 할 것으로 보인다. 그렇다면 다발이론 하나만 남는다. 지금부터는 다발이론에 대한 세부적 사항들을 검토하고자 한다. 우선 다발이론에 대한 가장 강력한 반론으로 인정받고 있는 맥스 블랙의 논증을 검토하면서, 다발이론이 살아남을 수 있는지 살펴보자. 한 이론은 강한 반론에 견뎌 내면 견뎌 낼수록 더 강해진다는 것, 이것을 염두에 두고 가장 강력하다고 인정받는 블랙의 논증을 검토하고, 또 이에 대해 다발이론가들이 어떻게 반박할 수 있는지 살펴보도록 하자.

3

다발이론에 대한 반박과 재반박: 맥스 블랙의 논증[1]

구별 불가능자 동일성의 원리

개체가 어떤 형이상학적 구조를 갖는가 하는 문제와 관련해 크게 두 가지 입장이 대립하고 있다. 하나는 다발이론으로서, 이 이론에 따르면 개체는 오직 속성들로만 이루어진 일종의 다발이다. 이에 대립하는 입장으로서 기체이론이 있다. 이 이론에 따르면 개체는 속성들 이외에 또 다른 구성 요소를 포함하고 있는데, 그 구성 요소가 바로 기체이다. 각 입장이 주장하는 바는 이렇게 매우 간단하다. 그러나 이러한 기본적 입장으로부터 흘러나오는 여러 철학적 주장들과 논쟁들은 매우 복잡한 양상을 띤다. 이 장에서는 다발이론과 기체이론 사이에서 큰 쟁점이 되었던 문제 하나를 다루고자 한다. 그 문제란 바로 "구별불가능자 동일성의 원리"가 어떻게 이해되어야 하는지의 문제이다.

1 이 장은 박제철(2010)에서 가져온 것으로, 뒷부분에 새롭게 첨가된 내용을 제외한 그 밖의 모든 내용은 동일하다.

구별 불가능자 동일성의 원리는 다음과 같은 원리이다.

구별 불가능자 동일성의 원리: 개체 a와 b, 그리고 임의의 속성 Φ에 대해, 만약 a가 Φ를 가지면 b도 Φ를 갖고, 또 b가 Φ를 가지면 a도 Φ를 갖는다면, 그렇다면 a와 b는 동일하다.

이 원리에 따르면 개체 a와 b가 모든 속성들을 공유한다면, a와 b는 동일하다. 예를 들어, 춘원과 이광수가 모든 속성을 공유한다면 춘원과 이광수는 동일한 것이다.

다발이론가들은 이 원리를 받아들인다. 반면 기체이론가들은 이 원리가 거짓이라고 주장한다. 이제 왜 다발이론가들이 이 원리를 받아들여야 하는지, 그리고 왜 기체이론가들이 이 원리를 거부하는지 그 이유를 살펴보자.

다발이론과 구별 불가능자 동일성의 원리

구별 불가능자 동일성의 원리는 동일성의 원리이기도 하지만 차이의 원리이기도 하다. 우선 이 원리는 동일성의 원리이다. 이 원리에 따르면, a와 b가 모든 속성을 공유한다면, a와 b는 동일한 것이다.[2] 반면 이 원리는 차이의 원리이기도 하다. 왜냐하면, 이 원리에 대한 대우 명제가 그렇게 말해 주기 때문이다. 즉 a와 b가 동일하지 않다면, a와 b가 모든 속성을 공유하는 것은 아니다.[3] 이렇게 구별 불가능자 동일성의 원리는 개체의 동일성과 차이의 원리이다. 그런데 이 원리에 따르면, 개체의 동일성과 차

2 모든 속성을 공유한다 → 동일하다.

3 -동일하다 → -모든 속성을 공유한다.

이는 오직 속성의 동일성과 차이에만 근거한다. 모든 속성이 일치하면, 동일한 개체이다. 그리고 서로 다른 개체라면, 적어도 하나의 속성은 공유되지 않는 것이다. 이제 다발이론이 왜 이 원리를 받아들여야 하는지 이해하는 것은 어렵지 않다. 다발이론에 따르면, 개체는 오직 속성들로만 이루어진 전체이다. 따라서 다발이론은 개체의 동일성과 차이를 설명함에 있어 오직 속성만을 이용할 수밖에 없다. 그런데 구별 불가능자 동일성의 원리가 말하고 있는 바가 바로 이것이다. 즉 개체의 동일성과 차이는 오직 속성 수준에서만 결정된다는 것. 결국 다발이론은 동일성과 차이의 원리로서 구별 불가능자 동일성의 원리를 받아들여야만 한다.

이제 구별 불가능자 동일성의 원리가 거짓 원리라고 해 보자. 즉 개체의 동일성과 차이의 원리가 속성이 아닌 다른 것이라고 해 보자. 만약 그렇다면, 다발이론은 위협받게 된다. 다발이론에 따르면 개체는 속성들로만 이루어진 전체인데, 그래서 개체의 동일성과 차이도 오직 속성을 통해서만 설명되어야 하는데, 구별 불가능자 동일성의 원리가 거짓이라면, 개체의 동일성과 차이의 원리는 속성이 아닌 다른 것이 되어야 하기 때문이다. 결국 다발이론은 구별 불가능자 동일성의 원리를 반드시 받아들여야 한다.

다발이론이 옳다면, 구별 불가능자 동일성의 원리는 반드시 참이어야 한다. 만약 구별 불가능자 동일성의 원리가 거짓이라면, 다발이론도 거짓이 된다. 기체이론은 바로 이 연결 지점을 공격한다. 이들의 논변은 다음과 같은 사실을 보여 주고자 한다. 다발이론은 구별 불가능자 동일성의 원리를 함축하는데, 구별 불가능자 동일성의 원리는 거짓이다. 따라서 다발이론도 거짓이다.[4] 앞에서 우리는 왜 다발이론가들이 구별 불가능자 동일

4 (1) 다발이론 → 구별 불가능자 동일성의 원리.
(2) -구별 불가능자 동일성의 원리.
(3) ∴ -다발이론.

성의 원리를 받아들여야 하는지를 살펴봤다. 따라서 이제 남은 것은 왜 구별 불가능자 동일성의 원리가 거짓인가 하는 것이다.

블랙의 논변

다발이론가들은 구별 불가능자 동일성의 원리가 참인 원리라고 생각해야 한다. 그러나 그뿐만이 아니다. 다발이론가들은 이 원리가 필연적으로 참인 원리라고 생각해야 한다. 왜 그런가? 이 원리가 현실적으로 참이지만, 거짓인 상황도 가능하다고 해 보자. 그래서 현실 세계에서는 개체의 동일성과 차이가 오직 속성들의 일치나 불일치에 의해 결정되지만, 그렇지 않은 상황, 즉 개체의 동일성과 차이가 속성 이외의 것에 의해(예컨대 기체라고 하자) 결정되는 상황이 가능하다고 해 보자. 만약 이러한 상황이 가능하다면 다발이론은 상당한 타격을 받게 된다. 다발이론은 존재론적으로 오직 속성들만 허용하는, 그래서 기체 같은 것은 받아들이지 않는 형이상학 이론이다. 그런데 어떤 때는 개체의 동일성과 차이에 대한 원리로서 속성만을 허용하다가, 다른 때는 개체의 동일성과 차이에 대한 원리로서 속성 이외의 것을(예컨대 기체라고 하자) 허용한다면, 다발이론은 언제든 기체이론으로 변신할 수 있는, 그래서 별 흥미 없는 그러한 이론으로 전락할 것이다. 따라서 다발이론가들은 구별 불가능자 동일성의 원리가 그냥 참이라고 주장할 수만은 없다. 그들은 이 원리가 필연적으로 참이라고 주장해야만 한다.

이제 맥스 블랙이 여기에 도전한다. 블랙은 구별 불가능자 동일성의 원리가 거짓이 되는 그러한 상황을 상상해 보라고 주문한다. 그에 따르면 만약 이러한 상황이 논리적으로 가능하다면, 즉 구별 불가능자 동일성의 원리가 거짓인 상황이 논리적으로 가능하다면, 다발이론 역시 거짓인 상황이 가능한 것이고, 그렇다면 다발이론은 그냥 거짓 이론인 것이다. 블랙은 다음과 같이 말한다.

> 어떤 우주가 있는데, 그 우주 안에는 서로 완전히 유사한 두 개의 구만 있다고 하자. 이러한 것은 논리적으로 가능하지 않겠는가? 그래서 우리는 이렇게 상상할 수 있을 것이다. 각각의 구는 화학적으로 순수한 철로 만들어졌으며, 지름이 1마일이며, 둘 다 동일한 온도를 가졌으며, 또 둘 다 동일한 색깔을 가졌으며, 등등. 그리고 이 둘 말고는 아무것도 없다. 그렇다면 하나의 구가 갖는 모든 속성들과 모든 관계적 특성들은 다른 구도 역시 갖는 그러한 속성들/특성들이 될 것이다. 이제 내가 묘사한 것이 논리적으로 가능하다면, 두 개의 사물이 모든 속성들을 공유한다는 것은 불가능한 일이 아니다. 내가 볼 때, 이러한 사실은 이 원리[구별 불가능자 동일성의 원리]를 깨는 것 같다.[5]

구별 불가능자 동일성의 원리에 따르면, 모든 속성이 공유된다면 하나의 구만 있어야 한다. 그런데 블랙이 묘사한 우주에는 모든 속성이 공유되지만 그럼에도 불구하고 서로 다른 두 개의 구가 있다. 따라서 이러한 우주가 논리적으로 가능하다면, 구별 불가능자 동일성의 원리는 깨지게 되고, 궁극적으로는 다발이론도 깨지게 된다.

블랙의 논변은 개체의 구조와 관련한 20세기 영미 형이상학 논쟁사에서 엄청난 영향력을 행사했다. 그러한 만큼 블랙의 논변을 깨고자 하는 많은 다발이론가들이 있었고, 또 이들을 통해 제기된 많은 논변들이 있어 왔다. 그러나 불행한 일은 블랙의 논변을 깨기가 쉽지 않다는 것이다. 그중 몇 가지를 살펴보도록 하자.

5 Black (1952), in Loux (2001), 106-107.

관계적 속성(불순 속성) 이용

블랙의 우주에는 두 개의 구가 있다. 각각을 A와 B라고 하자. 이들은 서로 다르지만, 모든 속성에 있어 일치한다. 그 속성들을 a, b, c …라고 하자. 이제 다발이론가들은 A와 B가 서로 다르다는 사실을 근거 짓기 위해 관계적 속성을 이용할 수 있다. 예를 들어 A는 "A와 동일함"이라는 속성을 갖지만 B는 이 속성을 결여한다. 따라서 다발이론가들은 다음과 같이 말할 수 있다. 이 속성이 공유되지 않기 때문에, A와 B는 서로 다른 개체이다.

밴 클리브는 이러한 해결책이 성공할 수 없다고 주장한다. 밴 클리브의 핵심 전략은 순수 속성과 불순 속성을 나눈 다음, 다발이론가들이 불순 속성을 이용할 수 없다는 점을 보여 주는 데 있다. 그는 다음과 같이 주장한다.

> '불순' 속성(개체 A와 동일함 등등의 속성들)을 받아들이는 사람이라면, PII[구별 불가능자 동일성의 원리]가 필연적으로 참인 원리라고 주장할 수 있다. 왜냐하면 이러한 속성들은 공유될 수 없기 때문이다. 그러나 다발이론가들은 이러한 주장을 할 수가 없다. 이를 이해하는 것은 쉬운 일이다. 불순 속성은, 만약 그러한 속성이 있다고 한다면, 그것은 존재론적으로 봤을 때 개체로부터 파생된 속성이다. 한편 다발이론가들에 따르면, 개체는 존재론적으로 봤을 때 속성들로부터 파생된 것이다. 우리는 이 둘 모두를 취할 수는 없다. 결국 다발이론가들은 불순 속성을 받아들일 수 없다. 결국 다발이론가들은 다음과 같은 결론에 개입하게 된다. 그 어떤 두 개체라도 모든 동일한 순수 속성을 공유할 수 없다. PII가 이렇게 강한 원리로 이해될 경우, 그 경우 반례는 성립하는 것이다.[6]

6 Van Cleve (1985), in Loux (2001), 122.

밴 클리브의 이러한 주장은 매우 조심해서 이해되어야 할 필요가 있다. 왜냐하면 나는 밴 클리브가 일면 옳지만 일면 옳지 않은 점도 가지고 있다고 생각하기 때문이다. 우선 옳은 점부터 살펴보자. "A와 동일함" 등등과 같은 관계적 속성(불순 속성)을 이용해 A와 B의 수적 차이를 내고자 하는 시도는 실패다. 왜냐하면 다발이론가들은 개체에 대한 환원론자이기 때문이다. "A와 동일함"이라는 속성에는 이미 A라는 개체가 전제되어 있다. 따라서 다발이론가들은 A를 속성들의 다발로 환원해야 한다. 그런데 문제는 이렇게 환원을 하게 되면 어려움이 발생한다는 것이다. "A와 동일함"이라는 속성은 A라는 개체를 전제한다. 그리고 A는 a, b, c …라는 속성들의 다발이다. 따라서 A가 "A와 동일함"이라는 속성을 갖는다는 주장은 A가 "a, b, c …와 동일함"이라는 속성을 갖는다는 주장이다. 그런데 이 속성은 B도 갖는 속성이다. 왜냐하면 B는 "B와 동일함"이라는 속성을 갖는데, 이 속성 역시 "a, b, c …와 동일함"이라는 속성이기 때문이다. 따라서 "A와 동일함"이라는 속성을 통해 A와 B의 수적 차이를 내고자 하는 시도는 실패한다. 이 점에 있어 밴 클리브는 옳다. 그러나 밴 클리브의 주장에는 문제점이 있다. 다발이론가들은 "모든 경우에 있어" 불순 속성을 이용할 수 없을까? 블랙의 우주에 철수를 넣어 보자. 그리고 철수는 x, y, z … 라는 속성들의 다발이라 해 보자. 이제 A는 "철수의 오른쪽에 있음"이라는 속성을 갖지만 B는 이 속성을 결여한다. 그래서 A는 "x, y, z …의 오른쪽에 있음"이라는 속성을 갖지만 B는 이 속성을 갖지 않는다. 여기에는 아무런 문제도 발생하지 않는다. 이렇게 본다면 불순 속성을 이용해 A와 B의 수적 차이를 내려는 시도가 모두 실패하는 것은 아니다. 다발이론가들은 불순 속성을 이용할 수 있다. 다만 불순 속성이 주어졌을 때, 그 불순 속성 내의 개체를 속성들의 다발로 환원해 주기만 하면 되는 것이다. 이 장의 일반적 전략에 있어 이러한 사실은 매우 중요하다. 이 장이 목적하는 바가 바로 특정 불순 속성을 이용해 블랙의 논변을 깨는 것이기 때문이다. 그러나 이것은 뒤에 가서 할 일이다. 지금은 단지 다음과 같은 사실만을 지적하도록 하자. 블랙의 우주에 철수가 들어가지 않는다면, 그렇다면 그 어떤 불순 속성을 이용하더라도 블랙의 논변은 깨지지 않는다. A가 "B로부터 1마일 떨어져 있음"이라는 속성을 갖는다면, 즉 "a, b, c …로부터 1마일 떨어져 있음"이라는 속성을 갖는다면, B 역시 이 속성을 갖게 되는 것이다. 블랙의 우주에서 어느 하나가 어떤 불순 속성을 갖게 되든지, 다른 하나도 바로 그 불순 속성을 갖게 된다.

절대 공간 상정

절대 공간을 상정하면 블랙의 논변을 깰 수 있다. A는 공간상의 특정 점(k_1이라고 하자)에 놓이지만 B는 다른 점(k_2라고 하자)에 놓인다. A는 "k_1에 놓임"이라는 속성을 갖지만 B는 이 속성을 결여하기 때문에 이 둘은 서로 다르다. 이렇게 절대 공간을 상정하면 순수 속성에 있어서 구별이 안 되지만, 좌표를 통해 수적으로 차이가 나는 두 개의 개체를 설명할 수 있다(칸트가 이렇게 생각했다). 그런데 문제는 다발이론가들이 절대 공간이라는 아이디어를 받아들일 수 있는가 하는 것이다. 다발이론가들에 따르면 개체들의 수적 차이는 속성들의 차이에 근거한다. 이 입장이 옳다면, 그리고 이러한 입장이 수적 차이에 대한 다발이론가들의 일반적 입장이라고 생각한다면, 다발이론가들은 다음과 같이 주장해야만 한다. 즉, k_1과 k2는 서로 다른 속성들을 갖기 때문에 서로 다른 공간적 위치가 된다. 그런데 어떠한 속성이 k_1과 k_2를 수적으로 차이 나게 만들어 줄 수 있을까? 그러한 속성이 없다는 것은 분명하다. 이들은, 만약 속성을 갖는다면, 모든 면에서 동일한 속성을 갖는다(예컨대, "공간적 점임", "대상이 놓일 수 있음" 등등). 따라서 다발이론가들은 k_1과 k_2가 갖는 속성들을 통해 이 점들을 분화시킬 수 없다.

한편 다발이론가들은 k_1과 k_2를 각각 "A가 놓이는 점", 그리고 "B가 놓이는 점"이라는 속성을 통해 분화시킬 수는 없을까? 그렇게 할 수 없다. 왜냐하면 이러한 속성을 통해 k_1과 k_2를 서로 다른 것으로 만들어 주려면, A와 B가 서로 다르다는 사실이 전제되어야 하기 때문이다. 그러나 우리가 지금 하려는 것은 A와 B를 분화시키는 원리를 찾으려는 것이다. A와 B가 왜 다른지 알지 못하는 상태에서, A와 B가 서로 다르다는 사실을 이용해 k_1과 k_2가 서로 다른 점임을 설명할 수는 없는 것이다. 결국 절대 공간을 이용해 A와 B를 분화시키려는 시도는, 다발이론가들에게는 가용한 선택지가 되기 어렵다.

기체의 도입

기체이론가들은 블랙의 우주를 설명할 수 있다. 기체이론가들에 따르면, 개체는 자신의 구성 요소로서, 속성 말고도 기체라는 것을 갖는다. A는 자기 고유의 기체 S_1을 갖고, B는 자기 고유의 기체 S_2를 갖는다. 따라서 A는 S_1, a, b, c …이며, B는 S_1, a, b, c …이다. 이들은 모든 속성, 즉 a, b, c …를 공유하지만 각각 자기 고유의 기체 S_1과 S_2를 가짐으로 인해서 서로 다른 두 개의 구가 되는 것이다. 이렇게 해서 기체이론가들은 블랙의 우주를 잘 설명할 수 있다. 반면 다발이론가들은 기체를 거부한다. 그래서 오직 속성들만 가지고 개체의 동일성과 차이를 설명하고자 한다. 문제는 블랙의 우주가 다발이론가들의 이러한 설명을 무력화시키는 것으로 보인다는 것이다. 최근의 추세대로 다발이론의 패배인가? 나는 그렇지 않음을 보이고자 한다.

블랙의 우주

블랙의 우주는 모든 속성을 공유하는 두 개의 구 A와 B로 이루어져 있다. 앞에서 본 것처럼 이 우주에 철수를 집어넣으면, A와 B의 수적 차이가 설명된다. A는 "철수(즉 x, y, z …)의 오른쪽에 있음"이라는 속성을 갖지만 B는 이 속성을 결여한다. 따라서 철수는 수적 차이의 원리, 더 정확히 말해 수적 차이의 원리가 되는 속성을 제공하는 그러한 존재자가 된다. 문제는 우리가 철수를 블랙의 우주에 넣을 수 없다는 것이다. 왜냐하면, 블랙의 말처럼, 우리가 그렇게 한다면, 우리는 블랙의 우주를 바꾸는 것이기 때문이다.

이제 서로 구별이 안 되는 두 개의 구로만 이루어진 우주를 상상해 보자. 그런데 우리가 두 개의 구로 이루어진 우주를 상상할 때, 우리는 암묵적으로 뭔가를 가정하고 있다. 무엇일까? 바로 우리가 그 우주를 상상하는 관찰자의 입장에 놓인다는 것이다. 우리의 상상 행위는 반드시 우리가 그 상상 행위의 주체임을 전제하고 있다. 그렇다면 우리가 그 우주를 상상할 때마다 우리는 그 우주에 관찰자로서 개입하게 되는 것이다. 그런데 우리가 그 우주의 관찰자라면, 우리는 A와 B가 가질 수 없는 속성 하나를 갖게 된다. 즉 "관찰자임"이라는 속성. 따라서 우리 각각은 속성 차원에서 A, B와 구별되는 그 무엇이 된다.

상상 행위의 주체로서의 우리가 A, 그리고 B와 구별되는 존재자라면, 우리는 우리가 앞에서 말했던 철수와 똑같은 기능을 수행할 수 있다. 즉 우리는 수적 차이의 원리가 되는 속성을 제공할 수 있다. 어떤 속성인가? "우리(관찰자)의 오른쪽에 있음"이라는 속성이 바로 그것이다. A는 "우리(관찰자)의 오른쪽에 있음"이라는 속성을 갖지만 B는 이 속성을 결여한다. 따라서 이 둘은 속성 차원에서 서로 구별되는 두 개의 대상이 되는 것이다. 내 생각에, 모든 면에서 구별이 안 되는 두 개의 구를 우리가 상상할 때, 우리는 항상 이런 방식으로, 즉 우리가 관찰자가 되는 방식으로 '두 개'라는 단어의 의미를 파악한다.

블랙은 이를 받아들이지 않을 것이다. 왜냐하면, 우리가 관찰자로서 블랙의 우주에 개입한다면 그의 우주가 바뀌게 되기 때문이다. 그러나 블랙이 이렇게 주장한다면 그는 불가능한 것을 요구하는 셈이 된다. 왜냐하면 그는 다음과 같은 것을 요구하는 것이기 때문이다. "오직 두 개의 구만 존재하는 그러한 우주를 상상해 보라. 그러나 그렇게 상상하는 동안, 당신은 그러한 상상의 주체가 되어서는 안 된다."

물론 블랙의 우주는 충분히 가능하다. 그 어떤 관찰자도 개입하지 않는, 그래서 아무도 상상하지 못했던 그러한 우주는 논리적으로 충분히 가능하다. 그러나 우리가 그 우주를 우리 논의의 장으로 끌어오려는 순간, 우리는 관찰자로서 그 우주에 개입하게 되는 것이다. 따라서 블랙이 두 개의 구만 존재하는 그러한 우주를 "상상해 보라"고 주문한다면, 그는 우리로 하여금 관찰자의 입장에 서라는 주문도 동시에 하는 것이다. A와 B가 구별이 안 됨에도 불구하고 우리가 그것들을 둘로 간주한다면, 거기에는 우리가 관찰자로서 개입하고 있다는 사실이 전제되어 있는 것이다.[7]

7 에이어[Ayer(1954)]와 캐줄로[Casullo(1984)] 역시 블랙의 우주에 관찰자를 개입시킴으로써 블랙의 논변을 깨려고 한다. 에이어는 이 점과 관련해 덜 명확하다. 반면 캐줄로는 중요한 면에서 이 책의 전략과 일치한다. 이 지점에서 캐줄로의 논변이 갖는 몇몇 특징과 문제점을 언급하는 것이 좋을 것 같다. 우선 캐줄로는 강한 다발이론과 약한 다발이론을 구분한 다음, 강한 다발이론은 블랙의 논변에 걸려들지만 약한 다발이론은 그렇지 않음을 보이고자 한다. 그에 따르면, 강한 다발이론은 다음과 같다. 필연적으로, 개체는 속성들의 다발이다. 반면 약한 다발이론은 다음과 같다. 우연적으로(현실 세계에서) 개체는 속성들의 다발이다. 이렇게 볼 때 개체들의 동일성과 차이의 원리인 구별 불가능자 동일성의 원리도, 우연적으로 참인, 즉 이 세계에서는 참이지만, 이 원리가 거짓이 되는 그러한 세계가 존재하는, 그러한 원리가 된다. 이렇게 강한 다발이론과 약한 다발이론을 구분한 다음, 캐줄로는 우리세계에서는 구별 불가능자 동일성의 원리가 참인 원리임을 논증함으로써, 약한 다발이론은 블랙의 논변에 걸려들지 않음을 보이고자 한다. 그러나 우리가 앞에서 본 것처럼, 다발이론가들은 구별 불가능자 동일성의 원리가 필연적으로 참인 원리라고 주장해야만 한

블랙의 오류

블랙의 우주를 우리 논의의 장으로 끌어들이는 것 자체가 이미 우리가 그 우주에 관찰자로서 개입하고 있다는 사실을 전제하는 것이라면, 그렇다면 우리는 관찰자로서 A와 B를 분화시킬 수 있다. A는 갖지만 B는 갖지 않는 속성이 있기 때문이다. 예를 들어, "관찰자의 오른쪽에 있음" 같은 속성이다. 따라서 우리가 관찰자로서 블랙의 우주에 개입한다는 것은, 특정 속성을 통해 A와 B를 분화시키는 효과를 갖는다. 결국 이것이 옳은 논변이라면, 구별 불가능자 동일성의 원리가 거짓임을 보이고자 하는 블랙의 논변은 깨지게 되며, 반례를 견뎌 낸 만큼 다발이론은 옳은 이론으로서 계속 유지될 수 있게 된다.

이제 마지막으로 블랙의 요구를 한번 받아들여 보자. 즉 우리가 상상하기는 해야 하지만, 관찰자로서 개입할 수는 없는 그러한 우주가 있다고 해보자. 이것은 불가능한 일이지만, 가능하다고 가정해 보자. 이제 이러한 상황이 가능하다면, 블랙의 논변은 정말로 다발이론가들에게 위협이 되는가? 나는 위협이 되지 않는다고 생각한다. 이 점을 고찰해 보도록 하자.

다. 이 점에서 캐줄로의 논변은 문제가 있다.

이러한 논변을 펼친 후 캐줄로는 강한 다발이론 역시 블랙의 논변에 걸려들지 않음을 보이고자 한다. 이 책의 전략과 마찬가지로, 캐줄로는 관찰자를 상정해 이를 정당화하고자 한다. 그런데 캐줄로는 이 책에서의 전략과는 다르게, 자신을 정당화함에 있어 A와 B가 갖게 되는 서로 다른 불순 속성을 이용하지 않는다. 이와는 다르게 그는 관찰자의 시각 장내에서 A와 B가 서로 다른 1항 속성을 갖게 된다는 사실을 이용한다. 그런데 우리가 앞에서 본 것처럼, 다발이론가들은 불순 속성을 이용할 수 있다. 언제든 불순 속성이 나타날 때, 그 속성 내의 개체를 속성들의 다발로 환원해 주기만 하면 되는 것이다. 그런데 우리가 불순 속성을 이용할 수 있다면, 그리고 우리가 어떤 우주를 상상할 때, 우리는 반드시 그 우주에 관찰자로서 개입하게 된다는 것이 사실이라면, 그렇다면 우리는 굳이 강한 다발이론과 약한 다발이론을 구분할 필요가 없이 모든 상황에 구별 불가능자 동일성의 원리를 적용시킬 수 있다. 우리는 구별 불가능자 동일성의 원리가 모든 상황에 있어 참이라고, 즉 구별 불가능자 동일성의 원리는 필연적으로 참이라고, 그렇게 주장할 수 있는 것이다.

블랙은 다음과 같이 주장한다. “어떤 우주가 있는데, 그 우주 안에는 서로 완전히 유사한 두 개의 구만 있다고 하자.” 이제 우리는 블랙에게 다음과 같이 물을 수 있다. 여기서 우리로 하여금 “두 개”라고 말할 수 있게 해주는 원리는 무엇인가? 다시 말해 A와 B를 서로 다른 구로 간주할 수 있게 해 주는 차이의 원리란 무엇인가? 이 물음에 대해 답을 내지 못한다면, 블랙의 논변은 성립하지 못한다. 왜냐하면, ‘두 개’라는 단어가 어떤 의미를 갖는지 설명하지 못한다면, 블랙의 논변에서 핵심이 되는 구절, 즉 ‘서로 완전히 유사한 두 개의 구’라는 구절도 아무 의미를 갖지 못할 것이기 때문이다. 블랙은 그의 논문에서 이에 대한 답을 제공하고 있지 않다. 그러나 우리 논의의 맥락을 따라, 블랙이 기체이론적 입장을 취한다고 가정해 보자. 물론 블랙은 아리스토텔레스주의적 실체이론을 채택할 수도 있다. 그러나 지금 우리가 다루는 것은 기체이론과 다발이론 사이의 논쟁이며 또 블랙이 다발이론을 공격하고 있는 중이므로, 그가 기체이론적 입장을 채택한다고 가정해 보자.

이제 블랙이 기체이론적 입장을 취한다고 하자. 그렇다면 블랙은 자신의 논변에 있어 핵심이 되는 ‘두 개’라는 단어에 의미를 부여할 수 있다. 즉 그는 A와 B를 ‘두 개’라고 말할 수 있는 원리를 제공할 수 있다. 기체를 통해서 말이다. A와 B는 서로 다른 구성 요소 S_1과 S_2를 각각 가짐으로 인해서 서로 다른 “두 개”의 구가 되는 것이다. 그런데 만약 블랙이 이런 방식으로 우리의 물음에 대답한다면, 그러한 대답에는 어떤 가정이 숨어 있다. 어떤 가정인가? 기체이론이 옳다는 가정. 다시 말해 개체는 기체라는 것을 포함하고 있다는 가정. 그러나 기체이론이 옳다는 점은 미리 전제될 수 없다. 그것은 증명되어야 하는 것이다. 이렇게 해서 블랙의 논변은 묘한 상황에 빠지게 된다. 기체이론이 옳다는 가정을 하지 않는다면, 블랙은 ‘두 개’라는 단어에 의미를 부여할 수 없고, 따라서 그의 논변 전체가 의미를 갖지 못한다. 반면 기체를 도입해 ‘두 개’라는 단어에 의미를 부여한다면, 그는 자신의 논변에 이미 기체이론이 옳다는 가정을 도입함으로써, 선결 문제 가정의 오류에 빠지게 된다. 결국 우리가 불가능한 상황을 허용한다 하더라도, 다시 말해, 우리가 상상은 해야 하지만, 우리가 상상의 주체가 될 수는 없는 그러한 우주가 있다 하더라도, 블랙의 논변은 다발이론을 무력화시킬 수 없다. '두 개'라는 단어에 의미를 제공하려면 기체를 도입해야 하지만, 기체를 도입하면, 선결 문제 가정의 오류에 빠지게 되기 때문이다.

여기서 다발이론가들이 어떤 사정에 놓이게 되는지 살펴보는 것이 좋을 것 같다. 블랙의 논변에 대해 대답함에 있어 다발이론가들 역시 선결 문제 가정의 오류, 즉 다발이론이 옳다는 사실을 미리 전제하는 그러한 오류를 범하고 있는가? 그렇지 않다. 다발이론가들이 블랙의 논변을 피하기 위해 채택할 수 있는 방법에는, 즉 블랙의 우주가 우리 논의의 장에 들어오려면, 그 우주에는 이미 관찰자가 전제되어 있다는 사실에는, 다발이론이 옳다는 그 어떤 가정도 포함되어 있지 않다. 다발이론이 옳다는 사실은, 관찰자를 개입시킴으로써 얻어지는 결과이지, 다발이론이 옳다는 전제로부터, 관찰자를 개입시킬 방법이 얻어지는 것은 아니다. 따라서 블랙의 논변이 선결 문제 가정의 오류를 범하는 반면, 이 논변을 깨고자 하는 다발이론가들은 그 어떤 오류도 범하고 있지 않다.

새로운 반론

지금까지 말한 내용은 꽤 오래전에 학회에서 발표했던 것이다(그 후 논문으로 출간되었다). 그때 토론자 한 분이 다음과 같은 주장을 제기했다. 그림자가 겹치듯이 블랙의 우주에서 두 개의 구가 서로 겹친다면? 그래서 두 개의 구이기는 하나, 하나로 보인다면? 이런 반론에 대해 나는 그러한 상황은 불가능하다고 주장했다. 그러나 토론자는 그러한 상황이 가능하다고 주장하면서, 양자역학에서 그러한 현상이 나타난다고 주장했다. 양자역학에 대해 알지 못하므로 더 이상 답변을 하지 못했다. 그러나 지금은 답할 수 있을 것 같다는 생각이다. 이제 이에 대한 답을 제시해 보고자 한다.

겹치기 상황에 대해 다발이론가들은 어떤 답을 제시할 수 있을까? 이에 대한 답은 간단해 보인다. 겹친 두 개의 구가 있을 때, 다발이론가는 다음과 같이 대답할 수 있다. 거기에는 두 개의 구가 있는 것이 아니라, 하나의 구만 존재한다. 물론 이러한 대답은 수정될 수 있다. 만약 겹쳤던 두 개의 구가 서로 분리된다면 말이다. 그런 상황이라면, 미안하다고, 잘못했다고 하면 된다. 하나로 알았지만, 사실은 둘이었다고. 그러나 이러한 인정은 겹쳐 있던 두 개의 구가 서로 분리된다는 사실을 전제한 것이다. 계속 겹쳐져 있다면, 사과할 필요도 없다. 분리된다면, 그때 사과하면 된다. 이러한 답변은 사소해 보이지만, 사실 중요한 문제의식을 포함하고 있다. 다발이론가들은 "구가 서로 분리된다면"이라는 전제를 가지고 사과를 하고 있지만, 이러한 사과에는 "서로 분리된다면"이라는 다발이론가들의 이론적 핵심 주장이 포함되어 있다. 겹쳐 있다면, 계속 겹쳐 있어 분리된 모습을 관찰하지 못했다면, 거기에는 하나의 구가 있는 것이다. 처음부터 분리되어 있다면, 두 개의 구가 있는 것이다. 겹쳐 있다가 분리되었다면, 두 개의 구가 있는 것이다. 계속 겹쳐 있어 분리된 모습을 관찰하지 못했다면, 거기에는 하나의 구가 있는 것이다. 기체이론가들은 화를 낼 것이다. 겹쳐져 있다가 분리된다면, 하나의 구인가, 두 개의 구인가? 다발이론가들은 이렇게 대답할 수 있다. 하나였다가 두 개가 되는 것이 아니라, 하나로 보였지만, 실은 두 개였다고. 기체이론가들은 물을 것이다. 아까는 하나라고 해 놓고 왜 지금은 두 개라고 하는가? 다발이론가들은 이렇게 대답할 수 있다. 아까는 하나로 보였지만, 실제로는 두 개다. 왜냐하면, 분리되었기 때문에. 만약 분리되지 않았다면, 여전히 하나이다. 분리가 둘의 전제이다. 둘로 되는 상황이 발생하지 않는다면, 그 경우 거기에는 하나의 구가 있는 것이다. 기체이론가는 여전히 그러한 상황에서도 두 개의 구가 있다고 주장할 것이다. 이제 거꾸로 기체이론가들에게 물어보자. 겹쳐 있는 상황에서, 어떻게 두 개의 구가 있는지 알 수 있냐고. 기체이론가들은 이렇게 답할 것이다. "두 개의 구라고 전제하지 않았는가?" 이렇게 말하는 기체이론가가 있다면 나는 다음과 같이 말할 것 같다. "분리되지 않는 한, 나는 하나의 구가 있다고 확신하는데, 당신은 어떻게 둘로 확신할 수 있는가?" 이렇게 말하면서 내가 하고 싶은 주장은 다음과 같은 것이다. 내가 하나라고 확신하는 것을 기체이론가가 둘로 확신할 때, 기체이론가는 마술적 인지능력, 마술적 창조능력을 행사하는 것이다. 기체이론가들은 사물들의 수를 조절할 수 있는 능력을 가지고 있다. 나는 내 코가 하나라고 확신하지만, 기체이론가들은 내 코가 둘이라고 주장할 수 있다. 겹쳐 있다면서. 그리고 하나의 내 코에 기체 s를 할당하고, 두 번째 코에는 기체 s′를 할당하면 된다. 세 개로도 만들 수 있다. 기체이론가들은 사물들의 수를 조절할 수 있다. 그리고 그들은 내가 인지할 수 없는 사물들을 인지할 수 있다. 나는 내 코가 하나라고 생각하지만, 그들은 거기에서 두 개의 코를 발견해 내는 것이다.

겹쳐 있다가 분리된다면, 내가 잘못 판단한 것이다. 이 경우 미안하다고 하면 된다. 다발이론가는 자신의 이론에 충실하면서 이러한 사과를 할 수 있다. 그러나 계속 겹쳐 있다면, 거기에는 하나의 구만 있는 것이다. 만약 기체이론가들이 거기에 두 개의 구가 있다고 주장한다면, 그들은 마술적 인지능력, 마술적 창조능력을 가진 사람들이 되는 것이다. 그리고 이러한 마술적 인지능력, 마술적 창조능력이 말도 되지 않는다고 생각된다면, 그러한 겹치기 상황이 지속됨에도 불구하고 거기에 두 개의 구가 있다고 주장하는 것 역시 말이 안 된다고 해야 할 것이다. 겹쳐진 두 개의 구가 존재하는 상황에 대해 다발이론가들은 이러한 방식으로 대응할 수 있다.

결론

블랙은 구별 불가능자 동일성의 원리가 거짓임을 증명하고자 한다. 이를 위해 블랙은 이 원리에 대한 반례가 존재함을 보이고자 한다. 만약 블랙이 이러한 일에 성공한다면, 다발이론이 구별 불가능자 동일성의 원리를 함축하는 만큼, 다발이론 역시 거짓임이 증명된다. 블랙의 논변은 상당히 강력해서, 그의 논변을 깨고자 하는 많은 시도들을 좌절시켰다. 그러나 블랙의 논변은 결정적이지 않다.

블랙의 우주는 관찰자를 전제한다(전제할 수밖에 없다). 그래서 다발이론가들은 관찰자를 포함하는 불순 속성을 이용해 '두 개'라는 단어에 적절한 의미를 제공할 수 있으며, 서로 구별이 안 되는 두 개의 구를 속성 차원에서 분화시킬 수 있다. 이것이 블랙의 논변에 대한 첫 번째 반론이다.

다음으로, 만약 블랙이 '두 개'라는 단어에 의미를 제공하려면, 그는 기체를 도입해야 한다. 하지만 그가 기체를 도입하게 되면, 그는 선결 문제 가정의 오류에 빠지게 된다. 이것이 블랙의 논변에 대한 두 번째 반론이다.

마지막으로, 겹치기 상황에서 기체이론가들이 두 개의 구를 구별해 낼 수 있다면, 그들은 마술적 인지능력, 마술적 창조능력을 소유한 것이 된다. 이러한 능력이 말도 되지 않는다면, 그렇다면, 겹치기 상황에서 두 개의 구를 구별해 내는 것도 말이 되지 않는다.

이렇게 해서 우리는 구별 불가능자 동일성의 원리가 거짓임을 보이고자 했던 블랙의 논변이 성립하지 않음을 보게 된다. 다발이론은 충분한 방어 능력을 갖는 이론인 것이다. 그런데 사실 블랙의 반론은 매우 강력한 반론으로 여겨졌었다. 따라서 다발이론이 이러한 매우 강력한 반론을 견뎌 냈다면, 다발이론은 기체이론과 비교해 그 입지가 한층 강화된 그러한 이론으로 평가받을 수 있을 것이다.

지금까지 기체이론, 실체이론, 다발이론, 이렇게 세 이론을 살펴보고,

그중 다발이론이 가장 상식적이고 직관적이며, 또한 이론적으로도 강력함을 살펴보았다. 이제 다른 주제로 넘어가도록 한다. 개체의 동일성 문제가 그것인데, 여기에는 두 개의 주제가 포함되어 있다. 하나는 개체의 시간적 동일성 문제이고, 다른 하나는 개체의 통세계적 동일성 문제이다. 이 두 가지 주제는 개체의 구조에 관한 서로 다른 이론들, 즉 기체이론, 그리고 다발이론, 이 두 이론과 밀접한 관련을 가지고 있다. 이 두 이론 중 어느 하나를 선택하면, 자연스럽게 이러한 동일성의 문제와 관련된 어떤 특정 이론을 선택하게 되고, 또 다른 하나를 선택하면, 역시 자연스럽게 이러한 동일성 문제와 관련된 다른 어떤 특정 이론을 선택하게 되어 있다.

이렇게 패키지를 이루는 이론들의 쌍들을 살펴보도록 하자. 이제부터 딜레마적인 상황이 발생하게 되는데, 그 모습을 간략히 그리면 다음과 같다. 상식적이며 직관적인 어떤 한 이론을 취했다고 가정해 보자. 그런데 그 이론을 여러 영역으로 확장해 보면, 우리는 다음과 같은 딜레마적 상황에 놓이게 된다. 즉, 그 이론과 긴밀히 연결된 새로운 이론은, 상식적이지도, 직관적이지도 않은, 우리의 상식과 직관을 흔드는 그러한 이론이 된다는 것. 이제 개체의 동일성 문제를 살펴보면서, 이 문제가 어떤 것이며, 또 왜 우리가 딜레마적 상황에 빠지게 되는지 살펴보도록 하자.

4

개체의 동일성 문제

지금까지 개체의 구조와 관한 세 가지 서로 다른 이론들을 검토했다. 그리고 그중 다발이론이 가장 가망성 있는 이론임을 보였다. 기체이론은 개체의 정체성을 규정하는 바로 그 기체가 이상해 보인다. 기체는 경험이 되지 않으며, 그 어떤 속성도 가지지 않는다. 그러한 것이 존재한다는 것이 어떻게 가능할까? 매우 의심스럽고 상식에 반해 보인다. 아리스토텔레스적 실체이론은 매우 상식적이다. 이 이론은 “그것은 무엇인가?”라는 한 개체의 정체성에 대한 물음에 대해 매우 상식적이면서 탄탄한 대답을 제시해 준다. 무언가를 가리키며, “저것은 무엇인가?”라고 물을 때, 우리는 그 개체가 속하는 종을 언급한다. 그래서 “저것은 백조다” “저것은 오리다” 등등의 답을 우리는 제시한다. 그러나 이렇게 개체의 정체성의 원리가 되는 종이 차이의 원리로도 작동하는가 하는 물음을 던질 때, 우리는 망설일 수밖에 없다. 왜냐하면, 철수가 속한 인간 종과 영희가 속한 인간 종은 동일한 하나의 것이기 때문이다. 인간 종으로 인해 철수와 영희가 달라지지 않을 것으로 보인다. 그런데 우리는 다음과 같이 생각하지 않는가? 한 개체의 정체성을 규정하는 바로 그것으로 인해, 그 개체는 다른 개체와 구분되고 차이 나게 된다. 따라서 정체성의 원리와 차이의 원리는 같아야 할 것으로 보이는데, 실체이론에서는 개체의 정체성을 규정하는 원리로서의 종이 차이의 원리가 될 수 없다는 문제점이 드러난다. 그래서 다발이론이 개체의 구조에 관한 가장 유망한 이론으로 남게 되었다. 이 이론은 기체이론의 문제점을 해소하고 있다. 이 이론에 따르면, 개체의 정체성을 규정하는 것은 오직 속성들뿐이다. 속성들은 경험 가능하며, 사실 우리는 하나의 개체를 체험할 때, 그 개체가 갖는 속성들이 무엇인가를 통해 그 개체를 경험한다. 이 이론은 기체 같은 경험 불가능하고 그 어떤 속성도 갖지 않는 것을 배제한다. 오직 경험의 원리가 되는 속성들만 가지고 개체의 구조를 설명한다. 다발이론은 실체이론의 문제점도 해소하고 있다. 실체이론에 따르면 종이 개체의 정체성을 규정하는데, 이 정체성을 규정하는 종이 차이의 원리가 될 수는 없었다. 다발이론의 경우 한 개체가 갖는 정체성의 원리와 차이의 원리가 동일하다. 이 이론에 따르면 그러한 정체성의 원리/차이의 원리는 속성들이다. 춘원이 갖는 속성과 이광수가 갖는 속성이 모두 동일하면, 여기에는 둘이 있는 것이 아니라 오직 하나의 개체만 있는 것이다. 반면 철수는 학생이지만 동수는 아니라면, 이 둘이 아무리 닮았다 하더라도 이 둘은 하나가 아니라 둘인 것이다. 이렇게 다발이론에서는 개체의 정체성 원리와 차이의 원리가 동일하다. 그리고 그 원리란 바로 속성을 말한다. 이렇게 다발이론은 개체의 정체성의 원리와 차이의 원리가 동일한 것이어야 한다는 우리의 직관, 우리의 상식에 부합한다. 그래서 나는 기체이론, 실체이론, 다발이론, 이 셋 중 다발이론이 가장 가망 있는 이론이라고 생각한다. 개체의 구조에 관한 한 다발이론의 설명력과 상식 부합성이 가장 뛰어나 보인다.

이제 이러한 설명력, 상식 부합성, 이 둘 모두를 가지고 있는 다발이론이 어떤 다른 새로운 이론들과 친화성을 가지고 흘러가는지 볼 차례다. 우리의 관심과 물음은 다음과 같다. 개체의 구조에 관한 다발이론은 개체의 구조 문제뿐만 아니라 우리에게 제기되는 다른 형이상학적 문제, 즉 개체의 지속 문제, 개체의 현실성과 가능성의 문제 등등을 어떻게 설명하는가? 이제 이러한 문제들을 살펴보고자 한다. 그리고 그 결과 개체의 구조에 관한 강한 설명력, 상식 부합성을 가지는 이론으로서의 다발이론이, 궁극적으로는 매우 비상식적인 이론으로 흘러들어 가게 되는 모습을 보게 될 것이다. 이것이 딜레마이다.

개체의 통시간적 동일성

개체는 구조를 가진다. 이러한 구조에 대한 이론으로서 우리는 세 가지를 검토했다. 그런데 개체는 주어진 시간에 어떤 구조를 가질 뿐만 아니라, 시간이 흐름에 따라 변화하기도 한다. 내 책상은 광택이 있었지만, 지금은 흐릿해졌다. 어제 철수는 밝았는데, 오늘은 좀 어둡다. 이렇게 시간이 흐름에 따라 사물들은 변화한다. 그런데 개체들, 사물들은 변화만 하는 것이 아니다. 이렇게 변화하면서도 사물들은 자신의 정체성을 유지한다. 내 친구 철수가 어제 밝았는데 오늘 좀 어둡다고 해서 다른 사람이 되는 것은 아니다. 그는 여전히 내 친구이고, 어제 잘 가라는 인사를 했고, 오늘은 안녕이라고 인사를 하는 것이다. 같은 사람이기 때문에 나는 그를 보고 인사를 하는 것이다. 다른 사람이라면 왜 인사를 하겠는가?

이렇게 한 개체가 변화함에도 불구하고 자신의 정체성을 유지하는 현상을 '시간적 지속'이라고 부른다. 개체는 변화함에도 불구하고 시간적으로 지속한다. 어제의 철수와 오늘의 철수는 하나의 동일한 개체이다. 이렇게 어제의 철수와 오늘의 철수가 동일한 정체성을 유지하는 것, 이렇게 시간적으로 지속하는 것을 다른 말로 '개체의 시간적 동일성'이라고 부른다. 어제의 철수와 오늘의 철수가 동일하다는 것이다. 개체의 구조에 관한 여러 이론이 있는 것처럼, 개체의 시간적 동일성 문제와 관련해 여러 이론이 등장한다. 그리고 이러한 서로 다른 여러 이론들은 개체의 구조에 관한 여러 이론들과 서로 연결되어 있다. 개체의 구조와 관련한 대표적인 두 이론이 있는데, 앞에서 살펴본 기체이론과 다발이론이 그것들이다. 개체의 시간적 동일성, 개체의 지속과 관련해 이 두 이론 각각과 연계된 이론들이 있는데, 바로 개체의 지속에 대한 이동지속이론과 개체의 지속에 대한 확장지속이론이 그것이다. 즉 다음과 같은 이론들의 패키지가 가능하다. "기체이론-이동지속이론" "다발이론-확장지속이론."

기체이론에 따르면 한 개체의 정체성을 규정하는 것은 기체이다. 철수는 철수의 기체만 유지된다면, 속성들이 어떠하든 자신의 정체성을 유지할 수 있다. 기체만 있으면 된다. 속성은 개체의 정체성과 아무런 관계도 없다. 이러한 사실은 시간적 지속, 개체의 시간적 동일성의 문제와 관련해서도 마찬가지이다. 개체는 자신의 기체만 유지된다면, 항상 동일하게, 항상 자신의 정체성을 유지하면서 시간적으로 지속한다. 즉 기체만 유지된다면 시간적 동일성을 확보하게 된다. 어제의 철수는 밝았지만 오늘의 철수는 어둡다 하더라도, 자신이 기체만 유지한다면, 철수는 자신의 정체성을 유지하며 동일한 하나의 개체로 지속한다. 속성들이 바뀌어도 개체의 지속에는 아무런 문제가 없다. 오직 기체만 유지되면 되는 것이다. 이렇게 기체가 동일하게 유지됨으로써, 철수는 이전 시간과 이후 시간에서 완전히 동일한 하나의 개체로 유지되는 것이다. 형이상학에서는 지속에 대한 이러한 이론을 '이동지속이론'이라고 부른다. 철수는 시간축을 타고 왼쪽에서 오른쪽으로 진행하는데, 그 진행하는 방식은, 변화를 겪음에도 불구하고 자신의 기체를 유지함으로써 이전 시간에서의 철수와 이후 시간에서의 철수가 완전히 동일한 하나의 철수로 남게 되는 것이다.

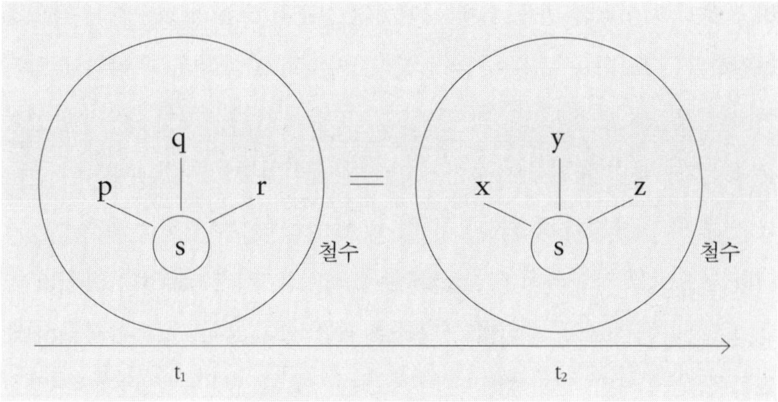

〈그림 5〉

이 그림에서 보듯이 시간 t_1에서의 철수와 시간 t_2에서의 철수는 수적으로 동일하다numerically identical. 개체는 자신의 정체성을 유지하면서 시간 t_1에서 시간 t_2로, 왼쪽에서 오른쪽으로 이동해 간다. 이렇게 개체는 시간축을 따라 이동해 간다. 그렇게 이동하는 중에도 개체는 자신의 정체성, 자신의 수적 동일성을 유지해 간다. 시간축을 타고 이동하면서, 자신이 갖는 속성들이 바뀜에도 불구하고, 개체는 자신의 수적 동일성을 유지해 나간다. 이러한 형이상학적 이미지에서 핵심적인 것은, 기체이론에서 그러하듯이 개체의 지속과 관련한 이동지속이론에서도 한 개체의 정체성을 좌우하는 것은 속성이 아니라 기체라는 것이다. 속성들이 p, q, r이었다가 x, y, z로 변했음에도 불구하고 철수라는 개체는 자신의 기체 s를 그대로 유지함으로써, 시간 t_1에서 t_2로 정체성의 변화 없이 자기동일성, 정체성을 유지할 수 있다. 다발이론가들이라면, 개체의 지속을 이런 방식으로 설명할 수 없을 것이다. 다발이론가들에게 있어서 개체의 정체성을 규정하는 것은 속성들뿐이다. 따라서 p, q, r이라는 한 개체의 속성이 x, y, z로 변했다면, 그 개체는 자신의 정체성을 바꾼 것이 되는 것이다.

우리는 철수가 어제부터 오늘까지 시간적으로 지속한다고 믿는다. 그리고 우리의 이러한 믿음 밑에는 어제의 철수와 오늘의 철수가 수적으로 동일하다는 또 다른 믿음이 깔려 있다. 이것은 상식이다. 우리의 상식은 어제의 철수와 오늘의 철수가 동일하다고 말해 준다. 그러나 이러한 상식은 옳은가? 위 그림에서 보듯이 시간 t_1에서의 철수와 시간 t_2에서의 철수는 서로 다른 요소들을 포함하고 있다, 시간 t_1에서의 철수는 속성 p, q, r이라는 요소를 자신의 구성물로 포함하고 있고, 시간 t_2에서의 철수는 속성 x, y, z라는 요소를 자신의 구성물로 포함하고 있다. 서로 다른 구성 요소들을 갖는 어떤 것이, 어떻게 같은 것이라고 주장될 수 있을까? 시간 t_1에서의 철수를 '철수-t_1'이라고, 그리고 시간 t_2에서의 철수를 '철수-t_2'라고 표현해 보자. 기체이론가들의 주장에 따르면, 철수-t_1과 철수-t_2는 수적으로 동일하다. 이러한 주장은 매우 상식적으로 보인다. 그러나 이러한 상식적인 주장은 우리로 하여금 매우 큰 어려움에 부딪히도록 하는 것으로 보인다. 물론 우리는 아무런 논리적 문제없이 다음과 같이 주장할 수 있다. 시간 t_1에서 철수라는 개체가 갖는 기체 s와 시간 t_2에서 철수라는 개체가 갖는 기체 s는 수적으로 동일하다. 위 그림에서 보듯이 철수가 갖는 기체 s는 그 어떤 변화도 겪지 않았다. 기체의 정체성은 그대로 유지된다. 반면 기체가 아니라 철수라는 개체를 보자. 철수라는 개체는 기체 s를 포함하기 때문에 자신의 동일성, 정체성을 시간의 변화에도 불구하고 유지한다고 주장되지만, 그림에서 보듯이, 철수는 시간이 흐름에 따라 자신을 구성하는 요소들의 변화를 겪었다. 속성들이 p, q, r에서 x, y, z로 바뀐 것이다. 그럼에도 불구하고 기체이론가들은 시간 t_1에서의 철수가 가진 기체 s와 시간 t_2에서의 철수가 가진 기체 s가 수적으로 동일하다는 주장을 넘어서, 다음과 같은 과도해 보이는 주장으로, 즉 시간 t_1에서의 철수라는 개체와 시간 t_2에서의 철수라는 개체가 수적으로 동일하다는 주장으로까지 나아간다. 이렇게 서로 다른 요소를 가진 철수-t_1과 철수-t_2가 수적으로 동일하다는 주장은 우리 모두가 받아들이는 다음과 같은 원리에 배치되는 것으로 보인다.

> 동일자 구별불가능성의 원리[8] : 개체 a와 개체 b에 대해, 이것들이 수적으로 서로 동일하다면, 그렇다면 a가 임의의 속성 Φ를 가지면, b도 Φ를 갖고, b가 속성 Φ를 가지면 a도 Φ를 가진다.

이 원리에 따르면 춘원과 이광수가 수적으로 동일하다면, 춘원이 갖는 모든 속성을 이광수도 가지며, 이광수가 갖는 모든 속성을 춘원도 갖는 것이다. 수적 동일성은 질적 동일성, 속성의 동일성, 요소들의 동일성을 낳는다. 어떤 것(들)이 수적으로 동일하면, 그것(들)은 질적으로 동일해야 하며, 속성들이 동일해야 하며, 요소들의 완전한 동일성을 낳아야 한다. 이 원리는 모든 철학적, 과학적 이론들이 따르는 원리이며, 또 매우 상식적이기도 하다. 어떤 것(들)이 동일하다면, 그것이 갖는 모든 요소에서의 일치를 보여야 한다. 이 명제의 대우명제를 살펴보자. 만약 a가 속성 Φ를 갖고, 동시에 b가 Φ를 갖지 않는다면, 혹은 a가 속성 Φ를 갖지 않지만, b는 Φ를 가진다면, a와 b는 다른 개체인 것이다. 즉 동일자 구별불가능성의 원리를 뒤집어 보면, 다음과 같은 결론이 나온다. 모든 요소에서 일치를 보이지 않는 어떤 것들은, 절대 수적으로 동일하다고 말할 수 없다. 예를 들어, 원자론이 그러하다. a라는 사물과 b라는 사물이 있을 때, 이들이 동일하

8 이 원리는 다발이론가들의 원리라고 생각할 수 있다. 왜냐하면, 오직 속성을 통해서만 개체의 동일성 원리를 규정하기 때문이다. 그러나 이 원리는 아무런 문제없이, 확장될 수 있다. 속성이라는 말 대신 요소라고 바꾸면 그만이다. 그래서 개체 a와 b에 대해, 원자론자들이면 다음과 같이 말하면 된다. a와 b가 동일하다면, a와 b는 모든 원자들을 공유해야 한다. 다발이론가들은 다음과 같이 말하면 된다. a와 b가 동일하다면, a와 b는 모든 속성들을 공유해야 한다. 기체이론가들은 다음과 같이 말하면 된다. a와 b가 동일하다면, a와 b는 기체, 그리고 모든 속성들을 공유해야 한다. 이 책에서는 동일자 구별불가능성의 원리를 이러한 방식의 확장판으로 이해하면 좋을 것이다.

다면, 그렇다면 이것들을 구성하는 모든 원자들이 공통적이어야 하는 것이다. 만약 하나의 원자라도 다르다면, a와 b는 다른 사물이다. 이렇게 볼 때, 개체의 지속에 대한 기체이론적 설명으로서의 이동지속이론은 우리에게 어려움을 준다. 철수-t_1이 갖는 기체 s와 철수-t_2가 갖는 기체 s가 동일하다는 주장은 충분히 가능하다. 그러나 철수-t_1과 철수-t_2가 수적으로 동일하다는 주장은, 모든 이론들이 받아들여야 하는 원리, 즉 동일자 구별불가능성의 원리를 깨는 것으로 보인다. 어떻게 서로 다른 요소를 가지는 무언가가 서로 동일하다고 할 수 있는가?

처음에는 상식적으로 보였던 개체의 지속에 대한 한 이론, 즉 이동지속이론은 이렇게 우리의 직관과 부딪히는 결과를 낳는다. 우리의 상식은 잘못되어 있는 것인가? 우리의 상식에 따르면, 우리는 시간 t_1에서의 철수와 시간 t_2에서의 철수가 수적으로 동일하다고 믿는다. 그러나 이러한 상식적 믿음은 곧 충돌을 일으킨다. 우리 모두가 받아들이며, 또 받아들여야 하는 원리인 동일자 구별불가능성의 원리와 부딪히기 때문이다. 서로 다른 요소를 가지는 무언가가 어떻게 동일할 수 있는가? 동일자 구별불가능성의 원리가 거짓인가? 이 원리를 부정해 보자. 그렇게 한다면, 동일성과 차이에 대한 우리의 모든 믿음들이 다 흐트러질 것이다. 머릿속으로 무언가를 상상해 보라. 그것들이 동일한지, 서도 다른지의 문제와 관련해 여러 상상을 해 보라. 그것을 구성하는 요소들을 이리 섞고 저리 섞어 보라. 서로 다른 요소들을 갖는 어떤 것들이, 그러한 차이에도 불구하고 동일하다고 말할 수 있을까?

이러한 충돌로 인해, 개체의 지속에 대한 또 다른 이론이 개발되었다. 이 이론은 개체의 구조에 관한 다발이론과 커다란 친화성을 갖는데, 이러한 친화성은 이 이론이, 개체의 구조에 관한 다발이론과 마찬가지로, 개체의 지속에 대해서도 속성에 가장 큰 중요성을 둔다는 점에 기초해 있다. 개체의 지속에 관한 이러한 이론을 '확장지속이론'이라고 부른다. 다발이론에 따르면, 개체는 오직 속성들의 다발일 뿐이다. 따라서 개체의 정체성을 구성하는 것도 속성들뿐이다. 오직 속성만이 개체의 정체성을 규정한다. 서로 완전히 닮은, 모든 속성에 있어 동일한 것(들)은, 둘이 아니라 하나이다. 기체이론가들은 서로 완전히 닮은, 모든 속성에 있어 동일한 것들이 존재하는 상황을 가정하고 있지만, 블랙의 사례에서 볼 수 있듯이, 이러한 상황은 다발이론가들이 적절히 처리할 수 있을 뿐만 아니라, 오히려 이러한 상황은 기체이론가들로 하여금 마술적 인지능력, 마술적 창조능력을 갖게 만드는 말이 되지 않는 결과를 낳게 된다. 그래서 다발이론가들은 우리의 경험 대상도 되지 않으며, 그 어떤 속성도 갖지 않는 그 무엇, 즉 기체를 부정하고, 오직 속성을 통해서만 개체의 정체성을 규정하고자 하는 것이다. 이러한 다발이론가들의 전략과 마찬가지로 확장지속이론도 개체의 지속을 오직 속성들의 동일성/차이에 근거해 설명한다. 이들의 주장은 다음과 같은 것이다. 시간 t_1에서의 철수와 시간 t_2에서의 철수는 다르다. 요소들, 속성들이 다르기 때문이다.

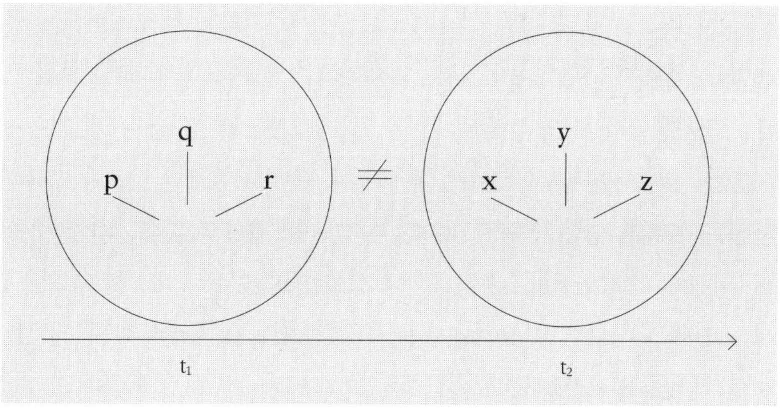

〈그림 6〉

다발이론과 마찬가지로, 이러한 확장지속이론 역시 오직 속성들만으로 개체의 정체성을 규정하고자 한다. 속성이 하나라도 다르면, 다른 개체인데, 시간 t_1에서의 철수와 시간 t_2에서의 철수는 서로 다른 속성을 가지므로 이 둘은 서로 다른 것들이다. 이것은 우리의 상식에 반하는 주장이다. 그렇다면 우리는 어제 만난 철수가 밝았지만, 오늘 만난 철수가 어둡다고 해서, 철수를 아는 척하지 말아야 하는가? 어제의 철수와 오늘의 철수는 다른 개체인가? 확장지속이론에 따르면, 속성이 달라지면 다른 개체이다. 그렇다면 어제의 철수와 오늘의 철수를 다른 개체라고 해야 하는가? 만약 그렇다면 이 이론은 개체의 시간적 지속도 부정해야 한다. 우리 모두는 이렇게 믿는다. 철수는 어제로부터 오늘까지 시간적으로 지속한다. 그래서 우리는 어제 헤어졌던 철수를 오늘 만나, 인사를 하는 것이다. 확장지속이론가들은 이러한 우리의 상식, 이러한 우리의 믿음이 거짓이라고 주장하는 것인가? 만약 동일성과 차이에 대한 우리의 이 모든 믿음이 거짓이라면, 영화 「메멘토」에 나오는 것처럼, 우리는 정상적 삶을 이어 나가기 어려울 것이다.

철학자들 중에는 정말 이렇게 생각하는 사람도 있다. 헤라클레이토스가 그러하다. 그의 주장에 따르면, 우리의 시간적 삶은 마치 강물과 같은 것이다. 한번 지나간 강물은 다시 오지 않으며, 내가 보고 있는 강물의 모습은 영원히 변화하며, 항상 정체성을 잃는 그러한 것이다. 변화가 전부이며, 정체성의 유지 같은 것은 없다. 그러나 앞에서 언급한 것처럼 이러한 사유는 우리의 상식, 우리의 직관에 어긋나며, 만약 이것이 옳은 사유라면, 우리가 정상적이라고 생각하는 우리의 삶의 모습이 어디에 근거하고 있는지 설명해야 할 것이다. 아무런 동일성, 정체성을 갖지 않는, 시간의 흐름에 따라 오직 변화만 거듭하는 철수를, 왜 우리는 반갑게 만나 인사를 하는 것인가? 어제와는 다른 사람인데 말이다.

확장지속이론가들은 헤라클레이토스와는 다르다. 그들에 따르면, 개체는 시간의 흐름에 따라 변화하기는 하지만, 시간적으로 지속하는 존재이다. 개체는 변화를 겪음에도 불구하고, 시간적으로 지속한다. 그런데 이 이론에 따르면, 철수-t_1과 철수-t_2는 다르다. 그렇다면, 이러한 주장은 철수가 시간적으로 지속한다는 주장과 충돌하는 것 아닌가? "철수-t_1과 철수-t_2가 서로 다른 개체인데, 어떻게 철수가 시간적으로 지속한다고 주장할 수 있는가?" 확장지속이론가들에 따르면, 바로 앞 문장은 교정되어야 할 문장이다. 확장지속이론가들은 이와 같이 주장하지 않는다. 그들의 주장에 따르면, 위 문장은 다음과 같이 수정되어야 한다. "철수-t_1과 철수-t_2는 철수라는 개체가 가지는 서로 다른 시간적 부분인데, 철수가 지속한다는 것은, 바로 철수라는 시간적 전체가 이러한 철수-t_1과 철수-t_2를 자신의 시간적 부분으로 갖는다는 말이다." 이러한 형이상학적 이미지에 근거해 본다면, 철수-t_1과 철수-t_2는 서로 다른 개체가 아니다. 철수-t_1은 개체가 아니라, 철수라는 시간적 전체가 갖는 시간적 부분이다. 철수-t_2도 개체가 아니라, 철수라는 시간적 전체가 갖는 또 다른 시간적 부분이다.

확장지속이론에 따르면 개체는 시간적으로 확장되어 있는 4차원적 존재이다. 우선, 우리가 상식적으로 알고 있듯이, 개체는 일단 3차원적 존재이다. 개체는 공간적으로 펼쳐져 있는데, 세 가지 방향으로 그러하다. 철수는 왼쪽-오른쪽으로 펼쳐져 있다. 철수는 위-아래로도 펼쳐져 있다. 또 철수는 앞-뒤로도 펼쳐져 있다. 이렇게 세 가지 방향으로 펼쳐져 있음으로 해서 철수는 3차원 공간을 채우는 존재가 되는 것이다. 그렇게 세 가지 방향으로 확장되어 있음으로 해서 철수는 3차원 존재가 되는 것이다. 확장지속이론에 따르면, 개체는 공간적으로만 확장되어 있는 것이 아니다. 개체는 시간적으로도 확장되어 있다. 이렇게 시간적으로 펼쳐져 있음으로 인해, 개체는 4차원 존재가 되며, 이것이 개체의 시간적 지속에 대한 형이상학적 근거가 된다.

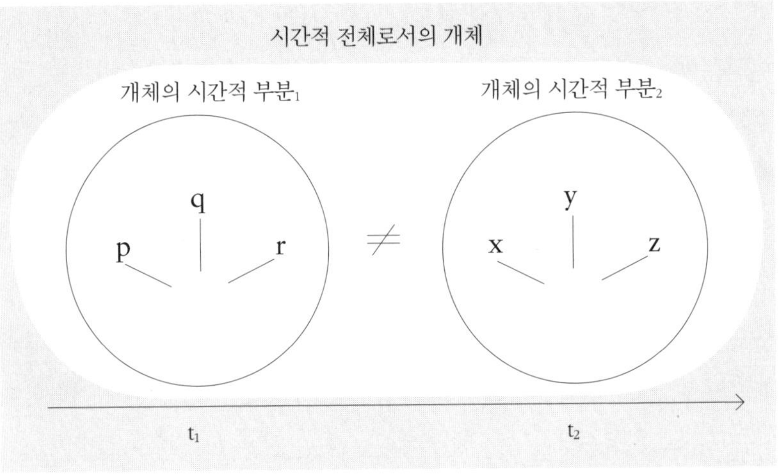

〈그림 7〉

시간 t_1에서의 철수는 완전한 개체가 아니라, 철수라는 완전한 개체가 가지는 시간적 부분이다. 시간 t_2에서의 철수는 완전한 개체가 아니라, 철수라는 완전한 개체가 가지는 또 다른 시간적 부분이다. 철수-t_1과 철수-t_2는 서로 다르다. 그러나 이것들은 개체가 아니라, 철수라는 시간적 전체가 가지는 시간적 부분들이다. 내 왼손과 내 오른손이 서로 다른 나의 공간적 부분들인 것처럼, 철수-t_1과 철수-t_2는 철수라는 시간적 전체가 가지는, 서로 다른 시간적 부분들이다. 내가 나의 왼손과 오른손, 그리고 그 밖의 서로 다른 여러 공간적 부분들을 가짐으로써, 공간적으로 확장되어 있는 3차원적 전체가 되듯이, 나는 나-t_1과 나-t_2, 그리고 그 밖의 서로 다른 여러 시간적 부분들을 가짐으로써, 시간적으로 확장되어 있는 4차원적 전체가 되는 것이다. 확장지속이론에 따르면, 내가 시간적으로 지속한다는 것은, 내가 이렇게 여러 시간적 부분들을 갖는다는 것이다. 이렇게 해서 확장지속이론 역시 개체의 시간적 지속, 개체의 시간적 동일성, 개체가 시간을 뚫고 자신의 정체성을 유지한다는 우리의 믿음에 대한 형이상학적 이론을 제시하고 있다. 이 이론에 따르면 철수-t_1과 철수-t_2는 철수라는 시간적 전체가 갖는 시간적 부분들이다. 이 두 시간적 부분은 서로 다른데, 그 이유는 이것들이 갖는 속성들이 다르기 때문이다. 마치 내 왼손과 내 오른손이 서로 다른 속성들을 갖기 때문에 서로 다른 것처럼 말이다. 그럼에도 불구하고 철수는 시간적으로 지속하는데, 그러한 지속의 근거는 바로 다음과 같은 형이상학적 설명, 즉 철수-t_1도 철수의 시간적 부분이고, 철수-t_2도 철수의 시간적 부분이라는 것이다. 위 그림에서 볼 수 있듯이, 철수의 시간적 부분, 철수-t_1과 또 다른 시간적 부분, 철수-t_2는 다르다. 즉 "철수-t_1 ≠ 철수-t_2." 그럼에도 불구하고 철수는 시간적으로 지속하는데, 그 이유는 철수라는 시간적 전체가 철수-t_1과 철수-t_2를 자신의 시간적 부분으로 갖기 때문이다. 철수는 t_1에서 t_2까지 지속한다. 왜냐하면, 시간적 전체로서의 그는 철수-t_1과 철수-t_2를 자신의 시간적 부분으로 갖기 때문이다. 이렇게 철수는 공간적으로 확장된 존재일 뿐만 아니라 시간적으로 확장된 존재이다. 이렇게 주장하기 때문에 이들을 '확장지속이론가'라고 부르는 것이다. 개체는 3차원적으로만, 공간적으로만 확장되어 있는 것이 아니다. 개체는 3차원적으로 확장되어 있을 뿐만 아니라, 시간적 차원으로도 확장되어 있는 4차원적 존재이다.

개체의 지속에 관한 확장지속이론이 개체의 구조에 관한 다발이론과 친화성을 갖는 이유는 분명하다. 이 두 이론 모두 개체의 정체성/차이와 관련해 오직 속성에만 초점을 맞추고 있다. 개체의 구조와 관련해 다발이론은, 그 정체성(동일성)/차이의 원리를 오직 속성에만 두고 있다. 모든 속성이 공유된다면, 서로 다르게 불리더라도 춘원과 이광수는 동일한 개체이다. 하나의 개체가 두 개의 이름을 가졌을 뿐이다. 만약 하나의 속성이라도 어긋난다면, 거기에는 두 개의 개체가 있는 것이다. 아무리 닮았어도, 단 하나의 속성이라도 공유되지 않는다면, 거기에는 두 개의 개체가 있는 것이다. 개체의 지속에 관한 확장지속이론도 개체의 정체성(동일성)/차이의 원리를 오직 속성에만 두고 있다. 철수-t_1과 철수-t_2는 서로 다르다. 서로 다른 속성을 가지고 있기 때문이다. 그러나 이것들이 다르다고 해서 이것들이 개체 수준에서 다른 것은 아니다. 이것들은 철수라는 시간적 전체를 이루는 시간적 부분으로서, 시간적 요소로서, 서로 다르다. 전체를 구성하는 요소들이 서로 다르다는 것은 전혀 이상한 이야기가 아니다. 내 왼손과 내 오른손이 다르다고 해서 전혀 이상한 일이 아닌 것처럼 말이다. 이렇게 철수-t_1과 철수-t_2는 철수라는 시간적 전체가 갖는 서로 다른 시간적 부분들이지만, 철수는 이러한 시간적 부분들을 가짐으로써 시간적으로 지속하는 존재가 된다. 시간적으로 확장되어 있음으로 해서, 철수는 시간적으로 지속하는 존재가 되는 것이다.

지금까지 개체의 시간적 지속과 관련해 이동지속이론과 확장지속이론의 모습을 간략히 그렸다. 이동지속이론에 따르면 개체는 시간축을 따라 왼쪽에서 오른쪽으로 이동한다. 그렇게 이동하는 동안 개체는 자신의 정체성을 유지하는데, 그렇게 정체성이 유지되는 이유는, 속성들이 바뀜에도 불구하고, 동일한 하나의 기체가 유지되기 때문이다. 그러나 요소들이 다름에도 불구하고 동일한 하나의 개체라고 할 수 있는지에 대한 의문이 있었다. 이를 해결하기 위해 확장지속이론이 등장했다. 이 이론에 따르면 개체는 동일성을 유지하면서 시간축을 따라 이동하는 것이 아니다. 개체는 시간적으로 확장된 시간적 전체로서, 각각의 서로 다른 시간적 부분들을 가짐으로써 시간적으로 지속한다. 이렇게 개체의 시간적 지속과 관련해 서로 다른 두 가지 이론이 제시되었는데, 이 두 이론은 각각 개체의 구조에 관한 서로 상반되는 이론들과 친화성을 가진다. 이동지속이론은 기체이론과 친화성을 가진다. 이 둘 모두 개체의 정체성과 관련해 기체에 초점을 맞춤으로써, 개체의 구조와 개체의 시간적 지속을 설명하고 있다. 한편 확장지속이론은 다발이론과 친화성을 가진다. 이 둘 모두 개체의 정체성과 관련해 오직 속성에만 초점을 맞춤으로써, 개체의 구조와 개체의 시간적 지속을 설명하고 있다. 이제 한 가지 의문이 제기되는데, 이러한 패키지 이론들 중 어떤 것이 선택되어야 하는가의 문제가 그것이다. 기체이론-이동지속이론이라는 패키지 이론, 다발이론-확장지속이론이라는 패키지 이론, 이 두 패키지 이론 중 어떤 것이 옳은 이론으로 선택되어야 하는가? 사실 여기서 우리는 딜레마적 상황에 놓이게 되는 것 같다. 왜냐하면 개체의 구조와 관련해 우리는 다발이론이 상식에 부합하는 이론이므로 옳은 이론이라고 주장했었는데, 그 이론과 한 패키지를 이루는 확장지속이론은 우리의 상식을 깨는 이론으로 보이기 때문이다. 기체이론은 경험불가능하며, 아무런 속성도 갖지 않는 기체를 상정함으로써 우리로 하여금 거부감을 갖도록 만들었다. 그러나 가만히 생각해 보면, 이동지속이론은 개체의 시간적 지속에 관한 우리의 상식, 우리의 직관과 일치한다. 우리는 어제의 철수와 오늘의 철수가 수적으로 동일하다고 생각한다. 그리고 그러한 믿음이 바로 개체의 시간적 지속에 대한 원리가 된다. 개체의 구조와 관련해 기체라는 것의 존재는 무척 이상하지만, 개체의 지속과 관련해서는 이동지속이론이 우리의 상식에 부합하는 것으로 보인다. 이렇게 이동지속이론은 우리의 상식, 우리의 직관과 어떤 면에서 일치하지만, 그와 연계된 기체이론은 우리의 직관, 우리의 상식과 맞지 않는, 둘 모두를 선택하기는 조금 어려워 보이는 이상한 양상을 보이고 있다. 한편 다발이론은 우리의 상식, 우리의 직관과 일치하는 것으로 보인다. 우리는 속성들의 일치로부터 개체의 동일성을, 속성들의 불일치로부터 개체들 사이의 차이를 발견한다. 그리고 그러한 개체의 동일성과 차이를 규정할 때, 우리는 기체와 같은 것의 도움을 받지도, 그러한 것을 필요로 하지도 않는다. 그런 면에서 다발이론은 우리의 직관과 상식에 부합한다. 그러나 이러한 다발이론과 한 패키지를 이루고 있는 확장지속이론을 보면, 뭔가 이상한 느낌이 든다. 바로 우리가 기체를 배제하는 그러한 똑같은 이유에서 우리는 이상한 느낌을 받게 되는데, 그 이유란 바로, 확장지속이론이 우리의 상식, 우리의 직관과 충돌한다는 것이다. 우리는 경험불가능하고, 또 그 어떤 속성도 갖지 않는 그 무언가를 상정하는 것이 우리의 직관과 상식에 반한다고 주장했다. 그런데 확장지속이론도 이런 문제를 가지고 있는 것으로 보인다. 우리가 시간축상에 펼쳐져 있는 시간적 전체라는 주장, 이러한 주장에 대한 그 어떤 경험도 우리에게는 없다. 영화 필름은 3차원 존재이기는 하지만, 4차원적이라고도 볼 수 있다. 영화 필름에 담긴 개체들은 시간축상으로도 펼쳐져 있다. 그러나 우리가 이런 식으로 펼쳐져 있다는 주장을 어떻게 받아들여야 할까? 우리는 공간적 존재이다. 공간적으로 확장되어 있다는 의미에서 그렇다. 이 세계는 분명 공간적으로 확장되어 있으며, 우리의 경험은 이와 일치한다. 그런데 확장지속이론가들은 우리가 이렇게 공간적으로 확장되어 있을 뿐만 아니라 시간적으로도 확장되어 있다고 주장한다. 문제는 이러한 사실과 관련해 우리는 그 어떤 경험도 가질 수 없다는 것이다.

더욱이, 공간적으로 확장되어 있다는 것과, 시간적으로 확장되어 있다는 것, 이 둘의 확장 방식도 사실 매우 다르다. 우리는 공간적으로 확장되어 있는 만큼, 왼쪽으로도 오른쪽으로도 이동할 수 있다. 위로도 가고 아래로도 간다. 앞으로 전진하기도 하고, 뒤로 후퇴하기도 한다. 그러나 공간적 확장을 통해 허용되는 이러한 양방향 운동이 시간적 확장의 경우에는 적용되지 않는다. 우리는 시간의 왼쪽으로 진행할 수 없다. 우리는 언제나 오른쪽으로만 진행한다. 이렇게 볼 때, 시간과 공간을 비유적으로 말하는 것은 공통점에만 주목하고 차이는 말하지 않는 말하기 방식이 아닌가 한다. 서로 다른 공간적 위치를 차지한다는 의미에서 내 왼손과 내 오른손은 서로 다르다. 마찬가지로 서로 다른 시간적 위치를 차지한다는 의미에서 나-t_1과 나-t_2는 서로 다르다. 그런데 내 왼손과 내 오른손은 서로의 위치를 바꿀 수 있지만, 나의 시간적 부분인 나-t_1과 나-t_2는 그럴 수 없다. 왜 이런 차이가 나는가? 원래 그렇다고 말한다면, 기체이론가보다 나을 것이 없다. "그냥"이라는 말은 설명의 의무를 피할 수 있는 무기가 되지만, 아무것도 할 수 없다는 뜻이기도 하다.

그래서 우리는 딜레마적 상황에 놓이게 되었다. 다발이론이 상식과 직관에 부합하는 것처럼 보이지만, 이 이론과 한 패키지를 이루는 확장지속이론은 우리의 상식과 직관에 부합하지 않는다. 3차원적 존재가 경험 가능한 것과는 다르게 우리는 4차원적 존재를 경험할 수 없다. 또한 확장이라는 것이 3차원의 경우와 네 번째 차원의 경우, 다른 특성을 보인다. 무언가 설명이 필요할 것으로 보이지만, 특별히 설명할 방법이 보이지 않는다. "그냥"이라는 말 이외에 그 어떤 것이 가능할지 찾기 어려워 보인다.

이러한 딜레마적 상황을 피하는 방법이 있을 수도 있다. 이 방법에 따르면, 다발이론과 이동지속이론이라는 패키지가 가능하다. 개체의 지속에 대한 마지막 대안 이론으로서, 이에 대해 간략히 살펴보도록 하자. 이 전략에 따르면, 시간축상의 모든 시간 점들은 동일한 실제성을 갖지 않는다. 오직 현재, 지금만이 존재론적 실제성을 갖는다. 과거나 미래는 있는 것이 아니다. 그것들은 있었거나, 있을 것들이다. 오직 현재, 지금만이 있는 것이다. 이제 여기에 근거해서 다발이론적 이동지속이론을 정식화해 보자.

개체의 시간적 지속과 관련해 동일자 구별불가능성의 원리와 이동지속이론이 충돌하는 이유는, 이동지속이론이 묘사하는 바대로 개체가 시간적으로 지속한다면, 우리는 모순적 상황에 직면하게 되기 때문이다. 다음 그림을 보자. 철수라는 개체는 시간 t_1에서 속성 p를 갖지만, 시간 t_2에서는 p를 갖지 않는다. 예를 들어, 철수는 t_1에서는 밝았는데, t_2에서는 그렇지 않다. 그럼에도 시간 t_1에서의 철수는 시간 t_2에서의 철수와 동일하다. 이는 다음과 같은 모순적 문장으로 표현된다. "(철수-t_1 = 철수-t_2) & (철수-t_1-밝음 & 철수-t_2-밝지 않음)" 즉 하나의 동일한 a와 b가 있는데, 하나는 p라는 속성은 갖지만 다른 하나는 그 부정 속성인 -p를 가진다.

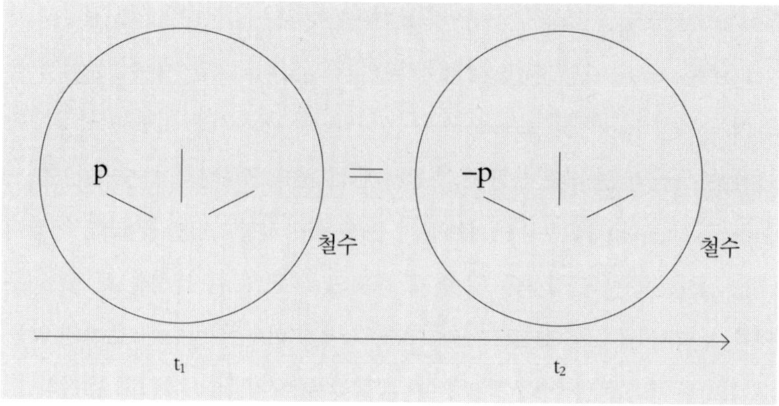

〈그림 8〉

이러한 모순적 상황을 피할 방법이 있다. 바로 속성에 시간꼬리표를 붙이는 것이다. 즉 속성 p라고 묘사하지 않고, p-t_1이라고, 묘사하는 것이다. 그렇다면 모순은 해결된다. 왜냐하면, 철수는 t_1에서 p-t_1을 갖지만, t_2에서 p-t_2를 갖지 않는 것이기 때문이다. 이 속성들 p-t_1과 p-t_2는, 하나가 긍정되고 다른 하나가 부정되더라도 모순을 일으키지 않는다. 서로 다른 속성이기 때문이다.

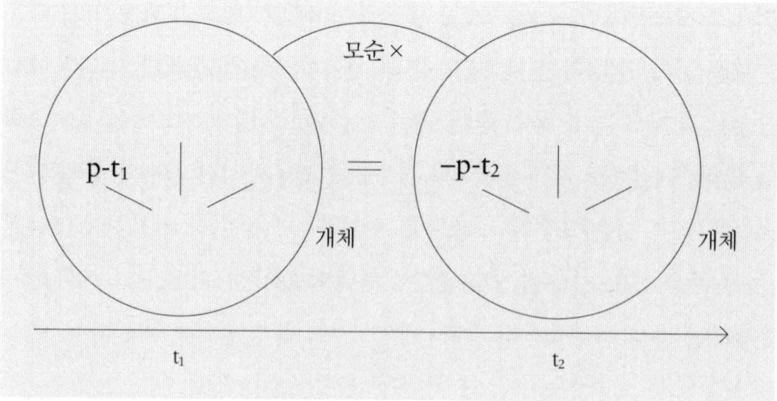

〈그림 9〉

이것은 다음과 같은, 모순이 없는 문장으로 표현된다. "(철수 = 철수) & (철수-밝음t_1 & 철수-밝지 않음t_2)" 여기서 철수는 여러 시간꼬리표 속성들을 가진다. 철수는 밝음t_1도 가지며, 학생임t_3도 가지며, 기타 등등 여러 시간꼬리표 속성들을 가진다. 한마디로 말해 철수는 철수가 지금 가지는 속성들 이외에 모든 시간에 걸쳐 있는 모든 시간꼬리표 속성들을 가진다. 만약 그렇다면, 철수가 놓여 있는 시간적 지속의 상황은 모순을 일으키지 않으면서 설명될 수 있다. 왜냐하면, 속성 "밝음t_1" 속성 "밝음t_2"는 서로 다른 속성이기 때문이다. 철수는 여러 속성을 가지는 존재다. 이 경우, 속성들 사이에 모순만 발생하지 않으면 아무런 문제가 없다. 철수가 "밝음"과 "밝지 않음"이라는 속성을 동시에 가지면 모순이 일어난다. 그러나 "밝음t_1"과 "밝지 않음t_2"는 모순을 일으키지 않는다. 철수는 이 두 속성을 모순 없이 동시에 가질 수 있다.

이러한 이론의 설명방식에 주목할 필요가 있다. 우선 개체의 구조와 관련해 이 이론은 기체를 상정하지 않는다. 개체는 속성들의 다발이다. 물론 이 이론에 따르면 속성들은 시간꼬리표를 가지고 있지만, 어쨌든 기체 같은 이상해 보이는 무언가를 상정하지 않는다. 다음으로 이 이론은 기체를 이용하지 않고, 오직 속성만 가지고 t_1에서의 철수와 t_2에서의 철수, 이 둘의 수적 동일성을 설명해 내고 있다. 기체 없이, 오직 속성만 가지고 개체의 구조와 시간적 지속을 설명한다는 의미에서, 우리는 이 이론을 다발이론적 이동지속이론이라고 부를 수 있다. 이 이론의 특이한 점은, 속성에 시간꼬리표를 붙이는 것이다. 그렇게 함으로써, 철수가 변화를 겪으면서도 시간적으로 지속함을, 이동 지속함을 설명해 내고 있다. 이제 문제는 속성에 시간꼬리표를 붙이는 것이 정당화될 수 있는가 하는 것이다. 이것은 이론적으로 허용될 수 있어 보이지만, 이 역시 우리의 직관에 반하는 것으로 보인다. 시간꼬리표 속성 "밝음t_1"과 "밝음t_2"를 살펴보자. 철수는 시간 t_1에서 나를 만나 밝지만, 시간 t_2에서 여자 친구를 만나 역시 밝다고 해 보자. 이 경우 밝음의 정도는 크게 다르다고 해야 할 것이다. 그러나 다른 시간 꼬리표 속성을 살펴보자. "학생t_{16}"과 "학생t_{50}" 이 두 시간꼬리표 속성을 살펴보자. 철수는 t_{16}에서 "학생t_{16}"을 가지지만, t_{50}에는 "학생t_{50}"을 가지지 않는다. 그럼에도 불구하고 철수의 상황은 모순적이지 않다. "학생t_{16}"을 가진다는 것과, "학생t_{50}"을 가지지 않는다는 것, 이 둘은 모순을 일으키지 않는다. 철수가 착하면서 착하지 않다면 모순이 발생하지만, 철수가 착하면서, 성실하지 않다면 모순이 발생하지 않는 것처럼 말이다. 이처럼 철수가 "학생t_{16}"은 갖지만, "학생t_{50}"은 갖지 않는다 해도 모순은 발생하지 않는다. 문제는 "밝음"과 같은 속성은 미묘하게 다를 수도 있지만, "학생" 같은 속성을 어떻게 시간 t_{16}에서와 시간 t_{50}에서, 그 시간이 다르다고 해서 서로 다른 속성으로 분화시킬 수 있는가 하는 것이다. 어떤 시간에서의 속성 "학생"이 다른 시간에서의 속성 "학생"과 어떻게 달라질 수 있는가? 시간꼬리표를 붙이는 것은 이론적으로는 가능하지만, 무리가 아닌가 생각된다. 그리고 이러한 사정은 모든 종 개념들, 모든 분류 개념들과 관련해 적용된다. 예를 들어, 인간, 사자, 참나무, 학생, 남자, 여자 등등의 개념들과 관련해 말이다. 앞에서 언급한 것처럼, 시간꼬리표가 붙음으로써 "그냥" 달라진다고 주장하는 것은 무리가 있다. 개체가 시간에 따라 변한다고 해서, 속성이 시간에 따라 변한다고 주장하는 것은 무리다. "인간"이라는 속성이 시간에 따라 변할까? "포유류"라는 속성은 어떤가? 우리는 궁극적으로 개체이다. "개체"라는 속성도 시간에 따라, 매 순간마다 변하는 그러한 속성인가?

사정이 이렇다면 시간꼬리표를 붙여 속성을 분화시키는 방법은 무리가 따르는 방법이다. 그러나 이 이론은 또 다른 전략을 통해 속성으로부터 시간꼬리표를 뗄 방법이 있다. 이제 이것을 살펴보자. 앞에서 언급한 것처럼, 이러한 전략을 취하는 이론가들은 오직 현재, 지금만이 실재하는 것이라 생각한다. 하나의 개체는 오직 지금, 현재만 존재하는 것이다. 그것은 존재했었고, 존재할 것이기는 하지만, 오직 현재에만 존재하는 것이다. 과거나 미래의 존재는 유령과 같은 것이다. 오직 현재만이 실재하는 것이다.

이제 하나의 개체는 통시간적으로 볼 때, 즉 시간축 전체를 상정하고 한 개체를 바라볼 때, 그 경우 하나의 개체는 시간 꼬리표 속성을 가진다. 다음의 그림에서처럼, 한 개체는 시간축 전체를 상정하고 볼 때, 시간 꼬리표 속성을 가진다.

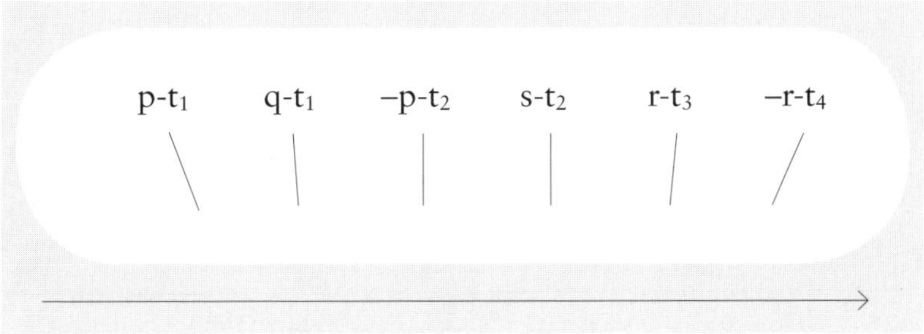

〈그림 10〉

그러나 이 이론에서의 핵심적 주장대로, 시간축상의 모든 점들이 실재하는 것은 아니다. 오직 현재만이 실재하는 것이다. 바로 그 실재하는 시간, 그 현재의 순간에서, 개체는 시간꼬리표 속성을 가지는 것이 아니라, 단순 속성을 가진다. t_1이 현재라고 해 보자. 그렇다면 하나의 개체는 그 현재 시간 t_1에서 p-t_1, q-t_1이라는 시간 꼬리표 속성 대신, p, q라는 단순 속성을 가진다. 다른 시간은 유령과 같은 것이다. 이러한 시간들은 우리 정신 속의 실재성만을 갖는다. 오직 현재만이 실재성을 갖는다. 그리고 바로 그 시간에서 한 개체는 시간꼬리표 속성 대신 단순 속성, p, q 등을 가진다. 다음의 그림이 이를 보여 준다.

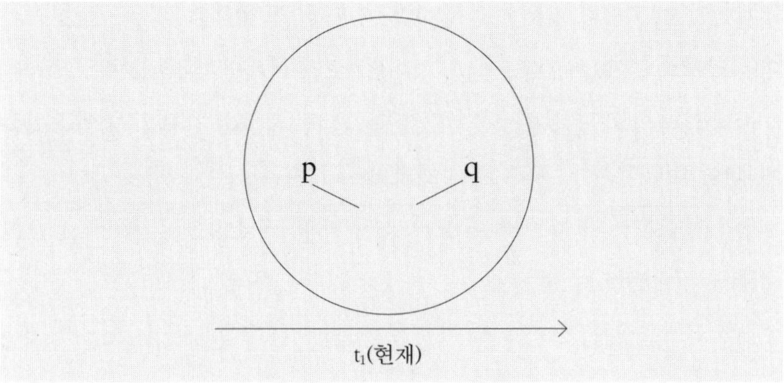

〈그림 11〉

물론, 시간이 흘러 t_2가 현재 시간이 되면, 그때 그 개체는 -p, 그리고 s 라는 단순 속성을 갖게 된다. 다음의 그림에서처럼 말이다.

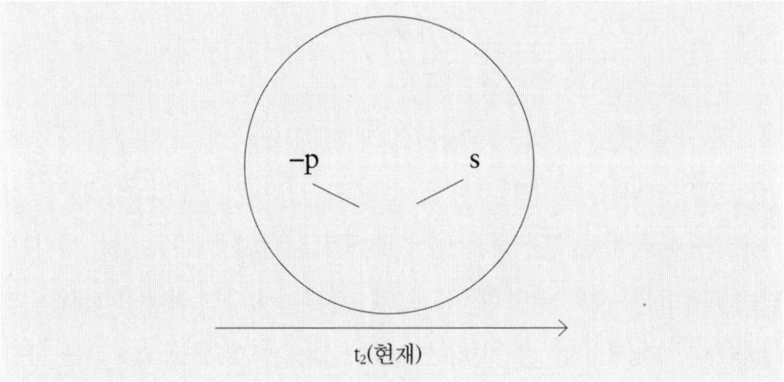

〈그림 12〉

이렇게 해서 속성으로부터 시간 꼬리표를 떼어 낼 방법이 생겼다. 오직 현재만을 실재하는 것으로 간주함으로써, 바로 그 현재 순간에 개체는 시간꼬리표 속성의 총체가 아니라, 단순 속성의 총체로 이해되는 것이다.

이러한 이론은 두 가지 전략의 총체이다. 하나는 속성에 시간꼬리표를 붙임으로써, 각 시간에서의 속성들을 차이 나게 분화시킨다. 그래서 모순을 피한다. 그다음 오직 현재, 지금만이 존재론적으로 실재한다는 입장을 취함으로써, 속성으로부터 시간꼬리표를 떼어 낸다. 속성에 시간꼬리표를 붙이는 것은 우리의 상식, 직관에 어긋난다. 그러나 궁극적으로 시간꼬리표를 떼어 낸다면, 우리의 상식, 직관과 부합한다. 이렇게 이 이론은 오직 속성만을 이용해 개체의 시간적 지속을 이동지속이론적으로 설명해 냄으로써, 다발이론적 이동지속이론이라는, 우리의 직관과 상식에 부합하는 이론을 꾸려 내고 있다. 물론 그 세부전략을 살펴보면, 우리의 상식에 반하는 면도 있지만, 궁극적으로는 개체의 구조와 시간적 지속에 관한 우리의 상식, 우리의 직관, 즉 개체는 기체를 포함하지 않으며 오직 속성들로만 구성되어 있다는 믿음, 그리고 어제의 철수와 오늘의 철수는 수적으로 동일하다는 우리의 믿음을 살려 내고 있다.

그러나 이 이론도 아주 상식적이고 직관적이라고는 보기 어렵다. 이것 역시 딜레마적 상황에 놓이게 되는데, 뒤에서 우리가 살펴볼 가능세계적 동일성의 문제와 연결해 본다면 이해가 쉬울 것 같다. 다음 절에서 가능세계적 동일성의 문제를 다룰 것이므로, 그때 다시 이 문제를 다룰 수 있을 것이다. 그러나 지금 우선 간략하게 말하는 것이 좋을 것 같다. 우리는 "나" "여기" "지금" 등등과 같은 표현을 사용한다. 이러한 표현들은 '상황지시어indexical'라고 불린다. 왜 상황지시어인가 하면, 이러한 표현들은 반드시 누군가가 발화하는, 말하는 그러한 상황과 관련해 그 지시체가 정해지기 때문이다. 발화하는 사람은 스스로를 "나"라고 부른다. 본인이 발화할 때 "나"라고 하지 다른 사람을 지시하고자 "나"라고 하지 않는다. 발화되는 장소가 바로 "여기"라는 표현을 통해 지시된다. 이렇게 "나", 혹은 "여기"라는 상황지시어는 발화주체, 발화장소를 지칭하는 표현이다. 상황지시어가 이러한 기능을 수행할 때, 그래서 '나'가 나를, 혹은 '여기'가 여기를 지칭할 때, 그렇게 지칭된 나, 혹은 여기 등등은 어떤 존재론적 위상을 가질까? 나, 여기 등등은 다른 사람들, 다른 장소들보다 존재론적으로 더 우선하는 것인가? 그래서 누군가보다 내가 존재론적으로 더 우선하는가? 그래서 저기보다 여기가 존재론적으로 더 우선하는가? 내가 누군가보다 더 우선할 수는 있지만, 그것은 우리 삶에서의 문제이지 존재론적 문제는 아니다. 내가 누군가보다 중요하다는 것이 존재론적으로 내가 누군가보다 우선한다는 말은 아니다. 여기와 저기를 비교해 보면 더 쉬울 것 같다. 여기가 저기보다 존재론적으로 우선하는가? 내가 저기에 가면, 그곳이 여기가 되는데, 존재론적 우선순위가 쉽게 바뀔 수 있는 것인가? 신은 나보다 존재론적으로 우선한다. 하지만 여기가 저기보다 존재론적으로 우선한다는 것은 무슨 말인가? 나는 내가 가진 속성, 즉 남자라는 속성보다 존재론적으로 우선한다. 나는 그러한 속성의 주인이다. 그러나 여기가 저기보다 존재론적으로 우선한다는 것은 무슨 말인가? 여기와 저기는 존재론적으로 아무런 위상 차이가 없는 것으로 보인다.

이제 여기서 '지금'이라는 언어표현의 지칭체, 즉 지금이라는 시간적 점이 갖는 존재론적 위상이 우리의 관심 대상이 된다. '지금'이라는 표현 역시 상황지시어이다. 이러한 표현은 발화가 이루어지는 시간을 표현하고 있다. '나' 혹은 '여기'와 마찬가지로 이 표현 역시 발화 맥락에 근거해 특정 시간을 표현하고 있을 뿐이다. 이 표현 역시 "여기"나, "나"처럼 발화 맥락에 근거해 특정 시간을 표현하고 있을 뿐이다. 따라서 '여기'나 '나'처럼 이 표현 역시 특정 시간을 존재론적으로 더 강화시켜 주는 것이 아니다. 지금이 왜 예전보다 존재론적으로 더 우선하는가? 지금이 왜 앞날보다 존재론적으로 더 우선하는가? 만약 우선한다면, 같은 의미에서 나라는 존재가 나 이외의 다른 말하는 이들보다 존재론적으로 더 우선시되어야 하며, 여기가 저기보다 존재론적으로 더 우선시되어야 할 것이다. 발화 주체, 발화 장소와는 달리, 발화 시간만큼은 좀 특별히 이해되어야 하는가? 그렇게 보이지 않는다. 그렇다면, 이러한 존재론적 우선순위와 관련해 위에서 소개한 이론은 새로운 평가를 받아야 할 것 같다. 그 이론의 전략을 따르면, 그 이론은 우선 속성에 시간꼬리표를 붙였다. 그다음 지금, 현재만이 실재한다는 입장을 취해 시간꼬리표를 떼었다. 그러나 왜 지금, 현재만이 실재한다고 보아야 하는가? 왜 지금이 예전보다, 훗날보다 존재론적으로 우선시되어야 하는가?

지금까지 본 것처럼, 각각의 이론은, 그 이론과 연계된 패키지 이론과의 관계에서뿐만 아니라, 그 이론 자체만으로도 언제나 딜레마적 상황에 놓이게 된다. 처음에는 그럴듯하게 보였던 이론이, 처음에는 상식과 직관에 부합하는 것처럼 보였던 이론이, 나중에는 그것에 반하는 이론으로 연결되며, 우리로 하여금 받아들이기 어렵도록 만드는 내용까지 포함하게 된다. 어떤 이론을 채택할지는 개인의 선택 문제이지만, 형이상학에서의 여러 이론들은 이러한 문제들을 다소간 내포하고 있는 것으로 보인다. 이것이 형이상학 영역에서 여러 논쟁들이 벌어지는 이유이기도 하다. 무엇 하나 명쾌하게 선호할 충분한 이유를 갖는 이론이 별로 없다. 직관적이고 상식적인 생각에서 출발하지만, 그 이론을 자꾸 풀어 가다 보면, 이상한 데로 빠지게 된다.

이제 개체의 구조와 개체의 시간적 동일성의 문제에서 발생하는 딜레마적 상황을 그리는 것을 마무리짓고자 한다. 그리고 개체의 구조와 연계되는 또 다른 문제를 묘사해 보고자 한다. 그것은 바로 개체의 통세계적 동일성이라는 주제인데, 이제 이 문제를 다루어 보자. 여기서도 앞에서와 마찬가지로 딜레마가 발생한다.

개체의 통세계적 동일성

개체는 어떤 구조를 가지고 있다. 그러한 구조가 어떠한 것인지에 관한 여러 이론들이 있지만, 어쨌든 개체는 구조를 가지고 있다. 또 개체는 변화를 하며 시간적으로 지속하기도 한다. 여기서도 그 구조에 관한 것과 마찬가지로 여러 이론들이 경쟁하며, 자신들 나름의 이론을 제시한다. 개체와 관련한 논쟁은 여기서 끝나지 않는다. 개체의 구조, 개체의 지속 말고도 또 다른 논쟁이 개체의 존재론적 특성을 둘러싸고 벌어진다. 바로 개체의 통세계적 동일성이라는 주제를 둘러싸고 그러하다.

다음과 같은 상황을 가정해 보자. 길을 지나는데, 차가 내게 달려들었다. 깜짝 놀라 뒤로 피했고, 다행히 차와 부딪히는 상황은 피했다. 그리고 나는 이렇게 말한다. "큰일 날뻔했네! 하마터면 차에 부딪힐뻔했어!" 나의 이러한 생각은, "나"라고 하는 한 개체에 대한 현실성과 가능성에 대한 것이다. 나는 현실적으로 차를 피했다. 그러나 큰일 날뻔했다. 나는 가능적으로 차에 부딪힌 것이다. 우리는 언제나 현실적인 존재이다. 그러나 우리의 생각, 우리의 담론에는 항상 현실적 상황만이 상정되는 것이 아니다. 우리의 생각, 우리의 담론에는 매우 빈번하게 가능적인 상황이 상정된다. "그 때 내가 왼쪽을 보지 않았다면 어떻게 되었을까?" "2차 세계대전 당시 일본이 패망하지 않았다면 어떻게 되었을까?" "유다가 예수를 배신하지 않았다면, 어떻게 되었을까?" 우리의 담론 속에는 수많은 가능적 상황들이 상정되며, 그러한 가능적 상황들을 상정함으로써 미래의 행위에 대해 예비하게 되는 것이다. 이러한 현실, 가능, 우연 등등의 개념을 양상modal 개념이라고 부른다. 나는 현실적으로 사고를 피했다. 나는 가능적으로는 사고가 났다. 내가 지금 커피를 마시고 있는 일은 우연적인 일이다. 나는 다른 일을 하고 있었을 수도 있었다. 이렇게 한 개체는 여러 가능한 상황, 여러 현실적 상황에 놓이게 된다. 한 개체는 현실적 상황에 놓이기도 하며, 또 가능적 상황에도 놓인다. 우리의 생각, 우리의 담론은 현실적 상황에 대한 것이기도 하지만, 가능적 상황에 대한 것이기도 하다.

형이상학자들은 현실적 상황을 포함해, 다른 여러 가능한 상황들에 대해 '가능세계'라는 이름을 붙이고 있다. 그래서 현실적 상황, 가능적 상황, 이 모두를 통틀어 '가능세계'라고 부른다. 그래서 우리가 여러 현실적 상황, 여러 가능적 상황에 놓이는 것처럼, 우리는 여러 가능세계에 놓이게 되는 것이다. 말만 바뀐 것이다. 모든 상황에 대해, 그것을 가능세계라고 부르면 된다. 그중 어떤 세계 하나가 현실적 상황, 즉 현실세계가 된다. 그래서 여러 가능한 상황, 여러 가능세계가 있고, 그중 하나는 현실적 상황, 현실세계가 된다. 나는 현실세계에서 사고를 피했다. 그러나 내가 사고가 난 상황, 내가 사고가 난 가능세계가 있다. 이러한 가능세계들에 대한 이런저런 여러 논쟁들이 있지만, 이 책에서는 개체의 본성이 어떠한가를 다루고 있는 만큼, 가능세계와 관련한 모든 주제들을 살피지는 않을 것이다. 다만, 우리의 생각, 우리의 담론에는 가능한 상황, 즉 가능세계에 관한 것들이 많이 포함되어 있다는 점만 확인하고 가면 될 것이다.

앞에서 우리는 개체의 구조에 관한 세 가지 이론을 다루었다. 기체이론, 다발이론, 실체이론이 그것이다. 이 각각의 이론은 개체가 가능한 상황에, 즉 가능세계에 놓이게 되는 방식에 대해 저마다 다른 이론을 제시한다. 혹은, 개체의 구조에 관한 이러한 이론들은 개체가 가능한 상황에 놓이게 되는 방식, 즉 가능세계에 놓이게 되는 방식에 대한 여러 이론들과 각각 연계되어 있다. 우선 기체이론이 선택할 만한 가능세계 이론을 살펴보자. 기체이론에 따르면, 한 개체의 정체성/동일성은 오직 기체에 의해 규정된다. 한 개체에게 속성은 부수적인 것이다. 한 개체에게 속성이라는 것은 모두 우연적인 것이다. 철수가 한국인이라는 것도, 철수가 인간이라는 것도, 이 모든 철수의 속성은 철수의 정체성을 규정하지 않는 부수적, 우연적인 것이다. 철수가 반드시 가져야 할 속성은 없다. 철수가 그 속성을 잃으면, 그 존재가 부정되는 그러한 속성은 없다. 앞에서 개체의 구조에 대해 다룰 때, 이러한 기체이론적 특성을 반본질주의라고 불렀다. 기체이론에 따르면 철수는 그 어떤 속성도 본질적으로 가지지 않는다. 오직 자신의 기체만 유지하면, 철수는 철수로서, 다시 말해 자신의 정체성을 유지할 수 있는 것이다. 이러한 반본질주의적 입장에 따르면, 철수는 한국인이어도 되고, 미국인이어도 된다. 철수는 인간이어도 되고, 인간이 아니어도 된다. 오직 철수가 가지는 기체만 유지되면, 철수는 자신의 정체성을 잃지 않고 하나의 개체로서 남게 된다. 이제 개체의 구조에 관한 이러한 기체이론적 설명이 개체의 가능세계적 동일성의 문제와 어떻게 연계될지는 쉽게 알 수 있을 것 같다. 앞에서 개체의 지속, 개체의 시간적 동일성 문제를 살펴봤는데, 기체이론이 개체의 시간적 동일성 문제를 어떻게 설명하는지 떠올려 보면, 개체의 가능세계적 동일성의 문제에 대한 그들의 설명 전략도 쉽게 머리에 그려질 것이다. 철수는, 자신의 기체만 유지하는 한, 모든 가능세계에서 자신의 정체성을 잃지 않고 살아남는다. 가능세계 possible worlds를 w라고 해 보자. 그래서 여러 가능세계들이 있다. w_1을 현실세계라고 하고, 그 밖의 w_2, w_3, w_4 등등은 현실세계 이외의 가능세계들, 가능한 상황들이다. 철수는 w_1에서 한국인이고, 인간이다. 그러나 w_2에서는 미국인이고, 인간이며, w_3에서는 프랑스에서 태어났고, 인간이 아니다. 이렇게 서로 모순되는 속성들을 갖지만, 철수는 자신의 기체를 유지하는 한, 자신의 정체성을 유지하게 된다. 철수는 한국인이어도 철수이며, 미국인이어도 여전히 철수다. 철수는 인간이어도 철수이며, 인간이 아니어도 철수다. 철수는 여러 가능세계를, 자신의 정체성을 유지하면서 옮겨 다닐 수 있다. 개체의 통세계적 동일성에 대해 기체이론가들은 그러한 동일성이 정당하다고 주장한다. 이 세계의 철수와 다른 가능세계의 철수는, 동일한 하나의 철수다. 속성의 차이에도 불구하고 말이다.

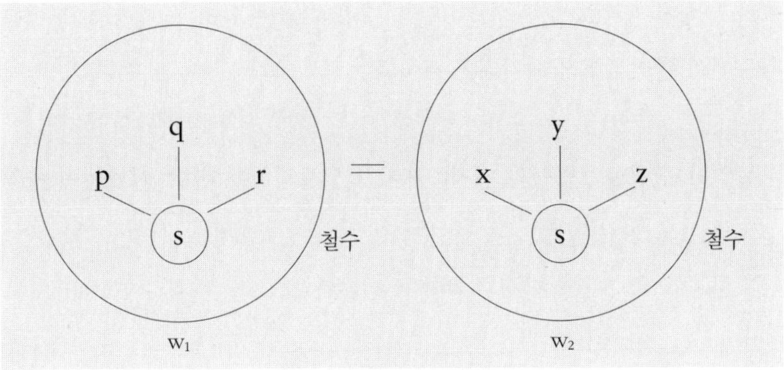

〈그림 13〉

그림에서 보듯이, 현실세계 w_1에서의 철수는 다른 가능세계 w_2에서의 철수와 수적으로 동일하다. 서로 다른, 서로 모순되는 속성을 가짐에도 불구하고 철수는 자신의 기체를 유지함으로써, 가능세계들을 넘나들면서, 자신의 정체성을 유지한다.

개체의 시간적 지속에 관한 기체이론적 해결에서도 볼 수 있었듯이, 이러한 통세계적 동일성에 대한 설명은 어떤 어려움을 드러낸다. 통세계적 동일성에 대한 이러한 설명에서 개체는 어떻게 동일성을 유지할 수 있는가? 왜냐하면 철수라는 개체는 w_1에서는 p, q, r이라는 속성을 갖지만, w_2에서는 그러한 속성을 갖지 않고 대신 x, y, z라는 속성을 갖기 때문이다. 속성이 개체의 정체성에 그리 중요하지 않다고 하더라도, 서로 다른 요소를 갖는 무언가가 서로 동일하다는 주장은 받아들이기 어렵다. 기체 s가 유지된다고 해서, w_1에서의 철수와 w_2에서의 철수가 동일하다고 주장하기는 어려워 보인다. 각 세계에서의 철수는 서로 다른 요소들로 구성된 총체들이기 때문이다. w_1에서의 기체 s와 w_2에서의 기체 s가 동일하다고 주장하는 것은 아무런 문제를 일으키지 않는다. 그러나 서로 다른 요소를 가진 w_1에서의 철수, 그리고 w_2에서의 철수, 이 둘이 수적으로 동일하다는 주장은 받아들이기 어렵다. 개체의 지속에서도 그러하듯이, 여기서도 이러한 문제점은 우리 모두가 받아들일 수밖에 없는 원리, 즉 동일자 구별불가능성의 원리로부터 제기되는 것이다.

> 동일자 구별불가능성의 원리 : 개체 a와 개체 b에 대해, 이것들이 수적으로 서로 동일하다면, 그렇다면 a가 임의의 속성 Φ를 가지면, b도 Φ를 갖고, b가 속성 Φ를 가지면 a도 Φ를 가진다.

이 명제의 대우명제를 살펴보자. 만약 a가 속성 Φ를 갖지만, b는 Φ를 갖지 않는다면, 혹은 a가 속성 Φ를 갖지 않지만, b는 Φ를 가진다면, a와 b는 다른 개체인 것이다. 그런데 기체이론과 연계되어 있는 통세계적 동일성 이론에 따르면, 철수는 w_1에서 한국인이지만, w_2에서는 한국인이 아니다. 그렇다면 이 원리에 따라 철수-w_1과 철수-w_2는 다른 개체인 것이다. 이러한 어려움에 직면해, 다발이론가들은 새로운 설명 전략을 채택해 통세계적 동일성의 문제를 설명한다. 다발이론가들에 따르면 개체는 속성들만으로, 오직 속성들만으로 구성된 하나의 총체이다. 따라서 개체의 정체성과 관련해서도 이들은 속성들만 가지고 이것을 설명해야 한다. 이러한 전략은 개체의 통세계적 동일성의 문제를 설명할 때도 여전히 유효하다. 이들은 오직 속성만으로 개체의 통세계적 동일성의 문제를 설명한다. 그런데 w_1에서의 철수는 한국인이며, 인간이고, w_2나 w_3에서는 그렇지 않다면, 그래서 이 셋이 서로 다른 속성을 가진다면, 개체의 통세계적 동일성의 문제는 어떻게 설명될 수 있을까? 다발이론과 연계되어 있는 통세계적 동일성 이론은, 이에 대해 다음과 같이 설명한다. 철수-w_1, 철수-w_2, 철수-w_3, 이 셋은 서로 다른 개체이다. 서로 다른 속성을 가지고 있기 때문에 그러하다. 그래서 이들에 따르면, 개체의 통세계적 동일성은 없는 것이다. 개체가 자신의 정체성을 유지하려면, 그는 다른 가능세계를 넘나들 수 없다.

우리가 가능세계를 상정한 이유는 무엇인가? 사고가 나지 않았지만, 사고가 났었을 수도 있다는 우리의 직관이 우리의 생각, 우리의 담론에 여럿 포함되어 있기 때문이다. 그러한 우리의 양상적 직관이 반영된 사유가 바로 가능세계 개념이다. 우리는 다른 속성을 가질 수 있었다는 것이다. 따라서 가능세계 개념을 사용함에 있어 우리가 그러한 개념에 충분한 의미를 부여한다면, 한 개체가 다른 가능세계로 넘어갈 때, 속성을 바꿔야 한다. 속성을 그대로 유지한다면, 가능세계 개념은 아무런 의미도, 아무런 설명적 역할도 하지 못하게 된다. 현실적으로 사고 나지 않은 나에 대해, 그 가능한 상황을 상상하자면, 나는 가능적으로 사고가 난 것이다. 가능적 상황을 상상하는데, 속성들이 달라짐을 상정하지 않는다면, 그러한 상상이 무슨 의미가 있는가? 따라서 가능세계 개념을 사용하는 한, 한 개체는 다른 가능세계로 넘어갈 때, 적어도 하나의 속성은 바뀌야 한다.

우리가 가능세계 개념을 사용하는 한, 한 개체는 다른 가능세계로 넘어갈 때, 적어도 하나의 속성은 바뀌야 한다. 이 경우, 다발이론과 연계된 가능세계적 동일성 이론은 다음과 같이 주장한다. 개체의 정체성을 규정하는 것은 오직 속성들이며, 따라서 하나의 속성이라도 달라진다면, 그 개체는 자신의 정체성이 바뀌게 되어, 다른 개체가 된다. 그런데 다른 가능세계로 넘어가게 되면, 적어도 하나의 속성이라도 바뀌어야 하므로, 현실세계의 개체와 그것이 넘어간 다른 가능세계에서의 개체는, 다르다고 할 수 밖에 없다. 철수-w_1, 철수-w_2, 철수-w_3, 이 셋은 서로 다른 개체이다. 다른 속성들을 가지기 때문이다.

그런데 다발이론과 연계되어 있는 이러한 통세계적 동일성 이론은, 우리로 하여금 우리의 직관에 반하는 결론에 도달하게 한다. 개체는, 다른 가능세계로 넘어가면, 자신의 정체성을 잃게 되어, 다른 개체가 된다. 개체의 정체성을 오직 속성에만 근거해 설명하는 다발이론가들이라면, 이러한 결론에 도달하는 것이 당연해 보인다. 그러나 이러한 결론은 우리의 직관에 반하는 것이다. 이제 왜 그런지 살펴보도록 하자.

우리의 직관에 반하는 이유로서 두 가지 점을 제시할 수 있을 것으로 보인다. 하나는 통세계적 동일성에 대한 부정은, 양상적 담론에 대한 우리의 기본적인 이해 방식과 충돌을 일으키게 된다는 것이고 다른 하나는 만약 이렇게 통세계적 동일성이 부정되면, 우리는 결정론에 빠지게 되는 것 아닌가 하는 것이다. 첫 번째 이유부터 살펴보자.

이것은 크립키에 의해 제기된 문제[9]로서, 다음과 같은 것이다. 앞에서 언급한 것과 같이, 다음과 같은 상황을 가정해 보자. 나는 사고를 피했다. 하지만 나는 사고를 당할 뻔했다. 이러한 상황을 가능세계 개념을 통해 표현해 보자면, 다음과 같다. 현실세계에서 나는 사고를 피했지만, 다른 가능세계에서 나는 사고를 당했다. 그런데 다발이론과 연계되어 있는 통세계적 동일성 이론은 통세계적 동일성을 부정한다. 따라서 내가 나의 정체성을 유지하면서 동시에 다른 가능세계로 넘어갈 수 없다. 다른 가능세계로 넘어가는 순간, 나는 나의 정체성을 잃게 된다. 따라서 사고를 피한 현실세계의 나와, 사고를 당한 다른 가능세계에서의 나는, 서로 다른 개체다. 이러한 주장은 우리의 양상적 직관과 일치하는가? 크립키에 따르면, 이것은 우리의 양상적 직관을 흔드는 주장이다. 만약 현실세계에서 사고를 피한 나와 다른 가능세계에서 사고를 당한 나, 이 둘이 서로 다르다면, 왜 나는 "휴! 큰일 날뻔했다!"라고 안도의 한숨을 쉬겠는가? 이것이 크립키의 의문이다. 왜 나는 내가 아닌 다른 누군가의 사고를, 안도의 한숨을 쉬며 큰일로 간주하는가? 물론 다른 누군가의 사고도 안타까운 일이지만, 그 경우라면 한숨의 규모가 다를 것이다. 양상적 상황에 대한 내 심적 상태가 크게 다를 것이라는 말이다.

개체의 구조에 관한 장에서 언급했듯이, 다발이론은 초본질주의적 입

9 마이클 루 (2010), 368 참조

장을 취한다. 한 개체를 구성하는 모든 속성은, 그 개체의 정체성을 구성하는 본질적 속성들인 것이다. 어느 하나 중요하지 않은 속성이 없다. 개체는 자신이 갖는 속성 중 하나만이라도 잃으면, 자신의 정체성을 잃게 된다. 이러한 입장을 취하다 보니, 양상적 상황에 대한 그들의 설명도 위에서 언급된 방식이 될 수밖에 없다. 한 개체는, 자신의 정체성을 유지하려 하는 한, 다른 가능세계로 넘어갈 수 없다. 한 개체는, 자신의 정체성을 유지하려 하는 한, 자신이 현실적으로 머물러 있는 그 세계에 묶여 있어야 한다. 넘어가는 순간 정체성을 잃게 된다. 이러한 입장을 유지하려다 보니, 크립키 같은 의문이 제기되는 것이며, 크립키가 틀린 것 같지는 않다. 즉 다발이론과 연계되어 있는 통세계적 동일성 이론은, 크립키 생각처럼, 우리의 양상적 직관에 반해 보인다. 바로 "내"가 사고를 당할 뻔한 것 아닌가? 이를 가능세계 개념을 이용해 표현하면, 바로 "내"가 다른 가능세계에서 사고를 당한 것 아닌가? 이것이 통세계적 동일성을 부정하는 입장에 대한 첫 번째 의문이다.

또 다른 의문은 다음과 같다. 통세계적 동일성에 대한 부정은 우리로 하여금 결정론에 빠지게 하는 것 아닌가 하는 의문. 결정론은 여러 방식으로 정식화될 수 있다. 이 책에서는 결정론을 다음과 같이 정식화하고자 한다.

> 결정론: 한 개체에게 일어나는 모든 일은 미리 결정되어 있다. 그래서 그 개체는 자신에게 일어나는 일을 피할 수 없다. 형이상학적 차원에서 말이다.

이러한 결정론에 따르면, 유다는 예수를 배신할 수밖에 없었다. 유다는 필연적으로 예수를 배신한다. 유다가 예수를 배신하지 않는 것은 불가능하다. 유다의 의지의 문제가 아니다. 유다는 형이상학적 차원에서 예수를 배신할 수밖에 없도록 되어 있는 존재이다. 유다의 자유의 문제가 아니다. 유다는 자유로울 수 있다. 외적 억압이 전혀 없다면 말이다. 그래서 유다는 자유롭다. 그러나 유다는 외적 억압 없이 자유롭게 예수를 배신할 수밖에 없도록 되어 있는 존재이다. 외적 억압 없이 자유롭지만, 형이상학적 차원에서 유다는 예수를 배신하지 않을 수 없다.

그런데 다발이론과 연계되어 있는, 그래서 통세계적 동일성을 부정하는 이론은 이러한 결정론에 개입하는 것으로 보인다. 이제 왜 그런지 살펴보자. 개체의 통세계적 동일성을 부정하는 이론은, 한 개체가 자신의 정체성을 유지하려면, 다른 세계로 넘어갈 수 없다고 주장한다. 다른 세계로 넘어가 다른 속성을 가진다면, 자신의 정체성을 잃게 된다. 나는 현실세계에서 사고가 나지 않았다. 그러나 다른 가능세계에서는 사고가 났다. 그런데 통세계적 동일성을 부정하는 입장에 따르면, 현실세계에서 사고를 피한 나와 다른 가능세계에서 사고가 난 나, 이 둘은 서로 다른 개체이다. 서로 다른 속성을 가지고 있으니 말이다. 따라서 한 개체는 하나의 세계에 묶여 있는 존재이다. 자신의 정체성을 유지하려면, 한 세계에 묶여서, 다른 가능세계로 넘어갈 수 없다. 그런데 한 세계에 묶여 있다는 것, 다른 가능세계로 넘어갈 수 없다는 것, 이것이 뜻하는 바가 무엇인가? 그것은 바로 **한 개체는 오직 자신이 처한 상황에 묶여 있다는 것, 다른 가능한 상황에 놓일 수 없다는 것**을 뜻한다. 내가 나의 정체성을 유지하려면, 나는 반드시, 필연적으로 사고를 피해야 하는 것이다. 사고를 당한 그 누구도 내가 아닌 것이다. 유다가 유다의 정체성을 유지하려면, 유다는 반드시, 필연적으로 예수를 배신해야 하는 것이다. 예수를 배신하지 않은 그 누구도 유다가 아닌 것이다. 이것은 앞에서 묘사한 결정론의 입장과 일치한다.

이러한 철학적 입장은 많은 이들이 피하고 싶어 하는 입장이다. 적어도 다발이론과 연계되어 있는 통세계적 동일성 이론, 즉 통세계적 동일성을 부정하는 입장을 취하는 많은 철학자들이 이러한 결정론을 피하고 싶어

한다. 철학은 아무 이론이나 만드는 작업이 아니다. 이들은 정교하게 자신의 입장을 정하며, 만약 그것이 우리의 직관과 충돌하면, 새로운 이론적 장치를 들여와, 이러한 충돌을 피하고자 한다. 물론 항상 성공적이지 않음을 보이는 것이 이 책의 목적이기도 하고, 또 실제로도 그렇지만, 그들의 노력이 없는 것은 아니다. 다발이론과 연계되어 통세계적 동일성을 부정하는 입장을 취하는 데이비드 루이스가 이러한 이론적 장치를 제공하고 있다. 그 이론적 장치는 '상대역counterpart 이론'이라고 불린다.[10]

상대역 이론은 다발이론적 입장을 유지하면서도 우리의 양상적 직관을 살리고자 고안된 이론이다. 나는 필연적으로 사고를 피하는가? 유다는 필연적으로 예수를 배신하는가? 상대역 이론은 이러한 반직관적인 결론을 피하기 위해, 즉 나와 관련된 가능성을 확보하기 위해, 그리고 유다와 관련된 가능성을 확보하기 위해 고안된 이론이다. 이 이론에 따르면, 현실세계에서 사고를 피한 나는, 사고가 날 수도 있었다. 그런데 다발이론과 연계된 가능세계 이론에 따르면, 사고가 난 가능세계에서의 나는, 나와는 다른 개체다. 하나는 사고를 피했고, 하나는 사고를 당했다는 의미에서 그러하다. 그러나 이러한 상대역 이론에 따르면, 다른 세계의 나는 나와 아무런 상관도 없는 개체가 아니다. 다른 가능세계에서의 나는 나와는 다른 개체지만, 나와 매우 유사한, 그래서 나의 상대역이 되는 그러한 개체이다. 나와는 다른 개체지만, 나와 매우 유사해서, 나 대신 나의 사고 날 가능성을 확보해 주는 그러한 개체, 그 개체가 사고를 당한 것이다. 그 개체가 속해 있는 가능세계에서 말이다. 그러한 나의 상대역이 사고를 당했기 때문에, "나는 사고가 날 수도 있었다"라는 양상 문장이 참이 되는 것이다. 현실세계에서의 나를 '나'로, 다른 가능세계에서의 나의 상대역을 '나*'로 표현해 보자. 나와 나*는 서로 다른 개체이다. 그러나 나*는 나의 상대역으로

10 마이클 루 (2010), 351 참조

서 나에게 일어날 가능한 상황을 등에 업고 있는 존재이다. 그래서 다음과 같은 양상문장, 즉 "나는 사고를 당할 수 있었다"라는 양상 문장은, 상대역 이론에 근거해 다음과 같이 번역될 수 있다. "나*는 사고를 당했다."

결정론에 따르면, 내가 사고를 피했다면, 나는 필연적으로 사고를 피한 것이다. 내가 사고를 피했다면, 나에게 사고가 날 수 없다. 결정론에 따르면, 유다가 예수를 배신했다면, 유다는 필연적으로 예수를 배신한 것이다. 유다가 예수를 배신했다면, 유다는 예수를 배신하지 않을 수 없다. 그러나 상대역 이론에 따르면, 내가 사고를 당하는 것은 가능한 일이며, 유다가 예수를 배신하지 않는 것도 가능한 일이다. 나의 상대역 내*가 사고를 당한 것이며, 유다의 상대역 유다*가 예수를 배신하지 않은 것이다. 우리의 양상적 담론은 언제든 상대역을 통해 의미를 확보할 수 있으며, 그런 한에서 결정론을 피할 수 있게 된다. 이렇게 상대역 이론은 결정론이라는, 우리의 직관을 흔드는 철학적 입장을 피할 수 있는 이론적 장치를 제공한다.

이렇게 봤을 때, 상대역 이론은 현실세계[11]의 어떤 개체와 그 개체의 가능성을 짊어지고 있는 다른 가능세계의 상대역들, 이것들의 총체가 현실성과 가능성이라는 모든 양상적 담론의 주인공이라고 보는 것이다. 우리의 양상적 담론은 현실세계의 개체와 다른 가능세계의 상대역들에 대한 이야기이다. 유다의 예를 들어 말하자면, 유다에 대한 양상적 담론, 즉 유다가 놓이게 되는 현실성과 가능성에 대한 우리의 담론은 다음과 같은 그림으로 표현될 수 있을 것이다.

11 가능세계라고 하는 것이 더 좋을 것 같다. 왜냐하면 다른 가능세계에 놓인 개체들은 자신들의 세계를 현실세계라고 할 것이고, 그 경우, 그들은 우리세계를 '가능세계'라고 부를 것이기 때문이다. 그러나 우리는 우리에 대해 말하고 있다. 따라서 우리가 놓여 있는 세계를 그냥 '현실세계'라고 부르는 것이 직관적이며, 이해하기도 쉬울 것이다.

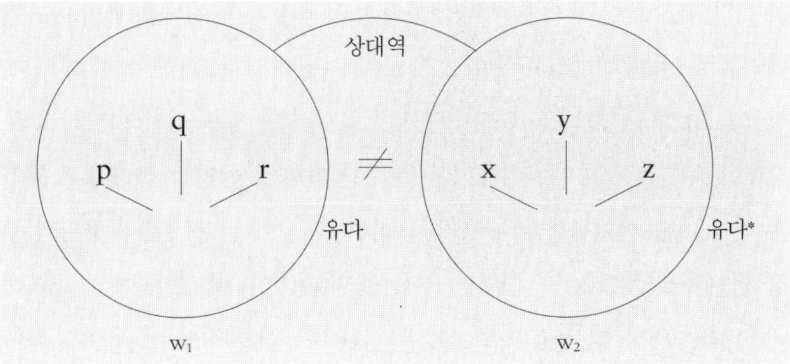

〈그림 14〉

유다와 유다*는 서로 다른 개체이지만, 유다*는 유다의 가능성을 확보해 주는 상대역으로서, 유다가 필연적으로 죄를 짓는 존재가 되지 않도록 해 준다. 유다**, 유다*** 등도 유다가 현실적으로 가지는 속성들 이외의 속성들을 가질 수 있도록 해 주는 양상적 도우미들이다.

이것이 옳은 이론인지는 확신할 수 없다. 개체의 통시간적 동일성에 대한 설명에서와 마찬가지로 이 이론 역시 우리의 양상적 직관을 흔들고 있다. 크립키 말처럼 왜 내가 아니라 내*가 사고를 당했는데, 왜 나는 내가 아닌 나*의 상황을 공포스럽게 생각하며 현실에 대한 안도감을 느끼며 깊은 한숨을 쉬는가? 이 이론을 받아들이고 말고는 개인 선택의 문제이다. 그러나 다음과 같은 점은 짚고 넘어가는 것이 좋을 것 같다. 이 책이 보여주고자 하는 그러한 상황, 즉 형이상학에서의 딜레마적 상황이 여기서도 벌어진다는 것. 우리는 개체의 구조에 관한 다발이론이 가장 유망한 이론이라고 결론 내렸었다. 이 이론은 기체를 상정하지 않음으로써, 우리로 하여금 경험도 안 되고, 그 어떤 속성도 가지지 않는 어떤 것을 피할 수 있게 만들어 주었다. 이 이론은 경험의 조건이 되는 그러한 속성들만을 상정함으로써, 경험이라는 우리의 인지능력에 대한 우리의 상식적 직관을 살려주고 있다. 그러나 한 개체의 정체성을 규정하는 속성들만 가지고는, 개체의 시간적 지속, 개체의 통세계적 동일성 등등에 관한 이론을 꾸려 나가기 어려워 보인다. 어제의 철수와 오늘의 철수가 다르다고 주장해야만 하며, 현실적으로 사고를 피한 나와 가능적으로 사고를 당한 나를 다르다고 주장해야 하기 때문이다. "기체이론-통시간적 동일성 인정-통세계적 동일성 인정"이라는 이론들의 패키지, 그리고 "다발이론-통시간적 동일성 부정-통세계적 동일성 부정"이라는 이론들의 패키지, 이 둘 중 어느 것을 선택하더라도 나름의 약점이 보이며, 이러한 이론적 약점이 이 중 어느 하나의 패키지를 선택하기 어렵게 만든다.

앞에서 시간적 지속에 관한 제3의 이론이 소개된 것과 마찬가지로, 다발이론적인 입장을 취하면서도, 개체의 통세계적 동일성을 인정하는 이론이 가능하다. 이제 이 이론을 살펴보도록 하자. 그리고 이 이론으로부터 교훈을 얻어, 다발이론적 입장을 취하면서, 개체의 통시간적 동일성을 인정하는 이론이 어떤 문제를 갖는지 살펴보도록 하자.

다발이론과 통세계적 동일성을 인정하는 이론은 '현실주의'라는 이름을 갖는다. 이 이론에 따르면 오직 현실세계만이 실재하는 세계이고, 다른 가능세계는 상상적인 세계이다. 라이프니츠의 입장이(물론 차이도 많이 있지만) 이러한 이론의 모습을 잘 보여 준다. 라이프니츠에 따르면 신은 창조 이전에 수없이 많은 가능세계들을 생각하고 있었다. 이 가능세계들은 신의 생각하는 방식일 뿐 실재하는 세계는 아니다. 신은 그 중 가장 좋아 보이는 세계 하나를 창조했는데, 현실세계가 바로 그것이다. 현실세계 이외의 다른 모든 가능세계들은 신의 정신 안에 있는 정도의 실제성만을 갖는다. 그것들은 현실세계와는 그 존재론적 지위가 다른, 아주 낮은 존재론적 지위를 가진다. 현실세계만이 존재하는 것이다. 목수가 책상을 만들기 전에 여러 가능한 책상을 머릿속으로 그려 낸 것처럼, 그리고 그중 가장 적절한 책상을 만들어 내는 것처럼, 신의 생각 속에 있는 가능세계와 창조된 세계는 완전히 다른 세계이다. 목수가 만들어 낸 책상만이 실재하며, 현존하는 것처럼, 오직 창조된 세계만이 실재하며, 현존하는 것이다.

그 다음 이야기는 개체의 지속에 대한 이야기와 유사하다. 이 이론에 따르면 개체는 속성들의 총체이다. 그런데 한 개체가 가지는 속성들에는 현실적 속성뿐만 아니라 가능적 속성도 포함된다. 그렇게 가능적 속성들은 가능세계 꼬리표를 달고 등장한다. 그래서 유다는 현실적 속성, 즉 "죄지음-w_1"이라는 속성을 가지며, 또 "죄짓지 않음-w_2"라는 속성도 가진다. 이렇게 함으로써 모순을 피할 수 있다.

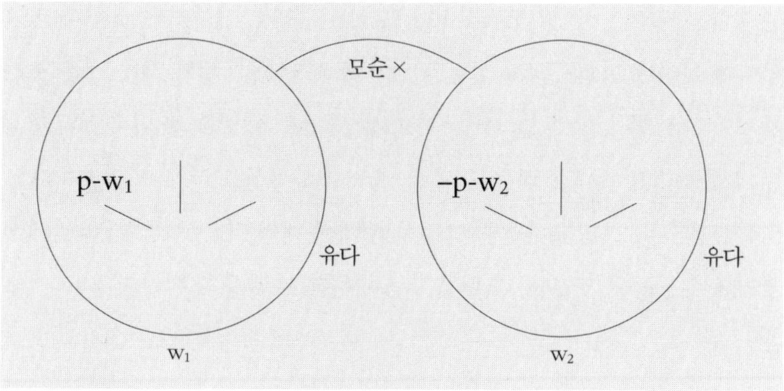

〈그림 15〉

그림에서 보듯이, 유다는 "죄 지음-w_1"을 갖지만, "죄 지음-w_2"는 갖지 않는다. 이 주장은 유다가 "죄 지음"을 갖지만, "죄 지음"을 갖지 않는다는 모순적 주장이 아니다. "죄 지음-w_1"과 "죄 지음-w_2"는 서로 다른 속성들로서, 이 둘 중 하나는 갖고 하나는 갖지 않는다고 해서 모순에 도달하는 것은 아니다.

개체의 지속에 대한 설명에서와 마찬가지로 이러한 속성에 대해 의구심이 든다. 어떻게 속성이 세계 꼬리표를 달 수 있는가? 유다는 약한 죄를 지을 수도 아주 강한 죄를 지을 수도 있겠다. 하지만, 인간-w_1과 인간-w_2

가 다른 속성이라고 할 수 있는가? 속성에 가능세계 꼬리표를 붙여 속성들을 차이 나게 만드는 것이 정당한 일인가? 이제 현실주의 이론가들에게는 속성으로부터 가능세계 꼬리표를 떼어 낼 방법이 있다. 이러한 전략을 취하는 이론가들은 오직 이 세계, 현실세계만이 실제적인 것이라 생각한다. 하나의 개체는 오직 이 세계, 현실세계에만 존재하는 것이다. 그것은 다른 방식으로 존재할 수 있었다. 하지만, 그 개체는 오직 현실세계에만 존재하는 것이다. 다른 가능세계는 현실적으로 존재하는 세계가 아니다. 다른 가능한 상황은, 현실적으로 일어난 일이 아니다. 그러한 가능세계, 가능한 상황은, 일어날 수 있었던 것이다. 오직 현실만이 실재하는 것이다.

이제 이러한 현실주의적 입장을 취하면, 우리는 개체가 갖는 세계 꼬리표 속성들로부터 세계 꼬리표를 떼어 낼 방법을 확보할 수 있다. 즉, 개체는 세계 꼬리표 속성을 갖는 것이 아니라, 단순속성을 갖게 되는 것이다.

현실적으로, 그리고 가능적으로, 이렇게 총체적으로 볼 때, 개체는 세계 꼬리표 속성들을 가진다. 다음의 그림이 이를 보여 준다.

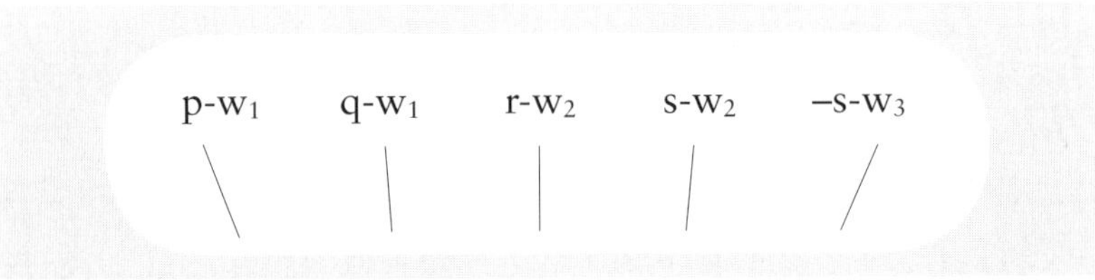

〈그림 16〉

이제 현실주의의 입장을 취하는 이론가들은 다음과 같이 주장한다. 오직 현실세계만이 실재하는 것이므로, 한 개체는 바로 그 세계에서 세계 꼬리표 속성을 가지는 것이 아니라, 단순속성을 가진다. 신이 w_1을 창조했다고 가정하자. 그 세계가 바로 현실세계이다. 그 세계에서 개체들은 다음의 그림이 보여 주는 바처럼, p-w_1, q-w_1 등의 세계 꼬리표 속성이 아닌, p, q와 같은 단순속성을 가진다. 이 세계에서 r-w_2, s-w_2, -s-w_3 등의 속성은 허구적인 속성이다. 오직 p, q 등의 속성만이 실재성을 가지는 속성이다.

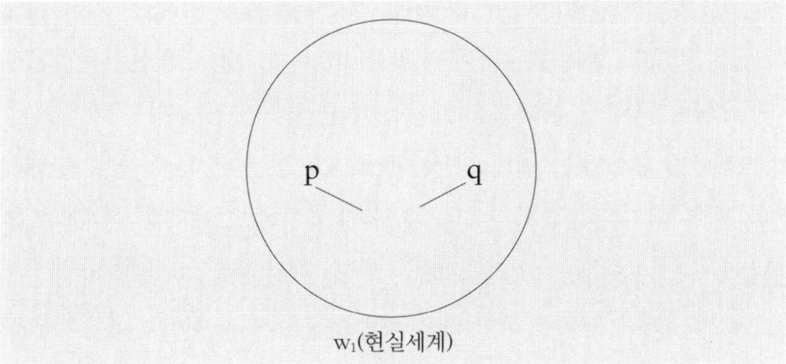

〈그림 17〉

한편 신이 w_1이 아니라, w_2를 창조했다고 해 보자. 그렇다면, w_2가 현실세계가 된다. 이 경우, 이 세계에서의 개체는 r-w_2, s-w_2 등등의 속성 대신, 다음과 같은 단순속성, 즉 r, s 등의 속성을 가진다. 이 세계에서 세계꼬리표 속성들은 실재하는 속성이 아니다. 오직 r, s 등의 속성만이 실재하는 것이다. 다음과 같은 그림이 보여 주듯이 말이다.

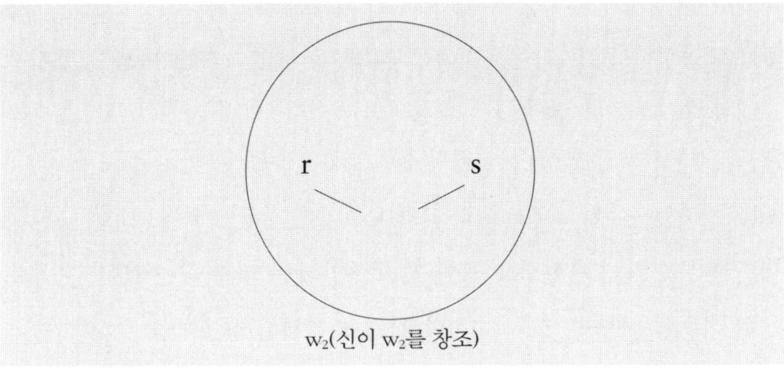

〈그림 18〉

현실세계에서 유다는 "죄 지음"이라는 속성을 가진다. 그리고 현실세계에서 유다는 "예수를 배신하지 않음-w_3"을 가진다. 그러나 이러한 속성은 실재하는 것이 아니다. 이것은 가상적인 것이다. 한편 신이 다른 가능세계(w_3)를 창조했다면, 유다는 "예수를 배신하지 않음"이라는 단순속성을 갖게 될 것이다. "예수를 배신하지 않음-w_3"은 이 세계, 즉 현실세계의 유다가 갖는 가상적인 세계 꼬리표 속성이다. 하지만 신이 다른 세계(w_3)를 창조했다면 유다는 그 세계에서 세계 꼬리표 없는 속성, 즉 "예수를 배신하지 않음"이라는 실재적 속성을 갖게 될 것이다. 그러나 유다가 이러한 단순속성을 가진다면, 전제가 필요하다. 즉 이러한 단순속성을 가진다면, 그 경우 신은 이 세계가 아닌 다른 세계를 창조했을 것이고, 바로 그렇게 창조된 세계가 바로 현실세계가 된다는 것이다. 이렇게 볼 때, 이러한 전략을 취하는 이론가들의 주장은 이해할 만하다. 다른 가능세계, 다른 가능한 상황은, 현실세계와 그 존재론적 위상이 다르다. 유다는 현실세계, 그곳에서 가능한 상황에 대응하는 가능세계 꼬리표 속성을 가지지만, 단순속성 역시 가진다. 유다가 현실세계에서 실재적으로 가지는 속성 말이다. 그런데 창조된 세계만 실재하는 것이므로, 개체는 세계 꼬리표 없는 속성을, 그 세계, 유일하게 실재하는 그 세계에서 갖는 것이다.

이 이론은 오직 현실세계만 실재하는 세계라고 주장함으로써, 현실세계에서 한 개체가 가지는 속성으로부터 세계 꼬리표를 떼어 낼 수 있는 방법을 제공한다. 다른 가능세계에서의 속성은 세계 꼬리표가 붙어 있지만, 그러한 속성들은 유령과 같은 상상적인 것이다. 그러나 신이 생각을 바꿔 우리의 세계가 아니라 다른 가능세계를 창조했다면, 그것이 현실세계가 되는 것이고, 그 가능세계만이 실재하는 것으로서, 그 세계 내의 모든 개체는 자신이 가지는 속성을, 세계 꼬리표 없이 가질 수 있는 것이다.

이 이론에 따르면, 오직 속성만 가지고 개체의 정체성을 규정할 수 있다. 그러나 대가가 필요한데, 바로 속성에 세계 꼬리표를 붙이는 것이다.

그러나 이 이론은 그러한 대가를 치르지 않을 전략도 가지고 있다. 바로 현실세계만을 실제적인 세계로 간주함으로써, 현실세계에서 개체들이 갖는 속성들은 p-w_1이 아닌 그냥 p라고 주장할 수 있는 것이다. q-w_2도 있다. 그러나 이것은 가상적인 속성이다. 하지만, 신이 w_2를 창조했다면, 그 세계의 개체들은 q-w_2를 가진다. 그러나 그 세계만이 현실적이며 실제적인 세계이므로, 그 세계 내의 개체들은 q-w_2라는 속성 대신, q를 가지게 된다. 개체들은 현실적으로 단순 속성 q를 가진다. 현실세계의 개체들은 q-w_2라는 속성도 갖지만 이러한 속성은 가상적인 것이다. 신이 w_2를 창조했다면, w_2는 현실세계가 됨으로써, 그 세계 내의 개체들은 q-w_2를 가지는 것이 아니라 그냥 q를 갖게 되는 것이다.

이제 이러한 설명으로부터 제기되는 문제 하나를 살펴보자. 루이스에 의하면, 다음과 같은 언어적 표현들, 즉 '나' '여기' '지금' 등등의 표현들과 마찬가지로, '현실세계'라는 언어적 표현 역시 상황지시어indexical이다. 즉 '현실세계'라는 언어적 표현도, 발화맥락에 따라 지칭 대상들이 바뀌는 그러한 언어적 표현이다. '나'라는 표현이 어떤 발화 상황에서, 발화 주체를 지칭하며, '여기'라는 표현이 어떤 발화 상황에서, 발화 장소를 지칭하며, 또한 '지금'이라는 표현이 어떤 발화 상황에서, 발화 시간을 지칭하듯이, '현실세계'라는 표현도, 어떤 발화 상황에서, 그 발화가 이루어지는 세계, 그 발화가 이루어지는 상황을 지칭한다는 것이다. 그리고 발화 주체가 다른 대상들보다 존재론적으로 더 우월하지 않듯이, 발화가 이루어지는 장소가 다른 장소에 비해 존재론적으로 더 우월하지 않듯이, 그리고 발화가 이루어지는 시간이 다른 시간에 비해 존재론적으로 더 우월하지 않듯이, 발화가 이루어지는 세계, 발화가 이루어지는 상황이 왜 다른 가능세계, 다른 가능한 상황보다 존재론적으로 더 우월하다고 해야 하는지 이해할 수 없다는 것이 루이스의 비판이다. 왜 현실세계가 다른 가능세계에 비해 존재론적으로 더 우월한가? 왜 현실세계만이 실재적이고 다른 가능세계는 낮은 실재성만을 갖는가?

이러한 비판은 다음과 같은 생각에 기반한다. 즉, 모든 가능세계들은, 존재론적으로 같은 위상을 가진다. 루이스의 이런 생각은 우리의 상식, 직관과 충돌하는 듯하다. 우리가 처한 상황과 우리가 처할 뻔했던 상황, 이 둘이 동일한 존재론적 위상을 가진다는 것은 받아들이기 어렵다. 기독교적 세계관에 근거해 보자면, 특히 라이프니츠적 사유에 근거해 보자면 이는 더 분명해질 것 같다. 신은 창조 이전에 여러 가능 세계를, 상상하고 있었다. 그리고 그중 하나의 세계를 선택해 창조했다. 바로 이 세계가 그러하다. 신은 다른 가능세계를 창조할 수 있었지만, 특별히 이 세계를 선택해 창조했다. 이러한 사유에 근거한다면, 이 세계는 특별한 세계이다. 이 세계는 창조된 세계다. 다른 세계가 창조될 수 있었다. 하지만 실제로는 창조되지 못했다. 오직 이 세계만이 선택되어 창조된 특별한 세계이다. 더 상식적인 예를 들자면 다음과 같다. 어떤 목수가 책상을 만들기로 작정했다. 그는 이런 저런 모양, 이런 저런 색, 이런 저런 재질의 책상들을 머리에 떠올렸다. 수없이 많은 가능한 책상을 상상해 보고, 그중 하나를 선택해 현실적인 책상으로 만들었다. 이제 다음과 같은 질문을 던져 보자. 가능한 책상들과 현실적 책상, 이 둘의 존재론적 위상은 같은가, 아니면 다른가? 만약 같다면, 그러한 존재론적 동일성에 근거해, 동일한 값을 책정해야 할 것이다. 하지만 목수의 상상 속에 있는 책상에 대해, 물질로 구현된 책상의 값만큼을 지불할 사람은 없을 것이다. 이렇게 본다면, 가능세계와 현실세계의 존재론적 위상은 다르다고 하는 것이 옳아 보인다. 따라서 이 두 가지 종류의 세계에 동일한 존재론적 위상을 부여하는 루이스의 주장은 거짓 주장으로 보인다.

이제, 가능세계와 현실세계의 존재론적 위상은 그렇다고 치고, 시간과 관련한 이러한 존재론적 위상의 문제에 대해 살펴보자. 앞에서 다발이론적 이동지속이론을 살펴봤는데, 그러한 입장에 따르면, 시간과 관련해 오직 현재만이 실재적인 것이다. 가능한 책상들과 현실적 책상의 존재론적 위상 문제는 우리로 하여금 큰 어려움 없이 그 우월성을 정할 수 있게 하는 것으로 보인다. 실재하는 것은 오직 현실적 책상, 만들어진 책상뿐이다. 그러나 이러한 비유가 시간과 관련해서도 여전히 유효한가는 의심스럽다. 왜 과거, 미래에 비해, 오직 현재만이 실제적인가? 미래의 존재론적 위상은 의심스럽다고 하자. 아직 없는 것이니 말이다. 그러나 과거의 존재론적 위상은 왜 현재의 존재론적 위상에 비해 열등한가? 이것은 좀 의심스럽다. 현재를 가능케 하는 누적된 과거가, 왜 낮은 존재론적 위상을 가지는가?

가능한 책상과 현실적 책상의 존재론적 위상 차이는 분명해 보인다. 이러한 사실을 확장한다면, 다음과 같은 것도 분명해 보인다. 즉, 가능세계와 현실세계의 존재론적 위상은 다르다. 오직 현실세계만이 실재하는 것이다. 그러나 과거와 현재의 존재론적 위상 차이는 어떠한가? 물론 과거가 현재보다 존재론적으로 더 우월하다고 주장할 수 없다. 그렇다고 현재가 과거보다 존재론적으로 더 우월하다고 할 수 있을까? 가능한 책상과 현실적 책상의 존재론적 위상 차이로부터, 가능세계와 현실세계의 위상 차이를 비유적으로 유추함으로써, 이 두 세계의 위상 차이가 정당화되는 반면, 과거와 현재의 위상 차이에 대해서는 그 어떤 정당화의 근거도 없어 보인다. 이것은 설명이 필요할 것으로 보인다. 하지만 어떤 설명이 가능할지 알 수 없다.

이제 이상의 논의를 정리해 보자. 우리는 개체의 구조에 대해, 다발이론이 가장 가망 있는 이론이라는 입장을 취하면서 출발했다. 이 이론이 가장 상식적이며 직관적이기 때문이다. 그러나 이 이론과 패키지를 이루는 두 가지 이론, 즉 개체의 시간적 동일성의 문제와 관련해서는 확장지속이론, 그리고 개체의 통세계적 동일성의 문제와 관련해서는, 개체의 통세계적 동일성을 부정하는 이론, 이 두 가지 이론은 우리의 상식에 반하며, 우리의 직관을 깨는 이론으로 드러났다. 반면, 기체라고 하는, 경험도 안 되며 그 어떤 속성도 갖지 못하는 무언가를 설정하는 이론, 즉 기체이론은 우리의 상식과 직관을 깨지만, 이 이론과 패키지를 이루는 두 가지 이론, 즉 개체의 시간적 동일성의 문제와 관련해서는 이동지속이론, 그리고 개체의 통세계적 동일성의 문제와 관련해서는, 개체의 통세계적 동일성을 인정하는 이론, 이 두 가지 이론은 우리의 상식과 일치하며, 우리의 직관과도 일치하는 이론으로 드러났다. 이러한 문제점을 피하기 위한 제3의 이론도 살펴보았다. 다발이론을 취하면서, 개체의 시간적 지속과 관련해서는 이동지속이론을, 개체의 통세계적 동일성과 관련해서는, 개체의 통세계적 동일성을 인정하는, 그러한 이론. 그러나 이러한 이론 역시 문제가 보인다. 물론, 이러한 이론은 시간꼬리표, 세계 꼬리표 속성으로부터, 그러한 꼬리표를 떼어 낼 전략을 가지고 있다. 바로, 현재만을, 그리고 현실세계만을 실제적이라고 보면서, 그 시간에서, 그 세계에서 그 개체가 갖는 속성은, 시간꼬리표 없는 속성, 세계 꼬리표 없는 속성이라고 주장하는 전략 말이다. 그러나 현실세계만을 실제적이라고 보는 입장은, 현실적 책상과 가능적 책상, 이 둘의 존재론적 위상 차이에 의해 정당화될 수 있어 보이지만, 현재와 과거의 존재론적 위상 차이를, 그 어떤 비유를 통해 정당화할 수 있는지 분명해 보이지 않는다. 이에 대한 설명이 필요하지만, 어떤 설명이 가능할지 알 수 없다.

이런 이론들의 패키지들을 비교해 보면, 다음과 같은 이 책의 최종적 주장은 분명해 보인다. 우리가 그 어떤 이론을 선택하든, 우리는 그 이론이 포함된 이론들 패키지 전체에 대해서는 선뜻 호감을 갖기 어렵다. 이것이 좋아서 선택하면, 우리는 싫은 무언가도 같이 선택해야 한다. 싫은 무언가를 선택하면, 언젠가는 만족할 만한 무언가가 우리에게 주어진다. 각각의 이론들을 분리해 선택해 보면, 최선의 선택이 이루어질 수 있지만, 이것들을 그 내적 논리에 맞추어 패키지로 묶게 되면, 그 어떤 패키지도 선뜻 선택할 만하지 않아 보인다. 형이상학에서의 딜레마적 상황이다.

II

상식과 **이론**의 충돌

5

서론

II부에서는 형이상학에서의 여러 주제들에 관한 딜레마적 상황을 다룬다. I부에서는 이론들의 패키지가 보여 주는 딜레마적 상황을 다루었다면, II부에서는, 여러 주제들 각각에서 드러나는 딜레마적 상황을 다룬다. 여기서의 딜레마적 상황이란, 형이상학이 우리의 상식과는 전혀 다른 결론에 도달하는 상황을 말한다. 6장에서는 인과성의 문제를 다룬다. 우리는 이 세계가 인과적으로 구조화되어 있다고 믿는다. 내가 컵을 떨어뜨렸기 때문에 컵이 깨진 것이다. 여기서 "때문에"라는 표현이 바로 컵의 떨어짐이라는 사건과, 컵이 깨짐이라는 사건 사이의 인과관계를 표현한다. 세계는 "때문에"라는 표현이 보여 주는 것처럼, 그렇게 인과적으로 구조화되어 있다. 그런데 흄은 세계가 그렇게 구조화되어 있지 않다고 주장한다. 우리의 상식에 반하는 이러한 주장을 어떻게 받아들일 수 있을까? 그런데 이렇게 상식에 반해 보이는 주장을 면밀히 검토하면, 흄의 이러한 주장은 받아들여질 수밖에 없어 보인다. 우리의 상식은 잘못된 것이다.

인과성에 대한 이러한 이론적 검토를 통해 우리는 흄의 주장이 옳다고 결론 내릴 것이다. 이렇게 흄의 주장을 받아들이게 되면, 7장에서 논의될 헴펠의 역설을 해결할 수 있다. 헴펠은 하얀 분필이 "모든 까마귀는 검다"라는 가설을 확증해 준다고 주장한다. 즉 이 가설의 참일 가능성을 높여 준다고 주장한다. 검은 까마귀를 발견하면, "모든 까마귀는 검다"라는 가설이 확증되는 것은 분명해 보인다. 그런데 헴펠의 정교한 논리를 통해 하얀 분필도 이 가설을 확증해 준다고 주장한다. 많은 철학자들이 이 문제를 해결하고자 노력했다. 나는 우리의 상식에 반해 보이는 흄의 주장을 옳은 것으로 받아들이면 이 문제도 해결될 수 있음을 보이도록 할 것이다. 헴펠의 역설은 역설이 아니라, 그냥 잘못된 주장이다. 7장에서 이 문제가 논의될 것이다.

8장에서도 역시 우리의 상식에 반하는 형이상학적 결론이 제기될 것이다. 시간의 본성에 관한 문제인데, 이 장에서는 우리가 상식적으로 생각하는 시간의 본성이 잘못된 것임을 보일 것이다. 우리는 우리 자신이 시간 속에 놓여 있다고 생각한다. 그렇게 우리 외부에 놓인 시간이 흐름에 따라 우리는 변화를 겪는 것이다. 시간의 본성에 대한 이러한 입장을 절대적 시간론이라고 부른다. 이러한 시간론은 뉴턴에 의해 제기되었는데, 이 입장에 따르면, 시간이 사물들 이전에 먼저 존재하고, 사물들이 이러한 시간축을 따라서 변화를 겪는 것이다. 라이프니츠가 뉴턴의 이러한 생각에 반대하며, 관계적 시간론이라는 입장을 취한다. 관계적 시간론에 따르면, 사물들 이전에 시간이 먼저 존재하는 것이 아니라, 사물들의 특정 변화에 근거해 우리가 시간이라는 것을 관념적으로 구성하는 것이다. 이러한 두 이론의 대립을 직관적으로 이해할 방법이 있다. 바로 시계가 무엇인지에 대한 서로 다른 두 대답이 이러한 이론적 대립을 직관적으로 보여 준다. 뉴턴은 시계에 대해, 시간을 측정하는 기계라고 대답할 것이다. 시간이 먼저 있고, 그것을 시계가 측정한다는 것이다. 반면 라이프니츠는 시계에 대해, 그것은 주기적 운동 발생 장치라고 주장한다. 우리의 상식은 뉴턴을 지지한다. 시계가 시간을 재는 기계가 아니고 무엇이겠는가? 그러나 정교하게 따져 보면, 우리는 라이프니츠가 옳음을 알게 된다. 시계란 주기적 운동 발생 장치인 것이다. 이렇게 우리의 상식을 파괴하는 모습이 8장에서 그려질 것이다.

9장과 10장은 현상주의에 관한 주제에 할당된다. 이 장에서 나는 우리의 상식과 충돌하는 철학적 입장, 즉 현상주의를 옹호할 것이다. 이 입장에 따르면, 우리는 꿈을 꾸고 있는지도 모른다. 우리는 마치 영화 「매트릭스」에서처럼, 컴퓨터에 엮여 있는, 잠을 자고 있는 존재인지도 모른다. 지금 우리가 현실세계라고 부르는 이 상황은, 어쩌면 우리 후손들이 우리의 뇌에 컴퓨터를 연결해 일으키는, 마치 꿈같은 상황일지도 모른다. 이것은 대단히 비상식적인 주장이다. 그러나 나는 이러한 입장이 비상식적이라고 바로 부정될 수 있다고 보지 않는다. 이것은 이론적으로 충분히 가능한 것이다. 물론 현상주의가 옳다는 주장은 아니다. 다만 현상주의가 틀렸다고 할 수는 없다는 것이다. 우리의 상식에 맞지 않다는 것이 이론적으로 거부될 이유는 되지 않는다. 따지고 보면, 충분히 가능한 이론임이 드러날 것이다.

형이상학에서는 우리의 상식과 전혀 다른, 우리의 상식에 반하는 이론들이 정당화된다. 따지고 보면 그렇다. 우리가 상식에 근거해 세상을 살아 나가는 것은 분명하지만, 따지고 보면, 이론적으로 분석하다 보면, 우리는 우리의 상식이 항상 옳은 것은 아니라는 결론에 도달하게 된다. 형이상학 이론이 허구이기 때문에, 가상적으로 만들어진 것이기 때문에, 우리는 상식에 근거해 살아 나가면 된다고 할 수도 있다. 하지만 그렇지 않다. 형이상학 이론은 허구적이지도, 가상적이지도 않다. 따져 보는 것이다. 논리적으로 분석해 보는 것이다. 그럴 때 우리는 궁극적으로 우리의 상식에 반하는 결론에 도달하는 것이다. 이제 이러한 우리의 상식에 반하는 결론들에 도달하기 위해, 여러 주제들을 검토해 보자. 우선, 인과성이라고 하는, 인과관계라고 하는 주제부터 살펴보도록 한다.

6

인과성

이 장에서 나는 인과관계에 대한 흄의 주장을 분석하고, 이에 대한 적절한 모델을 제공하고자 한다. 인과관계에 대한 흄의 주장들은 일관적이지 못하다는 느낌을 준다. 그러나 적절한 모델이 제공되면 이러한 느낌은 사라지게 될 것이다. 이를 보여 주는 것이 이 장의 첫 번째 목적이다. 이 장의 두 번째 목적은 이렇게 이해된 해석적 모델이 실제로도 인과관계에 대한 가장 적절한 분석 모델임을 보이는 것이다. 이 모델에 대한 주요한 반론들을 검토하면서, 그리고 인과성에 대한 대안적 이론, 즉 반사실 조건문적 분석을 고찰하면서 이러한 작업이 이루어질 것이다.

인과성에 관한 흄의 주장

이 세계는 인과관계를 맺고 있는 사건들로 가득하다. 이런 인과관계에

1 이 장은 박제철(2014)b에서 가져온 것이다.

근거해, 사람들은 어떤 사건에 대한 원인을 찾으려 하며, 또 어떤 사건의 결과를 예측하려 한다. 유리창이 돌에 맞았고, 곧이어 유리창이 깨졌다. 우리는 앞 사건을 원인이라고 하고, 뒷 사건을 결과라고 부른다. 오랫동안 전해 내려온 믿음에 따르면, 원인이 되는 사건 속에는 어떤 힘이 있어, 그 힘의 발현으로 인해 다른 사건이 결과된다. 이 힘을 지칭하는 여러 단어들이 있는데, '힘' '연결' '필연성' 등등이 그것이다. 단어들이 여럿임에도 불구하고 기본 아이디어는 모두 같다.[2] 어떤 사건 속에는 어떤 힘이 들어 있어, 그로 인해 다른 사건이 발생한다. 혹은 사건들 사이에는 이것들을 인과적으로 묶어 주는 어떤 특별한 관계가 들어 있다. 우리의 모든 관념은 경험으로부터만 나온다고 생각하는 흄은 이에 대해 의심을 품었다. 힘이라는 것이 경험되지 않기 때문에 이에 대한 관념도 허상이라는 것이다. 그는 다음과 같이 주장한다.

> 우리는 힘이나 효력을 포함하는 그 어떤 인상도 가지고 있지 않다. 따라서 힘에 대한 관념도 전혀 가지고 있지 않다.[3]

흄에 따르면, 인과관계를 맺고 있는 두 사건 사이에서 우리가 관찰할 수 있는 것은 오직 두 사건이 시·공간적으로 인접해 있다는 사실뿐이다. 그는 다음과 같이 말한다.

> 어떤 대상이 다른 대상에 시간적으로 선행하고 시간, 공간적으로 근접되어 있을 때, 그리고 전자의 대상과 유사한 모든 대상들이 후자의 대상

2 "나는 다음과 같은 사실에 대한 관찰로부터 출발한다. 효력efficacy, 요인agency, 힘power, force, 에너지energy, 필연성necessity, 연결connexion, 그리고 산출적 성질productive quality 등의 단어들은 거의 동의어들이다"(T, 157).

3 T, 161.

과 유사한 모든 대상들과 시간적 선행, 시간·공간적 근접관계에 놓여 있을 때, 그 전자의 대상을 원인이라 한다.[4]

우리의 모든 지각들은 서로 구분된 존재들이며, 마음은 서로 구분된 존재들 사이의 어떤 실재적 연결real connection도 결코 지각하지 못한다.[5]

경험주의자로서의 흄이 이런 결론을 내는 것은 자연스러운 일이다. 힘, 필연적 연결 등등은 경험되지 않는 것으로서, 경험되지 않는 것은 없는 것이다. 이것을 '인과관계에 대한 규칙성 분석'이라고 부른다. 사건들은 규칙적으로 함께 일어날 뿐이지, 거기에 어떤 힘이나 필연적 연결 등이 있는 것은 아니라는 주장. 흄은 정말 필연적 연결을 부정하고 있는 것인가? 오랫동안 그렇다고 여겨져 왔다. 그런데 최근 연구 추세를 보면, 그렇지 않다는 주장들이 제기되고 있음을 알 수 있다. 이들은 흄이 필연적 연결을 인정한다고 생각한다. 다음과 같은 흄의 주장이 이들의 해석적 입장을 뒷받침하고 있다고 여겨진다.

그렇다면 우리는 인접과 연속의 두 관계가 인과에 대한 완전한 관념을 제시한다는 것으로 만족해야 하는 것인가? 그렇지 않다. 어떤 대상은 다른 대상의 원인이라 간주되지 않으면서도 그것에 인접하고 선행한다. 필연적 연결이 고려되어야 한다. 그리고 이 관계는 위에 언급된 다른 둘보다 훨씬 중요하다.[6]

4 T, 170.
5 T, 636.
6 T, 77.

흄에 따르면, 인과관계와 관련해 시·공간적 인접만으로는 충분하지 않다. 왜냐하면 어떤 사건들의 쌍은 시·공간적으로 인접하면서 인과관계를 맺지만, 시·공간적으로 인접하면서도 인과관계를 맺지 않는 사건들의 쌍이 있기 때문이다. 예를 든다면, 까마귀가 날고 배가 떨어지는 사건 쌍. 따라서 필연적 연결이 고려되어야 한다는 것이 흄의 주장이다. 흄은 비일관적인 주장들을 하고 있는 것인가? 양선이 선생에 따르면 세 가지 해석적 입장이 이 질문에 대해 서로 다른 답을 내고 있다. 첫째, 흄을 비일관적이라고 보는 입장 중, 흄은 필연적 연결을 인정하지 않았다고 하는 규칙성 분석의 입장, 둘째, 흄을 비일관적이라고 보는 입장 중, 흄은 필연적 연결을 인정했다고 보는 필연적 연결주의, 셋째, 흄을 일관적이라고 보며, 그래서 어떻게 흄의 주장이 일관적으로 이해되어야 하는지를 탐구하는 입장이 있다.[7]

비일관적이라고 보는 입장은 흄 철학에 대한 해석적 입장치고는 매력적이지 않아 보인다. 세 번째 해석적 입장이 실패해야만 정당성을 얻을 수 있는 수동적 입장이기 때문이다. 흄을 일관되게 읽으려는 시도가 있는 한, 첫째, 둘째 입장은 잠정적으로만 그 가치를 인정받는 해석적 입장이다.

나는 이 글에서 흄을 일관되게 읽을 수 있는 한 가지 해석적 모델을 제시하고자 한다. 이 모델에 따르면 위의 흄 주장들은 일관되게 이해될 수 있다. 흄이 직접 이 모델을 제시한 것은 아니다. 그러나 흄의 주장들을 정밀하게 분석하면, 이 모델이 인과성에 대한 그의 사상을 가장 적절하게 읽게 해 주는 모델임이 드러날 것이며, 그렇게 되기를 원한다. 이제 위에서 살펴본 흄의 두 주장을 정리해 보자. 그에 따르면, 인과관계를 맺는 두 사건 사이에서 우리가 관찰할 수 있는 유일한 것은 시·공간적 인접성뿐이

7 양선이(2010) 참조. 여기서 양선이 선생은 이러한 해석적 입장들을 올드 흄과 뉴 흄의 대결 구도로서 검토하고 있다.

다. 정리하자면, 다음과 같다.

① 규칙성 분석: 필연적 연결은 없다.

또 다른 흄의 주장은 필연적 연결이 시·공간적 인접성보다 중요하다는 것이다. 그 이유는 시·공간적으로 인접해 발생하는 사건들이 모두 인과적으로 연결되어 있는 것은 아니기 때문이다. 시·공간적으로 인접해 발생하는 사건들은 두 종류로서, 우연히 인접해 발생하는 사건들(예를 들면 까마귀가 날고, 배가 떨어지는 사건 쌍)이 있고, 인과적으로 인접해 발생하는 사건들(예를 들어 금속에 열을 가하고, 금속이 팽창하는 사건 쌍)이 있으므로, 이 둘을 차이 나게 해 주는 필연적 연결이 있어야 한다는 것이다. 정리하자면, 다음과 같다.

② 필연적 연결주의 : 필연적 연결은 있다.

모순처럼 보이는 이 두 주장을 일관되게 읽어 보려는 것이 이 장의 목적이다. 여기에 더해 인과성과 관련한 다음과 같은 흄의 주장도 우리 모델에 근거해 적절히 해석될 수 있으며, 또한 인과성과 관련해 매우 중요한 착상임이 드러날 것이다.

외부 대상들은 내적 인상을 낳는다. 그리고 외부 대상들이 감각에 나타날 때, 바로 그때마다 내적 인상이 나타난다. 정신은 자기 자신을 외부 대상에 투영해spread 외부 대상과 내적 인상을 결합하는 아주 고질적인 버릇propensity을 갖고 있다.[8]

그래서 다음과 같은 세 번째 흄 주장이 있다.

8 T, 167.

③ 투사 : 우리 정신은 자기 자신을 외부 대상에 투영해 외부 대상과 내적 인상을 결합한다.

기호법

모델을 제공하기 위해서는 두 개의 기호를 도입해야 한다. '&'와 '→'가 그것이다. 이 두 기호는 논리학에서 통상적으로 정의되는 방식으로, 즉 진리함수적으로 정의된다. "p&q"는 "p"와 "q"가 모두 참인 경우에만 참이고 나머지 경우에는 거짓이다. "p → q"는 "p"가 참이고 "q"가 거짓일 경우에만 거짓이고, 나머지 경우는 모두 참이다. 연산도 논리학에서 이루어지는 방식과 마찬가지로 이루어진다. 그래서 "p → q"와 "-(p&-q)"는 동치이다. 두 기호에 대한 이런 진리함수적 정의 이외에 이 두 기호 각각에는 다음과 같은 비논리적('과학적'이라고 부르는 것이 좋겠다. 그 이유는 논의가 진행되면서 분명해질 것이다) 방식으로 정의된다.

우선 '&'는 시·공간적 인접성을 표현한다. 그래서 "p&q"라는 명제는 p라는 사건과 q라는 사건이 시·공간적으로 인접해 발생함을 표현한다.

다음으로 '→'는 필연적 연결을 표현한다. 그래서 "p → q"라는 명제는 p라는 사건과 q라는 사건이 필연적 연결관계로 맺어져 있으며, 그래서 p가 원인이고, q가 결과임을 표현한다.

'&'와 '→'에 이러한 의미를 부여하는 것은 통상적인 방식은 아니다. 그러나 우리는 다음 절에서, 논리학에서 진리함수적으로만 이해되는 두 기호가 어떻게 과학의 영역에서 위의 의미를 갖게 되는지 보게 될 것이다. 미리 간략히 얘기하자면 다음과 같다. 명제 "(x)(Fx → Gx)"와 "(∃x)(Fx&-Gx)"는 첫째, 논리적 관점에서 모순이며, 둘째, 과학적 관점에서는 "(∃x)(Fx&-Gx)"로 표현되는 사례는 "(x)(Fx → Gx)"에 대한 반례가 된다. 논리적 차원의 모순과 과학적 차원의 반례는 그 구조에 있어 동일하다. 모순과 반례가 함께 가는 것이다.

귀납적 일반화 – 모델 만들기

필연적 연결이 있는가? 우리 밖에 그런 것이 있다면 경험이 가능할 텐데, 경험이 안 되므로 그런 것은 없다는 것이 흄의 첫 대답이다. 그렇다면 필연적 연결에 대한 우리의 관념은 아무런 근거도 없는 것인가? 흄은 이에 대해 경험이 그에 대한 근거라고 주장한다. 그는 다음과 같이 말한다.

> 아담과 같은 사람이 충만한 지성을 가지고 태어났다고 하더라도, 경험 없이는 첫 번째 공의 충돌로부터 두 번째 공의 운동을 추론할 수 없을 것이다. 이성은 원인 속에서, 결과로의 추론을 가능케 해 주는 어떠한 것도 발견하지 못한다.[9]

흄의 이러한 주장이 옳음을 보이기 위해 다음과 같은 사고 실험을 해 보자. 우리는 지구로부터 아주 멀리 떨어진 어느 별에 와 있다. 그 별은 아주 커서 중력이 강하며, 그로 인해 물질을 구성하는 원자들의 밀도가 지구와는 많이 다르다. 이제 어떤 금속을 내가 만졌는데 색이 변했다고 하자. 즉 "만짐 & 색변화"라는 명제는 참이다. 이제 다음과 같은 질문을 해 보자. 내가 만졌기 때문에 색이 변했는가? 즉 "만짐 → 색변화"라는 명제는 참인가? 이것은 우리가 대답할 수 없는 질문이다. 이 질문에 대답하기 위해서는 뭔가가 더 필요하다. 무엇인가? 동일한 종류의 다른 많은 금속들을 만

9 T, 650, 초록문단11.

져 봐야 할 것이다. 일반화를 위해서 우리는 많은 사례를 누적해야 한다. 그래서 귀납적 일반화의 첫 번째 단계는 사례의 누적이다(F를 만짐, G를 색 변화라고 하자).

(1′) 사례의 누적 :

Fa&Ga

Fb&Gb

Fc&Gc

⋮

사례가 누적될 때 핵심적인 문제는 위의 패턴이 유지되는가 하는 것이다. 만약 만졌는데 색이 변화하지 않는 금속이 있다면(예를 들어, Fi&-Gi), 일반화는 어려울 것이다. 따라서 사례의 누적은 패턴의 유지가 전제되어야만 의미 있는 작업이 된다.

귀납적 일반화는 관찰된 사례로부터 아직 관찰되지 않은 사례들까지 포함하는 일반 진술로 나아가는 일종의 논증이다. 이렇게 관찰된 사례로부터 아직 관찰되지 않은 사례들까지 포함하는 일반 진술로 나갈 때 핵심을 이루는 것은, 앞으로도 이러한 패턴이 계속 유지될 것이라는 우리의 기대이다. 즉 만졌는데 색이 변하지 않는 금속은 앞으로도 없을 것이라는 기대. 이러한 기대는 다음과 같이 표현된다(흄의 주장과 연결하기 위해 (3′)라는 번호를 매기자).

(3′) 패턴이 유지될 것이라는 기대: -(∃x)(Fx&-Gx)

이로부터 귀납적 일반화가 완성된다. 왜냐하면, (3′)는 다음과 같은 귀납적 일반화의 결론과 동치이기 때문이다(흄의 주장과 연결하기 위해 (2′)라는 번호를 매기자).

(2′) 귀납적 일반화의 결론: (x)(Fx → Gx)

이러한 귀납적 일반화 논증을 하나로 구성하면 다음과 같다.

(1′) 사례의 누적:
Fa&Ga
Fb&Gb
Fc&Gc
⋮
————— ↓ (3′) 패턴이 유지될 것이라는 기대 : -(∃x)(Fx&-Gx)
(2′) 필연적 연결:
(x)(Fx → Gx)

이제 귀납적 일반화와 관련된 몇 가지 특징을 살펴보자. 첫째, 이 논증의 전제 부분을 보면, 각 전제들은 시·공간적 인접성을 표현하는 '&'만을 포함하고 있다. 둘째, 전제로부터 결론을 도출하는 과정에는 우리의 기대, 즉 이 패턴이 앞으로도 유지될 것이라는 기대가 투사되어 있다. 셋째, 이러한 기대로부터 결론을 도출하게 되는데, 그 기대는, 논증의 결론에서 볼 수 있듯이, 필연적 연결관계로 전환되며, 바로 이것이 인과관계인 것이다.[10]

이제 나는 다음과 같이 주장하고자 한다. 이러한 귀납적 일반화는 흄의

10 인과관계에 대한 이러한 분석은 다음의 사실을 함축한다. 즉 인과성의 근원에는 귀납적 일반화가 있다. 다시 말해 귀납적 일반화를 통해 우리는 인과성을 얻는다. 이에 반대하는 입장으로는 송하석(2007) 참조. 여기서 송하석 선생은 귀납 추론이 인과관계에 근거한다고 주장한다. 다음 절에서 이를 자세히 다룰 것이다.

주장들을 일관적으로 읽어 낼 수 있게 하는 모델이 된다. 우선 인과관계에 대한 흄의 주장을 살펴보자.

> 힘의 관념을 낳은 여러 유사한 사례들이 상호 간에 영향을 갖지 않음에도 불구하고, 또 이러한 사례들이 대상 안에 결코 새로운 성질을 산출하지 않는다 하더라도, 이러한 유사한 사례들에 대한 관찰은 정신 안에 새로운 인상을 산출한다. 이것이 힘에 대한 진정한 모델이다. 왜냐하면, 충분히 많은 사례들 안에서 우리가 유사성을 발견한 후[즉, 사례의 누적], 우리는 즉각적으로 한 대상으로부터 그에 수반하는 대상으로 이행하는 그러한 정신의 결정을 느끼기 때문이다[즉, 패턴이 유지될 것이라는 기대]. … 이러한 결정은 유사성의 결과물일 뿐이다. 따라서 힘 혹은 효력과 같은 것이어야 하며, 이것들에 대한 관념은 그 유사성으로부터 나오는 것이다. 유사한 연접들의 여러 사례들은 우리로 하여금 힘과 필연성의 개념에 도달하도록 이끈다[즉, 필연적 연결]. 그 자체로 봤을 때 이러한 사례들은 서로 완전히 구분되는 것이며, 오직 이것들을 관찰하며 이에 대한 관념들을 모으는 그러한 정신 안에서만 일체를 이룬다.[11]

이러한 흄의 주장은 앞에서 이미 본 것이다. 이것은 다음과 같은 세 개의 주장을 한꺼번에 펼쳐 놓은 것이다.

(1) 규칙성 분석(유사한 사례들의 시·공간적 인접성만 있다) = 귀납적 일반화의 전제부분.

(2) 필연적 연결주의(유사한 연접들의 여러 사례들은 우리로 하여금 힘과 필연성의 개념에 도달하도록 이끈다) = 귀납적 일반화의 결론부분.

11 (T, 164-165)

(3) 투사(우리 정신은 자기 자신을 외부 대상에 투영해 외부 대상과 내적 인상을 결합한다) = 전제로부터 결론으로 넘어가는 과정.

귀납적 일반화라는 모델은 흄의 이 세 주장을 그대로 반영한다. 첫째, 귀납적 일반화 논증의 전제에서 볼 수 있듯이, 패턴을 이루는(흄의 용어로 유사한) 사건들의 쌍이 있다. 이것들은 이 세계의 구조를 보여 주는 것으로서, 시·공간적 인접성만을 가지며, 그 어떤 필연적 연결도 갖지 않는다.

둘째, 귀납적 일반화 논증의 결론이 보여 주듯이 시·공간적으로 인접한 사건들에 대한 반복된 경험을 통해 우리는 힘과 필연성의 관념에 도달한다. 필연적 연결의 관념은 근거(전제부분, 즉 유사한 사례들의 시·공간적 인접성)를 갖는 것이다. 그러나 이러한 필연적 연결은 세계가 갖는 구조가 아니라 우리 정신 안에서만 존재하는 것이다.

셋째, 귀납적 일반화 논증에서 전제로부터 결론으로 나아가는 과정이 보여 주듯이, 필연적 연결은 우리의 정신, 우리의 기대가 이 세계에 투사됨으로써 얻어지는 것이다.

이렇게 귀납적 일반화 모델은 인과성에 대한 흄의 모든 주장을 일관성 있게 읽을 수 있도록 해 준다. 이 세계 내에는 필연적 연결이 없다(귀납적 일반화 논증의 전제). 그러나 우리는 우리 정신을 세계에 투사한다(귀납적 일반화 과정에서의 매개). 따라서 우리는 우리 정신 안에 필연성의 개념을 갖게 된다(귀납적 일반화 논증의 결론).

이렇게 봤을 때, 우리는 앞에서 언급한 두 개의 해석적 입장, 즉 흄이 필연적 연결을 인정하지 않았다고 하는 규칙성 분석과, 흄이 필연적 연결을 인정했다고 보는 필연적 연결주의, 이 두 입장이 어느 지점에서 오류를 범하고 있는지 알 수 있다. 규칙성만을 강조하는 해석적 입장은 귀납적 일반화 모델에서의 전제 부분에만 초점을 맞추고, 결론으로의 이행 과정을 무시하는 오류를 범하고 있으며, 필연적 연결만을 강조하는 해석적 입장은 귀납적 일반화 모델에서의 결론 부분에만 초점을 맞추고, 그러한 결론이 어떻게 도출되는지, 그 과정을 무시하는 오류를 범하고 있는 것이다. 흄을 일관적으로 읽으려면, 귀납적 일반화 모델 전체를 대입해야 한다.[12]

지금까지 인과성에 대한 흄의 주장을 귀납적 일반화 논증 모델을 통해 이해해 보고자 했다. 이제 나는 이렇게 이해된, 인과성에 대한 흄의 주장을 옹호해 보고자 한다.

필연적 연결주의

귀납적 일반화 모델을 통해 우리는 흄의 주장을 일관적으로 읽을 수 있게 되었다. 모델의 전제 부분에서 볼 수 있듯이, 이 세계 내에는 필연적 연결이 없고, 오직 시·공간적으로 인접한 사건들만 존재한다. 그러나 여기서 끝나는 것이 아니다. 유사한 사례들이 반복해 발생하는 것을 관찰하는 동안, 우리는 우리의 기대를 투영해, 우리 정신 안에 필연적 연결의 관념을 형성하게 된다. 이 모델이 흄의 주장을 해석하는 적절한 모델이라면,

12 다음과 같은 지적이 있었다. "이 글은 인과적 믿음이라는 것이 곧 귀납적 일반화의 전형적인 형태임을 밝히고 있으며, 이러한 이해는 흄 학자들 사이에서 널리 받아들여지는 가장 대표적인 해석으로서 흄 견해의 핵심을 잘 설명해 주는 반면, 딱히 크게 새로운 분석은 아니지 않을까 하는 것이 나의 소감이다." 옳은 지적일 수 있다. 그러나 양선이 선생의 논문을 보면, 의외로 많은 학자들이 나와는 다른 생각을 가지고 있음을 알 수 있다(스트로슨, 블랙번, 케일, 양선이, 밀리칸 등등). 예를 들어 스트로슨은 흄이 인과적 힘, 자연적 필연성 등등을 믿었다고 본다. 스트로슨에 따르면, 우리는 인과적 힘에 대해 무지하지만, 인식론적 무지가 곧바로 존재론적 부재를 뜻하는 것은 아니다. 이러한 입장은 나의 주장과 대립하는 입장이다. 스트로슨에 따르면 흄은 필연적 연결을 인정하고 있지만, 이와 달리 나는 흄이 필연적 연결을 시·공간적 인접 사건들로 환원하고 있다고 생각한다. 필연적 연결은 인식적으로 경험되지 않으며, 존재론적으로 없는 것이다. 다만 반복된 경험을 통해 우리 믿음의 일부가 되는 것이다.

이제 이 모델이 흄 해석뿐만 아니라, 인과성 개념 그 자체를 이해하는 데에도 역시 적절한 모델임을 옹호할 필요가 있다고 생각된다. 지금부터 이러한 방향으로 논의를 진행하도록 한다. 주로 이 모델에 대한 반론들을 검토하면서 작업이 수행될 것이다.[13]

첫 번째 반론은 다음과 같이 진행된다. "금속에 열 가함 & 금속이 팽창함"이라는 사건 쌍은 반복적으로 일어나는데, 왜 "까마귀 남 & 배 떨어짐"이라는 사건 쌍은 반복되지 않을까? 혹시 이 세계의 구조 저 밑에 "금속에 열 가함 → 금속이 팽창함"이라는 근원적인 사실이 숨어 있기 때문 아닌가? 이 세계 내에 필연적 연결이 내재해 있음을 주장하는 사람들의 물음이다. 이에 대해 나는 다음과 같이 주장하고자 한다. 흄은 "p → q"를 "p&q"로 분석했으며, 이 분석이 그럴 듯하므로, 이 세계는 "p&q"의 구조를 갖는다. 다시 말해 이 세계의 기본 구조는 "p&q"이며, 이것은 다른 더 기본적인 사실로 환원될 수 없다. 이것은 정당화되어야 할 주장이다. 우선, 나는 반복되는 패턴을 보이는 "p&q"가 있고, 이런 패턴을 이루지 못하는, 그저 우연적으로만 "r&s"가 있다는, 그래서 서로 다른 특성을 보이는 두 집합이 있다고 생각한다. 이것은 흄의 주장이기도 하다. 그리고 이에 따르면 패턴을 이루는 사건들의 집합도, 또 패턴을 이루지 못하는 사건들의 집합도(비-패턴 집합이라고 하자), 그저 이 세계의 가장 기본적인 모습을 보여 주는 그러한 집합들이다. 이제 필연적 연결이 존재함을 주장하는 사람들은 패턴 집합과 비-패턴 집합의 차이를 내는 원리가 무엇인지 물을 것이고, 이에 대해 나는 대답하지 못하지만 자신들은 대답할 수 있다고 주장할 것이다. 즉 그 차이를 내는 것은 필연적 연결의 유, 무이다. 이에 대해 나는 서로 다른 이 두 집합이 그냥 이 세계를 구성하는 가장 기본적인 사실이라고만 주장할 것이다. 필연적 연결주의자들은 이를 못마땅

13 마이클 루(2010), 401-406 참조.

하게 여길 것이다. 이에 대해 나는 다음과 같은 질문을 하고자 한다. 이 두 집합의 차이를 내는 어떤 원리가 반드시 필요한가? 그냥 이런 서로 다른 집합들이 있다고, 그래서 그것이 이 세계의 가장 기본적인 구조를 보여 주는 것이라고 할 수 없을까? 그래서 다음과 같은 주문을 하고자 한다. 서로 다른 두 집합이 왜 다른지 그 원리를 찾고자 하는 그 누구라도, 예를 들어, 다음과 같은 A-type 내의 집합들이 왜 서로 다른지, 그리고 B-type 내의 집합들이 왜 서로 다른지 그 원리도 제시해야 한다. 일관성을 유지하려면 말이다.

A-type: 확장적 크기extensive magnitude 집합과 비-확장적 크기 집합[14]
B-type: 비례적 주기 사건equivalent periodic process 집합과 비-비례적 주기 사건 집합[15]

A-type부터 살펴보자. 사물들은 다양한 종류의 크기를 가질 수 있다. 길이, 무게, 온도 등등. 그런데 이 크기들은 어떤 특성과 관련해 두 부류로 나뉜다. 산술적으로 더할 수 있는 크기들이 있고, 그렇지 않은 크기들이 있는 것이다. 예를 들어, 길이가 30cm인 자와 50cm인 자를 나란히 놓으면, 총 길이는 80cm가 된다. 무게도 마찬가지이다. 30g짜리 동전과 50g짜리 동전을 함께 놓고 무게를 재면 총 80g이 나온다. 길이, 무게 등등은 이렇게 확장적 크기 집합에 속하는 속성들이다. 반면 이 집합에 속하지 않는 속성도 있다. 온도가 그러하다. 30°c 물과 50°c 물을 섞는다고 80°c 물이 되지 않는다. 온도와 같은 이러한 속성은 비-확장적 크기 집합에 속하는 속성이다. 이제 이 두 집합으로 하여금 서로 다른 특성을 보이게 하는, 이 세

14 Carnap (1966), 70-77 참조.
15 Carnap (1966), 78-85 참조.

계 저 밑에 놓인 어떤 원리를 제시하라고 하면, 어떤 대답을 할 수 있을까? 그냥 다른 집합이라는 답 말고 어떤 답이 가능할까? 필연적 연결주의자들은 이에 대해 답해야 할 것이다. 일관적이려면 말이다.

B-type은 다음과 같다. 주기적 사건들이 있는데, 예를 들면, 심장박동, 모래시계의 낙하 운동(뒤집기를 반복했을 때), 전자의 진동, 일출 등이 그러한 사건들이다. 이 사건들도 어떤 특성과 관련해 두 부류로 나뉜다. 모래시계의 모래가 한 번 다 떨어지는 동안 전자가 10만 번 진동했다고 하자. 모래시계의 모래가 두 번 다 아래로 떨어지는 동안 전자는 정확히 20만 번 진동한다. 이렇게 모래시계, 전자의 진동 등, 한 사건의 주기적 운동 수가 정해지면, 다른 사건의 주기적 운동 수도 정확하게 규정되는 그러한 주기적 사건들의 집합을 비례적 주기 사건 집합이라고 한다. 모든 주기적 사건들이 비례적인 것은 아니다. 가령 심장은, 어떤 경우 전자가 10만 번 진동할 때 두 번 뛰다가도, 다른 경우, 전자가 10만 번 뛸 때 세 번 뛴다. 한 사건의 주기적 운동 수가 정해져도 이 수와 관련해서 주기적 운동 수를 계속 바꾸는 그러한 사건들의 집합을 비-비례적 주기 사건의 집합이라고 한다. 이제 이 두 집합으로 하여금 서로 다른 특성을 갖게 하는, 이 세계의 구조 저 밑에 놓인 어떤 원리를 제시하라고 하면, 어떤 대답을 할 수 있을까? 그냥 다른 집합이라는 답 말고 어떤 답이 가능할까? 필연적 연결주의자들은 이에 대해 답해야 할 것이다. 일관적이려면 말이다.

만약 여기에 답하지 못한다면, 패턴 집합과 비-패턴 집합을 구분하는 원리를 제시하지 못한다고, 그래서 잘못이라고 주장하기 어려울 것이다. 패턴을 이루는 집합과 그렇지 않은 집합이 있다는 것은 이 세계가 가진 가장 기본적인 사실이라고 하는 것이 가장 공정한 일일 것이다.[16]

16 그래도 여전히 필연적 연결이 있을 것이라는 우리의 느낌은 어디서 기인하는 것일까? 이에 대해 나는, 흄을 따라서, 다음과 같이 답하고자 한다. 이 느낌의 기원은 익숙함이라고. 앞에

우연적 일반화와 법칙적 일반화

다음으로 살펴봐야 할 문제는 우연적 일반화와 법칙적 일반화이다. 다음의 두 논증을 살펴보자.

과학자 k씨는 새로운 화학 물질 Q를 만들어 냈다. 여러 다양한 실험을 거치는 동안 그는 두 번의 실험/관찰, 즉 구리에 Q를 바르는 실험/관찰을 통해 다음과 같은 A-논증을 펼쳤다('⊕'는 바르는 행위를 표현하는 기호이고, 변항 x의 범위는 모든 사물이다).

A-논증: (구리$_1$ ⊕ Q) & 색변화$_1$
(구리$_2$ ⊕ Q) & 색변화$_2$
―――――――――――――――――
(x)((구리$_x$ ⊕ Q) → 색변화$_x$)

과학자 k씨는 매일 저녁 호주머니에서 동전을 꺼내 보았더니 7일 동안 계속해서 100원이 나왔다. 이를 통해 그는 다음과 같은 B-논증을 펼쳤다(변항 x의 범위는 모든 날day이다).

B-논증: 옷$_1$ & 100원$_1$
옷$_2$ & 100원$_2$
7회 반복
―――――――――――――――――
(x)(옷$_x$ → 100원$_x$)

서 보았듯이 인과성(필연적 연결) 개념은 귀납적 일반화를 통해 얻어진다. 그런데 우리가 불이라는 관념을 떠올리면 우리는 자동적으로 뜨거움이란 관념에 도달한다. 그래서 귀납적 일반화에서의 전제 부분, 즉 사례의 누적 부분은 필요치 않은 것처럼 느껴진다. 그러나 아이들의 행동을 보면, 그렇지 않음을 알 수 있다. 아이들은 불과 뜨거움 사이의 인과관계를 확립할 만큼 사례들을 누적해 놓지 못했기 때문에 계속 불판에 접근한다. 몇 번의 사례가 이들에게 인과성을 확립하도록 해 줄 것이다. 또 다른 방법은, 부모가 끊임없이 두 사건 사이의 인과성을 교육시키는 것이다. 경험과 교육이 익숙함을 낳고, 이 익숙함이 필연적 연결 관념을 낳는다.

우리는 어떤 논증을 선호할까? 우선 두 논증의 특징을 살펴보자. A-논증은 전제가 둘이다. 반면 B-논증은 전제가 일곱이다. 앞에서 본 귀납적 일반화 과정을 보자면, 사례의 수가 많은 B-논증이 선호되어야 할 것 같다. 한편, 각 논증의 결론에 대해서도 다음과 같은 가능성이 있다. 즉 A-논증의 결론은 세 번째 실험/관찰에서 거짓으로 드러날 수 있으며, 반대로 B-논증의 결론은 1년 동안 여전히 참값을 유지할 수 있다. 그렇다면 우리는 B-논증을 선호해야 하는가? 그렇지 않은 것 같다. 이 사례는 흄적인 귀납적 일반화에 뭔가 문제가 있음을 보여 주는 듯하다.

귀납적 일반화의 경우, 전제의 수(사례의 수)가 중요하다. 전제가 많으면 많을수록 결론이 참일 개연성이 높아지는 것이다. 그런데 위의 경우 우리는 전제의 수가 적은 A-논증을 선호한다. 우리가 잘못 생각한 것일까? 이 문제는 우연적 일반화와 법칙적 일반화의 구별에 대한 것이다. 여러 일반화 중 어떤 것이 우연적이고 어떤 것이 법칙적인가의 문제. 그리고 왜 그렇게 차이가 나는지의 문제. 앞에서 본 귀납적 일반화의 과정을 살펴보면, 거기에는 사례의 누적, 패턴 유지에 대한 기대, 그리고 일반화된 결론을 얻어 내는 것, 이 셋밖에 없었다. 이 조건과 관련해 보자면, 사실 우리는 B-논증을 선호해야 할 것으로 보인다. 하지만, 좀 더 자세히 들여다보면, 우리는 A-논증이 선호되어야 할 이유에 대한 완전히 흄적인 설명을 제시할 수 있다.

여기서 나는 다음과 같이 주장하고자 한다. 우리가 원시시대의 물리학자라면, 우리는 B-논증을 선호할 것이라고. 그러나 우리는 현대에 살고 있다. 그래서 우리는 A-논증을 선호한다. 그 차이는 무엇인가? 우리를 둘러싸고 있는 인과적 사건들에 대한 지식의 차이이다. 우리는 이미 인과관계 혹은 법칙들에 대한 많은 지식을 가지고 있다. 이 법칙들은 흄적 일반화를 통해, 즉 귀납적 일반화의 과정을 통해 얻어 낸 것이다. 이 지식들이 A-논증을 선호하게 만들어 주며, A-논증에 정당성을 부여한다. 왜 이러한 기존 법칙들에 대한 지식이 A-논증을 정당화해 주는가? 여기서 나는 다음과 같이 주장하고자 한다. 유사한 패턴을 이루는 법칙들의 집합이 있고(법칙 패턴 집합이라고 하자), 유사한 패턴을 갖는 비-법칙들의 집합이 있다(비-법칙 패턴 집합이라고 하자). 법칙 패턴 집합의 예로서 다음이 있다.

법칙 패턴 집합 K_1 :
(x)[(청바지$_x$ ⊕ 락스) → 색변화$_x$]
(x)[(은$_x$ ⊕ 독) → 색변화$_x$]
(x)[(리트머스 종이$_x$ ⊕ 알칼리) → 색변화$_x$]
등등

이 집합의 원소들은 모두 법칙들로서, 흄적 일반화를 통해 확립된 것들이다.

비-법칙 패턴 집합, 즉 흄적 일반화 과정을 거치지 못한 비-법칙들만을 자신의 원소로서 포함하는 그러한 비-법칙 패턴 집합의 예로는 다음을 들 수 있다.

비-법칙 패턴 집합 K_2 :
-(x)(청바지$_x$ → 구슬$_x$)
-(x)(모자$_x$ → 바늘$_x$)
등등

K_1은 어떤 물질에 다른 물질을 발랐을 때 색이 변한다는 법칙적 특성을 보이는 집합이고, K_2는 어떤 물건과 다른 물건이 항상 같이 나오는 것은 아님을 보여 주는 비-법칙적 특성을 보이는 집합이다.

이제 A-논증과 B-논증을 살펴보자. 왜 A-논증은 정당하고 B-논증은 정당하지 않은가? A-논증은 전제의 수가 적음에도 불구하고 정당화되는데, 그 이유는 A-논증의 결론이 법칙 패턴 집합의 원소들, 즉 실제 법칙들과 유사하기 때문이다. 실제로 A-논증의 전제가 충분히 많아지면, A-논증의 결론은 법칙이 될 것이며, 법칙 패턴 집합의 원소가 될 것이다. 반면 B-논증의 결론은 비-법칙 패턴 집합의 원소들, 즉 비-법칙들과 유사하기 때문에 정당화되지 않는다. 어떤 사물이 다른 사물과 항상 같이 나타난다는 것에 대한 법칙은 확립된 바 없다. 이렇게 볼 때 귀납적 일반화는 두 가지 방식으로 정당화됨을 알 수 있다(하나는 흄적으로, 다른 하나는 메타-흄적으로). 우선, 아무런 사전 지식이 없을 때, 귀납적 일반화는 전제의 수가 많을 경우 결론의 개연성이 정당화된다. 이것은 전적으로 흄적인 정당화 방식이다. 다음으로 법칙/비-법칙 패턴 집합에 대한 지식이 있을 때 귀납적 일반화는, 그 결론이 어떤 집합의 원소들과 유사한가에 따라서 메타적으로 정당화되기도, 또 정당화되지 않기도 한다. 이것 역시 (메타) 흄적인 정당화 방식이다. 여기에는 패턴을 이루는 사례들, 이 패턴이 유지될 것이라는 기대 하에서의 일반화, 일반화된 결론으로서의 법칙들, 그 법칙들의 집합(법칙 패턴 집합)에 근거해 어떤 일반화가 정당한지를 확인하는 행위, 이 이상 그 어떤 것도 없다. 세계 내에 필연적 연결이 있다는 등의 착상은 완전히 배제되어 있다.[17] 다음의 예를 살펴보자(변항의 범위는 날day).

대통령 연설 & 지진

..... 100번 반복

$$(x)(\text{대통령 연설}_x \rightarrow \text{지진}_x)$$

17 송하석 선생은 위와 똑같은 논증 두 개를 검토하고 있다. 그러나 나와 정반대의 결론을 내고 있다[송하석(2007), 53-54 참조]. 송하석 선생에 따르면, A-논증이 선호되어야 하는데, 그 이유는 A-논증의 경우 인과성이 밑에 깔려 있고, B-논증의 경우는 그렇지 않기 때문이라는 것이다. 앞 절, 필연적 연결주의에 대한 반론에서 보았듯이, 이것은 잘못된 생각이다. 규칙적 사건들에 대한 경험이 인과성의 토대이지, 인과성이 규칙적 사건들의 토대는 아니다.

이 논증은 정당화되는가? 전제의 수는 원하는 대로 늘려도 된다. 그렇게 늘렸을 때, 이 논증은 정당화되는가? 옛날에는 정당화된다고 생각했다. 왕의 부덕은 자연재해를 낳는다. 그러나 지금은 아니다. 이 논증은 정당화되지 않는다. 왜냐하면 이 논증의 결론은 전형적인 비-법칙 패턴 집합의 원소들과 유사하기 때문이다. 어떤 특성을 갖는 집합인가? 인간의 간접적(사회적) 행위가 자연현상에 영향을 끼치지 못한다는 특성을 가진 전형적인 비-법칙 패턴 집합. 오랫동안 우리는 이러한 비-법칙 패턴 집합의 원소를 늘려 왔다. 그래서 지금 우리는 굿이나 기우제 같은 것들을 지내지 않는다.[18]

18 지금까지 나는 귀납적 일반화 모델에 대한 두 가지 반론을 검토했다. 이와 관련해 다음과 같은 지적이 있었다. "저자가 제시한 모형이나 그 모형에 대한 옹호는 인과에 관한 흄의 입장에 대한 우리의 이해를 깊게 해 줄 만큼 창의적이지 못한 것처럼 보인다. 다루는 반론들 또한 허수아비처럼 보인다." 우선, 나의 해석이 인과에 관한 흄의 입장에 대한 우리의 이해를 깊게 해 줄 만큼 창의적이지 못하다는 지적은, 다음과 같은 사실을 통해 방어될 수 있다고 생각된다. 즉 앞에서 언급한 것처럼, 인과에 관한 흄의 생각이 어떠한 것인지에 대한, 나와 견해를 달리하는 다수의 해석적 입장들이 존재한다. 만약 나의 해석이 너무나 자명한 해석이라 여겨진다면, 그러한 생각은 나의 해석이 다른 해석적 입장보다 더 우월하다는 증거가 아닐까 하는 생각이 든다. 다음으로, 귀납적 일반화 모델에 대한 반론들이 허수아비처럼 보인다는 주장 역시 다음과 같은 일련의 사실들을 통해 방어될 수 있다고 생각한다. 귀납적 일반화 모델의 핵심은 필연적 연결이라는 우리의 믿음이 사실은 시·공간적 인접 사건들의 쌍으로 분석/환원될 수 있다는 주장이다. 나는 이에 대한 두 개의 반론들을 검토했다. 하나는 필연적 연결주의 입장이다. 이 반론이 위에서의 지적처럼 허수아비인지 나는 의심이 간다. 왜냐하면 이 반론은 칸트(인과성은 선험적 개념이다. 경험으로부터 나온 것이 아니다), 유잉, 툴리, 암스트롱[마이클 루(2010), 403-406 참조] 등등의 학자들에 의해 제기된 것이기 때문이다. 다음으로, 법칙적 일반화와 우연적 일반화에 대한 논의도 마찬가지이다. 앞에서 말한 것처럼, 송하석 선생은 귀납이 인과성을 전제하고 있다고 본다. 이에 대해 나는 인과성이 귀납을 전제하고 있다는 것을 보였다. 따라서 위의 지적이 옳다면, 송하석 선생은 허수아비 같은 논증을 펼친 셈이 된다. 이는 받아들이기 어려운 주장이라 생각된다. 또 다른 방어를 하자면, 우연적 일반화와 법칙적 일반화에 대해 모든 철학자들이 나에 동의하지는 않으리라는 점을 들고 싶다. 다시 말해, 나는 논쟁의 여지가 있는 주제를 검토한 것이지, 깨기 매우 쉬운 주장을 검토한 것이 아니라는 것이다. 그 예로 다음과 같은 카르납의 견해를 들 수 있다. "이 두 종류의 일반적universal 진술[우연적 일반화 진술과 법칙적 일반화 진술] 사이의 본질적 차이는, 이 두 일반화와 연계된 반사실적 진술을 고려할 때 가장 잘 이

반사실 조건문적 분석

마지막으로 인과관계에 대한 흄적인 규칙성 분석에 대한 대안으로 여겨지는 반사실 조건문적 분석을 살펴보자. 루이스는 규칙성 분석에 대한 대안으로 반사실 조건문적 분석을 제시하는데, 이 반사실 조건문적 분석에 대한 아이디어는 흄의 저작에 이미 나오는 것이다. 루이스는 다음과 같은 흄의 주장에 착안한다.

> 우리는 원인을 다음과 같이 정의할 수 있다. 하나의 대상으로부터 다른 대상이 따라 나오며, 위의 첫 번째 대상과 유사한 모든 대상들로부터 위의 두 번째 대상과 유사한 모든 대상이 따라 나올 때, 그 첫 번째 대상을 원인이라고 한다. 혹은 달리 말하자면, 첫 번째 대상이 없었다면, 두 번째 대상은 존재하지 않았었을 경우, 그 경우 첫 번째 대상을 원인이라고 한다.[19]

흄은 '달리 말하자면'이라는 표현을 통해, 앞의 규칙성 분석과 뒤의 분석이 사실상 같은 분석임을 시사하고 있지만, 루이스는 이 두 정의가 인과성에 대한 완전히 서로 다른 분석이라 주장하며, 인과성에 대한 진정한 분석은 후자가 되어야 한다고 말한다. 이것을 인과관계에 대한 분석들 중, 반사실 조건문적 분석이라고 한다.

해될 수 있을 것이다"[Carnap(1966), 209-210]. 나는 법칙적 일반화와 우연적 일반화의 차이를 법칙 패턴 집합의 유무를 통해, 완전히 흄적으로 구분했다. 반면 카르납은 이 두 일반화 사이의 차이를 반사실적 진술에 근거해 확립하려 한다. 만약 위의 지적처럼 내가 주장하는 귀납적 일반화 모델에 대한 반론이 허수아비라면, 카르납 역시 허수아비 같은, 다시 말해 매우 깨기 쉬운 주장을 하고 있는 셈이다. 나는 내가 옳다고 생각하지만, 카르납이 허수아비 같은 주장을 하고 있다고는 생각지 않는다.

19 E, 76.

이 분석에 따르면 인과관계는 반사실적 의존관계로 이해될 수 있다. 다시 말해, 어떤 사건 c가 다른 사건 e의 원인이라는 것은, c가 발생하지 않았다면, e는 발생하지 않았을 것이라는 반사실성에 근거하는 것이다.[20] 이 분석에 따르면 반사실성이 근원적인 것이고, 인과성은 이러한 반사실성에 근거하는 것이다. 그래서 돌멩이가 유리창을 때림이라는 사건이 원인이 되어 유리창이 깨짐이라는 사건이 결과되었다는 말은, 다음과 같은 반사실적 조건문이, 즉 돌멩이가 유리창을 때리지 않았더라면 유리창은 깨지지 않았을 것이라는 반사실적 조건문이 참이라는 말이다. 직관적으로 봤을 때 이 분석은 옳아 보인다. 우리의 인과판단은 분명 반사실적 조건문과 긴밀하게 연결되어 있다. 브루투스가 시저를 찌르지 않았다면, 시저는 죽지 않았을 것이다. k씨가 담배를 피우지 않았다면 그는 폐암에 걸리지 않았을 것이다. 이런 반사실적 조건문들은 원인과 결과를 정확히 짚어 내고 있다. 반대로 거짓인 반사실적 조건문은 원인과 결과를 짚어 내지 못한다. "브루투스가 시저를 찌르지 않았더라면 시저는 폐암에 걸리지 않았을 것이다"라는 명제가 과연 의미를 가지고 있는지조차 명확하지 않으며, 진리값을 갖는다면 분명 거짓값을 가질 것으로 생각된다. 따라서 반사실 조건문적 분석을 선호하는 사람들에 따르면, 찌름이라는 사건과 폐암에 걸림이라는 사건은 인과관계를 맺지 못한다. 이렇게 직관적으로 옳아 보이

20 편의를 위해 나는, 사건과 명제를 구분하지 않고서 논의를 진행시키고자 한다. 분명, 사건과 명제는 다른 것들이다. 사건들은 인과관계에 놓이지만, 명제들은 그렇지 않으며, 명제들은 반사실적 의존관계에 놓이지만 사건들은 그렇지 않다. 그러나 이 둘은 매우 쉬운 방법으로 상호 변환시킬 수 있다. 사건과 명제의 구분을 원한다면 다음과 같은 루이스의 방식으로 상호 변환시키면 된다. "지금까지 우리는 사건들이 아니라 명제들 사이의 반사실적 의존에 대해 얘기해 왔다. 개별적 사건들은 어찌되었건 명제는 아닌 것이다. 그러나 이것은 문제가 되지 않는다. 왜냐하면 사건들은 적어도 명제들과 짝을 이룰 수 있기 때문이다. 가능한 사건 e에 대해, e가 발생하는 세계에서, 그리고 오직 그 세계에서만 참인 명제 O(e)가 대응하기 때문이다. 이 O(e)는 e가 발생한다는 명제이다"[Lewis (1973), 562]

는 분석이지만, 내가 보기에 반사실 조건문적 분석은 가장 기본적인 수준에서, 그리고 반사실적 조건문의 진리조건이 제시되는 순간, 커다란 약점을 드러내는 이론이라 생각된다. 가장 기본적인 수준에서의 문제점부터 살펴보자.

앞에서 했던 사고 실험을 다시 해 보자. 외계에 나가 어떤 물체를 만졌고, 색이 변했다. 즉, "만짐 & 색변화"라는 명제는 참이다. 이제 "만짐 → 색변화"라는 명제가 참인지, 즉 만짐이 색변화의 원인인지 살펴보자. "만짐 → 색변화"라는 명제가 참임을 알기 위해, 반사실 조건문적 분석을 선호하는 사람들은 이에 대한 반사실적 조건문을 떠올릴 것이다. 즉 "-만짐 → -색변화"(만지지 않았더라면, 색이 변하지 않았을 것이다)라는 명제가 참인지를 확인하고자 할 것이다. 이 반사실적 조건문은 참인가? 그 세계를 더 관찰하지 않는 상태에서는 이 반사실적 조건문이 참인지 아직 알 수 없다. 다시 말해, 귀납적 일반화 과정을 거치지 않고서는, 이 반사실적 조건문이 참인지 알 수 없다. 이것이 의미하는 바는 다음과 같은 것이다. 반사실적 조건문이 참인지 알기 위한 조건은, 사례의 누적, 패턴 유지의 기대, 그로부터 일반화된 결론을 얻어 내는 귀납적 일반화 과정을 거치는 것이다. 즉 흄적 일반화를 거친 이후에만, 그래서 만짐이 색변화의 원인임을 알게 된 이후에만 우리는 반사실적 조건문이 참인지, 거짓인지를 알 수 있게 되는 것이다. 결국 반사실 조건문적 분석은 흄적 일반화를 전제로 해야만 성공할 수 있다. 다시 말해, 인과관계에 대한 흄적 분석이 반사실 조건문적 분석보다 더 기본적인primitive 것이다. 이제 위에서 언급한 반사실적 조건문 세 개를 다시 떠올려 보자. 브루투스가 시저를 찌르지 않았다면, 시저는 죽지 않았을 것이다. k씨가 담배를 피우지 않았다면 그는 폐암에 걸리지 않았을 것이다. 그리고, 브루투스가 시저를 찌르지 않았더라면 시저는 폐암에 걸리지 않았을 것이다. 앞의 두 반사실적 조건문이 참인 이유는 우리가 이미 흄적 일반화를 통해 각 사건들 쌍에 대한 인과관계를 확립했기 때문이다. 흄적 일반화가 확립됨으로써 인과관계가 확보되고, 그를 바탕으로 위 반사실 조건문이 참임을 알게 되는 것이다. 반면 세 번째 반사실적 조건문은, "찌름"이라는 사건과 "폐암"이라는 사건, 이 둘과 관련된 것으로서, 우리는 그 어떤 흄적 일반화를 통해서도 이 두 사건 사이의 인과관계를 확립한 바 없다. 그래서 이 반사실적 조건문은 거짓인 것이다. 결론은 다음과 같다. 반사실 조건문적 분석은 흄적 일반화를 전제로 해서 인과관계를 분석하고 있다. 따라서 흄적 규칙성 분석이 더 근본적인 분석이다.

다음으로 반사실적 조건문의 진리조건을 제시할 때 생기는 문제를 살펴보자. 루이스는 반사실적 조건문의 진리조건을 제시하는데, 문제는 이렇게 제시된 진리조건이 흄적인 규칙성 분석과 크게 다른지 매우 의심스럽다는 것이다. 루이스는 다음과 같이 말한다.

> 다음과 같은 조건에서, 그리고 오직 이러한 조건에서 하나의 반사실적 조건문은 참이다. 즉 전건과 함께 후건도 참이 되는 것이, 전건은 참이지만 후건은 참이 아니게 되는 것보다 현실성[현실세계]과 가까울 때.[21]

루이스의 이러한 주장은 다음과 같은 방식으로 쉽게 정식화될 수 있다 ['선우환(2002)'에서 인용].

> 반사실적 조건문의 진리조건: "'P였더라면 Q였을 것이다'는 참이다. iff P&-Q인 어떠한 가능 세계보다도 현실 세계와 유사한 P&Q인 세계가 존재한다."[22]

21 Lewis(1973), 560.
22 선우환(2002), 96.

몇 가지 확인하고 넘어가자. 반사실적 조건문의 진리조건(어떤 조건에서 그것이 참인가)에 대해 말할 때, 루이스는 가능세계 개념을 사용한다. 가능세계란 무엇인가? 이것들은 가능한 상황들로서, 현실적 상황은 아니지만, 발생할 수도 있었던 상황들을 말한다.[23] 다음으로, 어떤 가능세계가 현실세계와 유사하다는 것은 무엇을 뜻하는가? 법칙들, 그리고 사실들이 우리세계와 닮아 있을 때, 그 세계는 우리세계와 유사한 것이다.[24] 이렇게 말할 때, 루이스가 염두에 두고 있는 것은 다음과 같은 것이다. 여러 가능한 상황들이 있는데, 이 상황들은 우리의 현실적 상황들과 다소 비슷하기도 하고, 다르기도 하다. 우리의 상황들과 좀 더 유사한 상황들(법칙들과 사실들이 유사한)의 총체를 "우리세계에 있을 법한 상황"이라고 부르자. 예를 들어, 이 세계의 자연법칙과 비슷한 자연법칙에 의해 지배되면서, 인간은 합리적이고, 까마귀는 검은, 그런 어떤 가능한 상황들의 총체를 "우리세계에 있을 법한 상황"이라고 하자. 반면 우리세계에서의 상황들과 많이 다른, 그래서 자연법칙들도 많이 다르고, 그래서 예컨대 인간은 불합리하고, 까마귀는 검지 않은, 그런 어떤 가능한 상황들의 총체를 "우리세계에 없을 법한 상황"이라고 하자. 루이스의 주장은, 우리세계를 기준으로, 매우 있

23 "중국이 베트남 전쟁에 개입했다면, 미국은 핵을 사용했을 것이다"라는 반사실적 조건문에 대한 진리 조건을 논의하는 과정에서 스톨네이커는 다음과 같이 주장한다. "가능세계 개념은 이런 이행을 위해 우리가 필요로 하는 바로 그것이다. 왜냐하면 가능세계란 일련의 가설적 믿음들에 대한 존재론적 유비이기 때문이다"[Stalnaker (1968), 102].

24 루이스는 다음과 같이 주장한다. "가능세계들의 총체적 유사성을 구성하는 유사성/차이의 면면들은 여럿이며 다양하다. 특히 특정 사실의 내용물들 안에 놓인 유사성은 [자연]법칙의 유사성과 등가를 이룬다. 편재하는 자연 법칙은 한 세계의 특성과 관련해 중요하다. 따라서 법칙의 유사성은 무게감 있는 것이다. 이렇게 무게감 있는 것이지만, 유일한sacred 것은 아니다. 우리세계의 법칙들과 완전히 일치하는 어떤 세계가, 바로 그 점[법칙의 완전한 일치] 때문에 우리세계의 법칙들을 깨는 어떤 세계보다도 더 우리세계에 가깝다고 [바로] 단정해서는 안 된다. 총체적 유사성은 법칙이 깨지는 범위와 본성에, 자연 법칙의 총체적 시스템 내에서 이러한 깨진 법칙이 놓여있는 위치에, 그리고 이와 다른 측면에서 이런 것들을 상쇄하는 유사성/차이에 의존하는 것이다"[Lewis (1973), 560].

을 법한 상황들로부터 출발해 점차 없을 법한 상황들로 이 모든 상황들을 순서화할 수 있다는 것이다.

우리세계 〉 있을 법한 상황 〉 조금 덜 있을 법한 상황 〉〉〉〉〉〉 없을 법한 상황

이제 루이스의 주장에 따르면, "금속에 열을 가했다면 그 금속은 팽창했을 것이다"라는 반사실적 조건문은 다음의 표가 보여 주는 방식으로 그 진리조건이 결정된다.

열 가함 → 팽창		열 가함 & 팽창		열 가함 & -팽창
우리세계	〉	있을 법한 상황	〉〉 〉	없을 법한 상황

즉, 우리세계에서 "열 가함 → 팽창"이라는 반사실적 조건문이 참이라는 것은, "열 가함 & 팽창"은 있을 법한 상황들 중의 한 요소이며, "열 가함 & -팽창"은 없을 법한 상황들 중의 한 요소라는 것이다.

이것이 루이스가 말하는 반사실적 조건문에 대한 진리조건이다. 이제 문제는 이러한 분석이 흄적 일반화와 어떤 차이를 갖는가 하는 것이다. 흄적 일반화가 어떻게 이루어지는지 다시 생각해 보자. 흄적 일반화는 다음을 전제로 삼는다. (1) 사례의 누적(예를 들어 "열 가함 & 팽창"들) (2) 패턴의 유지 기대(예를 들어 "열 가함 & -팽창"이 없을 것이라는 기대). 이렇게 해서 우리는 귀납적 일반화의 결론, "열 가함 → 팽창"을 얻어 낸다.

이것이 의미하는 바는 무엇인가? 귀납적 일반화는 일종의 논증으로서, 논증이란 참인 전제들에 근거해 결론의 참임을 정당화하는 행위이다. 그래서 흄적 일반화의 결론 "열 가함 → 팽창"은 다음과 같은 조건에서 정당

화된다. 즉 "열 가함 & 팽창"은 반복되는 사건 쌍으로서, 앞으로도 계속 반복될 것으로 기대되는 매우 있을 법한 상황이며, "열 가함 & -팽창"은 지금까지 관찰된 바 없는 사건 쌍으로서, 앞으로도 발생하지 않을 것으로 기대되는 매우 없을 법한 상황일 경우. 이렇게 봤을 때, 흄적 일반화의 결론, 즉 "열 가함 → 팽창"이 참일 조건과, "열 가함 → 팽창"이라는 반사실적 조건문에 대해 루이스가 제시하는 진리조건은 동일하다. 둘 모두, 다음과 같은 진리조건을 제시하고 있는 것이다. 즉, "열 가함 & 팽창"은 반복되는 사건 쌍으로서, 앞으로도 계속 반복될 것으로 기대되는 매우 있을 법한 상황이며, "열 가함 & -팽창"은 지금까지 관찰된 바 없는 사건 쌍으로서, 앞으로도 발생하지 않을 것으로 기대되는 매우 없을 법한 상황. 결론은 다음과 같다. 루이스가 제시하는 반사실적 조건문에 대한 진리조건과 흄적 일반화의 결론에 대한 진리조건은 다를 바 없다. 표현만 달라진 것이다.

만약 나의 위 두 지적이 옳다면, 반사실 조건문적 분석은 두 가지 오류를 범하고 있다고 할 수 있다. 첫째, 이 분석은 흄적 일반화를 전제로 해서 인과관계를 분석하고 있다. 따라서 흄적 일반화가 더 근본적인 분석이다. 둘째, 진리조건을 제시함에 있어 이 분석은 흄적 일반화를 표현만 달리해서 재연하고 있다. 따라서 흄적 일반화와 다르지 않다.

결론

경험론적 기획으로 인해 흄은 많은 사람들이 믿어 왔던, 그리고 지금도 많은 이들이 믿고 있는 필연적 연결을 부정하게 되었다. 그러나 이 세계는 인과적 사건들로 가득하며, 그것들은 필연적으로 연결된 듯이 보이므로 이를 정당화해야 했다. 흄의 해결책은, 이 세계에는 규칙성만을 허용하고, 그 필연적 연결은 우리 정신 안에 한정하는 것이었다.

귀납적 일반화 모델은 흄의 이러한 착상을 잘 포착한다. 귀납적 일반화의 전제 부분은 이 세계의 구조, 즉 규칙적으로 발생하는 사건들의 쌍을 보여 준다. 그리고 전제로부터 결론으로 넘어가는 과정에서 어떻게 우리의 정신이 이 세계에 투영되는지, 즉 앞으로도 이 패턴이 유지될 것이라는 우리의 기대가 어떻게 투영되는지, 이 귀납적 일반화 모델은 잘 보여 준다. 그 결과 우리는 우리 정신 안에 필연적 연결이라는 관념을 확립하게 되는 것이다.

나는 귀납적 일반화 모델이 흄의 착상을 정확히 포착하고 있다고 생각한다. 이에 더해 나는 이 모델이 인과관계에 대한 분석 모델로서 가장 적절한 모델임을 보이고자 했다. 이를 위해 나는 흄적 규칙성 분석에 대한 두 가지 주요 반론들을 검토했다. 필연적 연결주의, 그리고 우연적 일반화와 법칙적 일반화의 차이. 이 반론들은 모두 흄적인 방식으로 적절히 제어될 수 있었으며, 따라서 결정적인 반론이 아니었다.

마지막으로 나는 흄의 규칙성 분석에 대한 대안 이론으로 이해되는 루이스의 반사실 조건문적 분석을 살펴보았다. 이 분석은 두 가지 문제를 가지고 있는데, 첫째, 이 분석은 흄적 일반화를 전제로 해서 인과관계를 분석하고 있으며, 따라서 흄적 일반화가 더 근본적인 분석이라는 것이고, 둘째, 진리조건을 제시함에 있어 이 분석은 흄적 일반화를 표현만 달리해 재연하고 있다는 것이었다. 이렇게 볼 때, 결국 흄적 일반화가 가장 근본적인 분석이며, 인과성에 관한 가장 적절한 설명 모델인 것이다.

7

헴펠의 역설[1]

이 장에서 나는 헴펠의 역설을 분석하고, 이 역설을 해결하고자 한다. 헴펠의 역설이란, "모든 까마귀는 검다"라는 가설이 "하얀 신발"에 의해 확증confirm된다는, 그래서 우리의 직관을 흔드는 그러한 주장이다. 이 역설은 두 가지 원리에 기반하고 있다. 하나는 니코 조건Nicod condition이고, 다른 하나는 동치조건equivalent condition이다. 니코 조건에 따르면, "모든 까마귀는 검다"라는 가설은 "검은 까마귀"에 의해 확증된다. 그리고 동치조건에 따르면, "모든 까마귀는 검다"는 "검지 않은 것은 까마귀가 아니다"와 동치인데(대우명제), 이 명제는 "검지 않고, 까마귀가 아닌 것"에 의해 확증된다. 따라서 "검지 않고, 까마귀가 아닌 것", 예를 들어 "하얀 신발"이 "검지 않은 것은 까마귀가 아니다"라는 명제를 확증해 주고, 동시에, 이에 대한 대우명제인 "모든 까마귀는 검다"라는 가설을 확증해 준다는 것이다.

많은 이들은 니코 조건이 거짓임을 보임으로써 이 역설을 해결하고자 한다. 그러나 나는 이 장에서 니코 조건은 문제가 없으며, 오히려 헴펠이

1 이 장은 박제철(2014)C에서 가져온 것이다.

이해하고 있는 동치조건이 문제임을 보임으로써 이 역설을 해결하고자 한다.

동치조건이 거짓 원리라고 한다면, 이 원리를 전제로 펼쳐진 헴펠의 역설도 자연스럽게 거짓이 된다. 그러나 헴펠의 역설은 새로운 맥락에서 다시 발생하게 된다. 논의가 진행되면 분명해지겠지만, 헴펠의 역설은, 가능한 반례가 제거됨으로써 가설의 참 가능성이 높아진다는 의미에서 참인 주장이 된다. 그러나 나는 이것 역시 적절히 처리될 수 있음을 보이고자 한다. 가설이 매우 작은 관찰 영역과 관련된다면, 하얀 신발에 대한 관찰은 가능한 반례의 수가 줄어듦을 보여 줌으로써, 그 가설을 확증하게 되지만, 가설이(일반적으로 모든 과학적 가설이 그렇듯이) 매우 넓은 관찰 영역과 관련된다면, 하얀 신발에 대한 관찰은 가능한 반례의 수를 줄이지 않게 되며, 따라서 확증은 일어나지 않는 것이다. 이제 이를 자세히 살펴보도록 하자.

헴펠의 역설[2]

"(x)(Rx→Bx)"는 (Ri&Bi)에 의해 확증되며, 반대로 (Ri&-Bi)에 의해 반증된다(여기서 'R'은 까마귀raven를 표현하며, 'B'는 검은색black을 표현한다). 그런데 헴펠에 따르면, "(x)(Rx→Bx)"는 (-Ri&-Bi)에 의해서도 확증된다고 한다. 예를 든다면, "모든 까마귀는 검다"라는 명제는 하얀 신발(-까마귀&-검정)에 의해서도 확증된다는 것이다. 이러한 역설적 결론에는 두 가지의 가정이 놓여 있다. 하나는 니코 조건이고, 다른 하나는 동치조건이다.

2 이 장을 이해하기 위해서는 앞 장의 '기호법'과 '귀납적 일반화' 절을 먼저 읽어야 한다. 그렇지 않을 경우, 기호들이 의미하는 바를 파악할 수 없을 것이다.

니코 조건은 다음과 같다.

니코 조건: 임의의 대상 a와 속성 F, G에 대해 (Fa&Ga)는 "(x)(Fx → Gx)"를 확증한다.[3]

동치조건은 다음과 같다.

동치조건: 임의의 명제 H_1, H_2, 그리고 E에 대해서, 만약 E가 H_1을 확증하고 또 H_1이 H_2와 논리적 동치일 때, E는 H_2를 확증한다.

헴펠이 이해한 바에 따르면, "(x)(Rx→Bx)"와 "(x)(-Bx→-Rx)"는 논리적으로 동치이다. 그리고 헴펠이 이해한 니코 조건에 의하면 "(x)(-Bx→-Rx)"는 (-Bi&-Ri)에 의해 확증된다. 따라서 동치조건에 따라 (-Bi&-Ri)는 "(x)(Rx→Bx)"를 확증해 준다는 것이 헴펠의 주장이다. 하얀 신발이 "모든 까마귀는 검다"라는 가설을 확증해 준다는 역설적 결론을 피하기 위해 많은 철학자들은 니코 조건을 부정한다. 그러나 내가 보기에 니코 조건은 옳다.[4] "모든 까마귀는 검다"라는 가설은 검은 까마귀에 의해 분명 확증된다. 따라서 역설적 결론을 피하기 위한 하나의 전략으로 동치조건을 부정해야 하는데, 실제로 부정할 만한 이유가 있다.

우리가 앞에서 보았듯이, 가설을 얻기 위한 일반화 과정은 다음과 같은

3 Nicod(2000), 219-220 참조.

4 내가 보기에 니코 조건은 옳다. 단 한 가지 전제를 해야 하는데, 그것은 확증을 받게 될 조건문이 우연적 일반화accidental generalization가 아닌 법칙적 일반화law-like generalization이어야 한다는 것이다. 법칙적 일반화와 우연적 일반화의 차이는 간단하다. 법칙적 일반화는 위에서 언급한 일반화 과정을 거친 일반화이고, 다시 말해 사례의 누적, 반례의 부재 등의 과정을 거친 일반화이고, 우연적 일반화는 이 과정을 거치지 않은 일반화이다. 확증될 일반화는 반드시 법칙적 일반화이어야 한다.

조건을 필요로 한다. 즉, 사례의 누적, 반례의 부재, 그리고 앞으로도 반례가 나타나지 않을 것이라는 기대 하에서의 비약 과정. 까마귀 가설은 이러한 과정을 통해 얻어진 것이다. 반면, "(x)(-Bx→-Rx)"를 보자. 이것은 가설인가? 만약 가설이라면, 이 가설은 "-Bx&-Rx"를 만족하는 사례를 통해 확증될 것이며, 또한 이 가설은 까마귀 가설과 동치이므로 위의 사례는 까마귀 가설도 확증해 줄 것이다. 그러나 "(x)(-Bx→-Rx)"는 가설이 아니다. 이제 이 부분을 좀 더 자세히 살펴보자.

가설과 가설 아닌 것

"(x)(-Bx→-Rx)"는 귀납적 일반화 과정을 거치지 않은 명제이므로, 이것은 가설이라 할 수 없다. 그러나 귀납적 일반화 과정을 거치지 않았다고 무조건 가설이 아니라고 할 수 있을까? 이것은 정당화가 필요해 보인다. 이제 방향을 바꿔, 이 명제를 가설이라고 해 보자. 그러고 나서 이로부터 어떤 역설적인 결과가 나오게 되는지 살펴보자. 헴펠은 귀납적 일반화를 통해, 즉 사례의 누적을 통해 "(x)(Rx→Bx)"를 얻었고, 이로부터 이 명제의 대우 명제 "(x)(-Bx→-Rx)"를 얻었다. 헴펠은 "(x)(-Bx→-Rx)"에도 가설적 지위를 부여한다. 왜냐하면, 그에 따르면, 이 명제도 확증 테스트의 대상이 되기 때문이다. 그런데 "(x)(-Bx→-Rx)"가 가설이려면, 이 명제는 원래의 가설, 즉 "(x)(Rx→Bx)"에 대한 대우 명제 정도의 자격으로는 부족하다. "(x)(-Bx→-Rx)"는 그 자체로 가설임이 정당화되어야 한다. 그런데 이 명제가 그 자체로 가설임이 정당화되기 위해서는, 귀납적 일반화 과정을 거쳐야 한다. 이제 이 명제를 도출하기 위해 귀납적 일반화를 시도해 보자. 우선 사례들을 모아야 할 것이다. 그런데 그 사례들은 모두 네거티브 사례들이다. 다시 말해, 이 사례들은 모두 다음과 같은 형식을 충족시키는 사례들이어야 한다. 즉 "-Bx&-Rx." 이 형식을 만족시키는 사례들은 예를 들어 다음과 같은 것들이다.

하얀 신발:	Wi&Si
노란 수건:	Yj&Tj
회색 주전자:	Gk&Jk
⋮	

이것들은 모두 "-Bx&-Rx"의 사례이므로, 이를 통해 우리는 "(x)(-Bx→-Rx)"라는 가설을 얻어 낼 수 있을 것으로 보인다. 그러나 이 명제를 가설이라고 하면 우린 역설적 상황에 처하게 된다. 왜냐하면 위 사례들은 "-Px&-Bx"(여기서 P는 핑크색을 뜻한다)의 사례이기도 하며, 궁극적으로 "(x)(-Px→-Rx)"라는 명제를 도출할 수 있도록 해 주기 때문이다. 그리고 이 명제가 궁극적으로 뜻하는 바는 "모든 까마귀는 핑크색이다"라는 것이고 말이다.

"핑크색이 아닌 것은 까마귀가 아니다"라는 명제는 가설적 지위를 가질 수 있을까? 이 명제의 대우 명제를 살펴보자. 즉, "모든 까마귀는 핑크색이다." 이 명제는 어떤가? 이 명제는 가설의 지위를 가질 수 없다. 왜냐하면 이 명제는 과학적 실천의 영역 밖에 있는, 그래서 그 어떤 과학자도 관심을 갖지 않는 명제이기 때문이다. 과학자들에게 있어 가설은 임의의 문장이 아니다. 우리는 모든 까마귀가 정말로 다 검은지, 모든 물질들이 정말로 다 서로를 끌어당기는지, 모든 금속이 정말로 다 열을 받으면 팽창하는지를 알고 싶어 한다. 즉 우리의 과학적 실천은 이 세계의 구조와 관련되어 있다. 반면 "핑크색이 아닌 것은 까마귀가 아니다"라든가, 혹은 "모든 까마귀는 핑크색이다"라는 명제는 이 세계의 구조와 아무런 관련이 없는, 그래서 과학적 가설이라고 볼 수 없는 그러한 명제들이다. 네거티브 사례들로부터 가설을 얻어 내고자 하는 시도는 이렇게 우리로 하여금 과학적 실천의 영역 밖으로 나가게 한다.[5]

그래서 네거티브 사례들은 귀납적 일반화의 출발점이 될 수 없다. 따라서 이로부터 우리는 어떠한 가설도 얻을 수 없다. "핑크색이 아닌 것은 까마귀가 아니다"나, "모든 까마귀는 핑크색이다"가 가설이 아니듯 말이다. 그런데 만약 이 명제들이 가설이 아니라면, 똑같은 논리로 "(x)(-Bx→-Rx)" 역시 가설이 아닌 것으로 드러난다. 이 명제 역시, 네거티브 사례로부터 얻어 낼 수밖에 없는 명제이기 때문이다. 이렇게 볼 때 "(x)(Rx→Bx)"와 "(x)(-Bx→-Rx)"는, 논리적으로 볼 때는 동치이지만, 과학적 관점에서 볼 때는 그 지위가 완전히 서로 다른 명제들이다. 하나는 귀납적 일반화 과정을 통해 얻어진 가설이지만, 다른 하나는 귀납적 일반화 과정을 거치지 못한, 과학적으로 의미 없는 명제일 뿐이다. 마치 "핑크색이 아닌 것은

5 다음과 같은 지적이 있었다. "1. 필자는 "(x)(Rx→Bx)"와 "(x)(-Bx→-Rx)"가 동치라고 보는 헴펠에 반대한다. 이는 헴펠의 말대로 "논리적" 동치이기는 하지만 (필자가 정의한 방식의) "과학적 동치"가 아니다. 2. 이것이 과학적 동치가 아닌 이유는 부정적 일반화에 과학자들이 관심을 갖지 않는다는 일종의 과학사적 사실에 최종적으로 의존한다." 이에 대해 해명할 필요가 있다고 생각된다. 나는 "(x)(-Bx→-Rx)"가 가설적 지위를 가질 수 없다고 주장했다. 이에 대해 필자는 나의 이러한 주장이 "부정적 일반화에 과학자들이 관심을 갖지 않는다는 일종의 과학사적 사실에 최종적으로 의존한다"고 평가했다. 이 지적대로, "(x)(-Bx→-Rx)"는 과학자들이 관심을 갖지 않는 명제이기 때문에 가설이 아니라는 것이 나의 주장인가? 그렇지 않다. "(x)(-Bx→-Rx)"가 가설이 아닌 이유는, 과학자들의 무관심 이면에 놓인 더 근원적인 어떤 사실에 기반한다. 그것은 바로 과학이 추구하는 목표와 관련이 있다. 과학은 이 세계의 구조를 밝히고자 한다. 그런데 이 세계의 구조를 보여 주는 것들은 개별적 포지티브 사례들이다. 예를 들어 검은 까마귀들. 이로부터 우리는 가설을 확립하고, 이 가설의 강도와 관련해 일련의 관찰을 수행한다. 반면 "핑크색이 아닌 것은 까마귀가 아니다"라든가, 혹은 "모든 까마귀는 핑크색이다"라는 부정적 일반화 명제는 이 세계의 구조와 전혀 관련이 없다. 이러한 명제들이 출발해야 하는 세계의 모습, 즉 핑크색 까마귀들이 이 세계에 존재하지 않기 때문이다. 이렇게 봤을 때 부정적 일반화가 가설이 아닌 이유는 과학자들의 무관심 때문이 아니다. 그리고 그 이유는 순전히 과학사적 사실에만 의존하는 것이 아니다. 부정적 일반화가 가설이 아닌 이유는 이러한 명제들이 이 세계에 뿌리내리지 못하고 있는 공허한 명제들이기 때문인 것이다.

까마귀가 아니다"가 그런 것처럼 말이다.[6]

"(x)(-Bx→-Rx)"가 가설이 아니라는 사실로부터, 헴펠이 이해하고 있는 동치조건이 두 가지 면에서 잘못된 것이라는 결론이 나온다.

첫째, "(x)(Rx→Bx)"와 "(x)(-Bx→-Rx)"는 논리적 관점에서는 동치이지만, 과학적 관점에서 볼 때는 서로 완전히 다른 의미를 갖는 명제들이다. 하나는 가설의 지위를 가지는 반면, 다른 하나는 가설이 아니다. 따라서 논리적 관점에서의 동치라는 점에 초점을 맞추어 이 두 명제에 똑같은 과학적 위상(가설의 지위)을 부여하는 것은 오류이다.[7]

둘째, "(x)(-Bx→-Rx)"는 가설이 아니므로 이 조건문은 확증, 반증 테스트를 받을 자격이 없다. 따라서 헴펠의 주장과는 달리 "-Bx&-Rx"를 만족하는 사례는 이 조건문을 확증할 수 없다.

6 다음과 같은 지적이 있었다. "더구나 '산소의 부재는 포유동물의 죽음(즉 부재)을 초래한다'는 부정적 일반화는 과학에 속하지 못하는가? 이런 상식적이며 더 나아가 과학적 탐구에 의해서 정당화될 수 있는 부정적 정당화는 논문의 가장 중요한 논거와 상충한다. 이를 부정적 일반화 진술이므로 과학에 속하지 못하는 진술이라고 거부하는 것이 필자가 택해야 할 노선인 듯하다. 또한 이런 진술을 만날 때마다 긍정형태의 진술로 전환시킬 방도를 따로 제시해야 한다." 이에 대해 답변하고자 한다. 내가 부정적 일반화[예컨대 "(x)(-Bx→-Rx)"]라고 부르는 명제는 오직 다음과 같은 조건을 충족시키는 명제들뿐이다. (1) 이 부정적 일반화["(x)(-Bx→-Rx)"]에 대응하는 긍정적 일반화가 있으며["(x)(Rx→Bx)"], 이 긍정적 일반화는 가설이다. (2) 부정적 일반화는 이 가설에 대한 대우명제이다. 이러한 부정적 일반화의 사례로 다음을 들 수 있다. "검지 않은 것은 까마귀가 아니다" "하얗지 않은 것은 북극곰이 아니다." 그런데 심사자가 부정적 일반화의 예로 든 명제, 즉 "산소의 부재는 포유동물의 죽음(즉 부재)을 초래한다(-산소→-포유동물의 삶)"는 이 조건을 충족시키는가? 이 부정적 일반화의 대우명제는 가설인가? 즉 "포유동물의 삶→산소"는 가설인가? 그렇게 보이지 않는다. 본 논문에서 '부정적 일반화'라는 용어는, 위의 두 조건을 충족시키는 명제에만 적용되는 용어로, 매우 엄격히 제한되어야 한다. 그 이외에, 부정어를 포함하는 모든 명제들은, 예를 들어 "산소의 부재는 포유동물의 죽음(즉 부재)을 초래한다"와 같은 명제들은, 귀납적 일반화 과정만 제대로 거친다면, 충분히 가설적 지위를 가질 수 있다.

7 여기서 다음과 같은 점에 주목할 필요가 있다. 동치조건의 경우 만약 H_1과 H_2가 동치라면, H_2를 확증하는 사례는 H_1도 확증한다. 이 원리가 무조건 거짓인 것은 아니다. 만약 H_1, H_2, 이 둘 모두 가설이라면, 위 조건은 성립한다. 반면 H_2가 가설이 아니라면, 이 원리는 성립하지 않는다. 헴펠의 경우, 이 원리가 성립하지 않는다.

이렇게 해서, 헴펠의 논증에서 두 개의 고리가 끊겼다. "(x)(Rx→Bx)"와 "(x)(-Bx→-Rx)"는 과학적 관점에서 그 지위가 완전히 다른 명제들이며 (하나는 가설이며, 다른 하나는 가설이 아니다), 가설이 아닌 것은 확증, 반증 테스트를 거칠 자격을 갖지 못하므로, "-Bx&-Rx"를 만족하는 사례는 "(x)(-Bx→-Rx)"를 확증해 주지 못한다.

이렇게, 동치조건은 과학적 탐구를 위한 규제 조건으로서 적절하지 않다. 그리고 헴펠의 역설이 과학적 탐구를 위해서는 적절치 않은 동치조건을 전제하고 있으므로, 헴펠의 역설은 거짓이다. 그러나 헴펠의 역설은 동치조건을 적절치 않은 것으로 간주한다고 해서 바로 해소되지는 않는다. 물론 헴펠이 동치조건을 적절한 것으로 간주함으로써 역설에 개입하게 된 것은 사실이다. 그러나 실제 역설은 동치조건이 적절하기 때문에 발생하는 것이 아니라 다른 이유로 인해 발생한다. 앞으로 논의가 진행되면 확실해지겠지만, (-Ra&-Ba)가 까마귀 가설을 확증하는 경우가 있다. 그러나 그 이유는 동치조건이 옳기 때문이 아니라, 이것이 가능한 반례를 제거하기 때문이다. 우리는 몇 가지 방향으로 이 역설을 분석할 것이다. 그리고 이러한 분석이 가해지면, 헴펠의 주장은 거짓인 것으로 드러날 것이다.

직관적 설명을 위해 다음과 같이 생각하는 것이 도움이 될 것 같다. 가설 "(x)(Rx→Bx)"는 (Ri&Bi)에 의해 확증된다. 이렇게 우리의 가설을 확증해 주는 사례, 즉 "Rx&Bx"의 사례를 나는 보물이라고 부를 것이다. 반면 "(x)(Rx→Bx)"는 (Ri&-Bi)에 의해 반증된다. 이렇게 우리의 가설을 반증해 주는 사례, 즉 "Rx&-Bx"의 사례들을 나는 폭탄이라고 부를 것이다. 한편 우리의 상식적 직관에 의하면 "(x)(Rx→Bx)"는 (-Ri&Bi)에 의해서도, 또 (-Ri&-Bi)에 의해서도 확증되거나 반증되지 않는다. 이렇게 우리의 가설과 무관한 사례들, 즉 "-Rx&Bx"나 "-Rx&-Bx"의 사례들을 나는 깃발이라고 부를 것이다.

◎ 아주 적은 수의 대상들이 있는 경우

아주 작은 우주 하나를 상상해 보자. 거기서 우리가 (Ra&Ba), (Rb&Bb), (Rc&Bc) 등으로부터 일반화를 통해 "(x)(Rx→Bx)"를 얻었다고 해 보자. 그리고 이제 우리가 관찰하지 않은 대상이 세 개만 남았다고 해 보자. 그래서 우리의 일반화는 세 개의 가능한 반례 앞에 놓여 있다. 셋 중 그 어느 하나라도 폭탄("Rx&-Bx"의 사례)이라는 것이 드러난다면 우리의 가설은 깨진다. 이제 우리가 몰랐던 첫 번째 대상이 관찰되었다고 해 보자. 첫째, 만약 이것이 보물이라면, 우리의 가설은 강하게 확증된다. 둘째, 만약 이것이 폭탄이라면, 우리의 가설은 폐기된다. 셋째, 만약 이것이 깃발이라면("-Rx&Bx" 혹은 "-Rx&-Bx"의 사례), 이것은 우리의 가설을 강하게 확증해 준다. 왜냐하면, 이 가설에 대한 가능한 반례의 수를 극단적으로 줄여 주기(3-1) 때문이다. 따라서 깃발은 우리의 가설을 직접적으로 확증해 주지는 않지만, 가능한 반례의 수를 줄임으로써 간접적으로 우리의 가설을 확증해 준다. 아주 적은 수의 대상들이 있는 경우 깃발의 발견은 우리의 가설을 강하게 확증해 준다. 이 점에서 헴펠은 옳다.[8]

◎ 아주 많은 수의 대상들이 있는 경우

무한하지는 않지만 아주 많은 수의 대상들로 이루어진 우주에 대해서도 이와 마찬가지로 보인다. 보물의 발견은 우리의 가설을 확증해 준다. 그리고 폭탄의 발견은 우리의 가설을 반증한다. 그리고 아직 우리가 모르는 대상들의 수가 n이라고 했을 때, 깃발이 발견되면 가능한 반례의 수가

8 헴펠에 반대하는 사람들은 하얀 신발의 존재가 "모든 까마귀는 노랗다"라는 가설도 확증해 준다고 생각한다. 왜냐하면 (x)(Rx→Yx)는 (x)(-Yx→-Rx)와 동치인데, 이 가설은 "-노랑&-까마귀", 즉 하얀 신발에 의해 확증되기 때문이다. 그러나 이러한 비판은 잘못된 것이다. 왜냐하면 (x)(Rx→Yx)는 1단계, 즉 사례의 누적 단계를 거치지 않았기 때문에 가설이 아니며 따라서 확증/반증 테스트를 받을 자격이 없기 때문이다.

n-1로 줄어들게 되므로 깃발의 발견은 우리의 가설을 간접적으로 확증해 준다. 물론 n의 크기가 매우 클 경우, 그 확증의 효과는 상당히 미약하다. 그러나 어쨌든 깃발의 발견은 우리의 가설을 확증해 주는 것으로 보인다. 따라서 헴펠의 주장도 옳은 것으로 보인다. 이 점은 뒤에서 다시 다루도록 한다.

◎ 무한한 수의 대상들이 있는 경우

대상들의 수가 무한할 경우, 보물의 발견은 우리의 가설을 확증해 준다. 그리고 폭탄의 발견은 우리의 가설을 반증한다. 그러나 대상들의 수가 유한한 경우와는 달리 깃발의 발견은 우리의 가설을 확증해 주지 못한다. 왜냐하면 가능한 반례의 수는 ∞인데, 깃발이 발견되더라도, (∞-1 = ∞)이기 때문에 가능한 반례의 수가 줄어들지 않기 때문이다. 따라서 대상들의 수가 무한할 경우, 우리의 가설은 깃발에 의해 확증되지 않는다. 대상들의 수가 무한한 경우, 헴펠의 주장은 거짓이다.

이것을 직관적으로 이해하자면 다음과 같다.

A. 대상들의 수가 유한할 경우

(1) 사례의 누적(가능)

ooo ⟶

---

(2) 가능한 반례의 제거(가능)

⟵ xxx

B. 대상들의 수가 무한할 경우

(3) 사례의 누적(가능)

ooo ⟶

---

(4) 가능한 반례의 제거(불가능)

⟵ xxx

---

(3)의 경우, 대상들의 수가 무한할 경우라도, 사례의 수는 누적될 수 있다. 따라서 (Fi&Gi)가 발견될 때마다 "(x)(Fx → Gx)"는 확증된다. 반면, (4)의 경우 가능한 반례를 제거할 수 없다. 왜냐하면 가능한 반례의 수는 ∞인데, (-Fi&-Gi)가 발견되더라도, (∞-1 = ∞)이기 때문이다. 따라서 대상들의 수가 무한할 경우, "(x)(Fx → Gx)"는 (-Fi&-Gi)에 의해 확증되지 않는다. 따라서 대상들의 수가 무한한 경우, 헴펠의 주장은 거짓이 된다.

역설의 원인

우리의 직관에 따르면 "모든 까마귀는 검다"라는 가설은 하얀 신발에 의해 확증받을 수 없다. 그러나 헴펠은 우리의 직관이 잘못되었다고 주장하면서 하얀 신발이 까마귀 가설을 확증해 준다고 주장한다. 이제 우리 직관이 어디에 근거하고 있는지, 그리고 헴펠의 주장이 왜 잘못되었는지 살펴보자. 이를 위해 나는 두 가지 종류의 무한을 구분할 것이다. 하나는 객관적 무한이고, 다른 하나는 주관적 무한이다. 우리가 사물들의 수를 다 셀 수 없을 때, 사물들의 수는 객관적으로 무한하다. 반면 우리가 사물들의 수를 다 셀 수 있다는 확신을 가질 수 없을 때, 사물들의 수는 주관적으로 무한하다. 객관적 무한의 예로서 별들의 수를 들 수 있다. 우리는 별들의 수를 다 셀 수 없다. 주관적 무한의 예로서 캘리포니아 해변 모래알의 수를 들 수 있다. 이것은 객관적으로는 유한하지만, 우리는 이것을 다 셀 수 있다는 확신을 가지고 있지 않다. 지구는 객관적으로 유한한 대상들로 이루어져 있다. 그러나 우리는 그 수를 다 셀 수 있다는 확신을 가질 수 없다. 따라서 지구 내 대상들의 수는 주관적으로 무한하다.

우리의 관찰 행위는 시·공간의 좁은 영역에 제약되어 있다. 따라서 우리는 언제 관찰 행위가 끝날지 확신할 수 없다. 이러한 인식적 한계로 인해 우리는 지구 내 사물들의 수를 주관적으로 무한하다고 본다. 까마귀들은 계속 태어날 것이며, 사물들은 이합집산을 통해 계속 재조합되어 새로운 개체들이 나올 것이다. 지구 내 사물들의 수가 주관적으로 무한하다는 우리의 믿음으로 인해 우리는 다음과 같은 직관을 갖게 된다. 하얀 신발은 까마귀 가설을 확증해 주지 못한다. 왜냐하면 하얀 신발이 발견되더라도 가능한 반례의 수가 줄어들 것 같지 않기 때문이다. 그 결과 동물학자는 깃발의 발견이 무의미하다고 생각하며, 따라서 보물이나 폭탄의 존재를 확인하기 위해 숲으로 가는 것이다.

하얀 신발이 까마귀 가설을 확증해 주지 못한다는 우리의 직관은 지구 내 사물들의 수가 주관적으로 무한하다는 사실에 기초하고 있다. 누군가는 이 결론을 의심스러워 할 것이다. 만약 그렇다면 다음과 같은 예를 살펴보는 것이 도움이 될 것이다.

각 대상의 종과 색을 정확하고도 빠르게 판독할 수 있는 기계가 발명되었다고 해 보자. 그래서 지구 내 모든 대상의 종과 색을 판독하는 데 하루가 걸린다고 가정하자. 어느 날 과학자들은 까마귀 가설과 관련해 조사를 시작한다. 이 조사는 하루가 걸린다. 기계가 검은 까마귀를 발견하면 컴퓨터 화면의 긴 바에 검은색 점이 찍힌다. 기계가 검지 않은 까마귀를 발견하면 컴퓨터 화면의 긴 바에 빨간색 점이 찍힌다. 기계가 까마귀가 아니면서 검은 대상, 혹은 까마귀도 아니고 검지도 않은 대상을 발견하면 컴퓨터 화면의 긴 바에 초록색 점이 찍힌다. 이 경우 과학자들은 까마귀 가설과 관련해 초록색 점들의 등장을 어떻게 이해할까? 빠르게 진행되는 조사 과정에서 과학자들은 개와 소, 신발들이 초록색으로 표시되는 것을 보고 어떤 생각을 하게 될까? 아마 다음과 같은 반응일 것이다. "그래! 아직 빨간색은 없어. 그리고 초록색은 점점 늘어나는군. 이제 조금만 있으면 우리의 가설은 참이 돼!" 이런 경우 깃발(초록색 점)의 발견은 큰 의미를 가진다. 왜냐하면, 가능한 반례의 수가 극단적으로 줄어드는 것을 보여 줌으로써 가설이 참이 될 가능성이 점점 높아짐을 보여 주기 때문이다. 그리고 가설이 참이 될 가능성이 점점 높아짐을 보여 주는 과정이 바로 가설의 확증 과정과 동일한 것이다. 이런 상황은 우리가 앞에서 언급한 매우 적은 수의 대상들로 이루어진 세계와 유사한 것이다.

이처럼 우리가 대상들의 수를 다 셀 수 있다고 확신하는 경우 깃발의 발견은 가설을 확증해 준다. 이 경우 헴펠은 옳다. 그러나 대상들의 수를 다 셀 수 있다고 확신할 수 없는 경우 깃발의 발견은 가능한 반례를 줄여 주지 못하기 때문에 가설이 참이 될 가능성이 점점 높아짐을 보여 주지 못하며, 결국 가설을 확증해 주지 못한다. 지구 내 각 대상의 종과 색을 정확하면서도 빠르게 판독할 수 있는 기계를 갖지 못한 상황에서 우리는 지구 내 대상들의 수를 주관적으로 무한하다고 보며, 바로 이러한 상황이 우리로 하여금 하얀 신발이 까마귀 가설을 확증해 주지 못한다는 직관을 갖게 만드는 것이다. 상황이 이렇게 되어 있는 한 우리의 직관은 옳은 것이며, 바로 이 점에서 헴펠은 잘못된 것이다.

그러나 여전히 의문이 남는다. 대상들의 수가 주관적으로 무한하다 하더라도, 그 수는 객관적으로 볼 때 여전히 유한한 것 아닌가? 따라서 지구 내 대상들의 수가 n개라 할 때, 하얀 신발의 발견은 가능한 반례의 수를 객관적으로 줄임으로써(n-1) 까마귀 가설을 확증해 주는 것 아닌가? 이러한 의문은 "확증" 과정을 어떻게 이해해야 하는가와 관련되어 있다. "확증" 과정은 다음과 같이 두 가지로 이해될 수 있을 것 같다.

(1) 가설이 참이 되는 과정(가설의 참 가능성이 높아지는 과정)

(2) 가설의 신뢰도가 높아지는 과정(가설의 참 가능성에 대한 우리의 믿음이 강화되는 과정)

보통의 경우, 이 둘은 구분되지 않는다. 가설의 참 가능성이 높아지면, 그것에 대한 믿음은 강화된다. 그러나 가능한 반례가 줄어드는 것과 관련해 이 둘은 구분되어야 한다. 왜냐하면 하얀 신발의 발견은 가설의 참 가능성을 높이지만, 가설의 참 가능성에 대한 우리의 믿음을 강화시키는 것은 아니기 때문이다.

우선 (1)을 살펴보자. 대상들의 수가 유한할 경우, 그리고 "확증"을 (1)의 의미로 이해할 경우, 하얀 신발의 발견은 가설의 참 가능성을 높여 준다는 의미에서 가설을 확증해 준다. 하얀 신발, 자주색 암소, 노란 송충이 등이 하나씩 제거되면, 가능한 반례가 점점 줄어든다. 그에 따라 까마귀 가설은 참이 될 가능성이 조금씩 높아지며, 그런 의미에서 확증된다. 이것이 헴펠의 주장이며, 헴펠이 이렇게 생각하고 있는 한 그는 "확증"을 (1)의 의미로 이해하고 있는 것이다. 그러나 이것이 과학적으로 어떤 의미가 있을까? 우리가 가지고 있는 모든 과학적 가설과 관련해 이러한 의미에서의 확증은 어떤 실천적 역할을 할까? 그 어떤 역할도 수행하지 않는다. 과학자들이 네거티브 사례들에 관심을 갖지 않고, 포지티브 사례들을 찾아다니는 이유가 바로 여기에 있다.

그래서 우리는 "확증"을 (2)의 의미로 이해한다. 우선 우리는 지구 내 사물들의 수가 무한하다고 믿으며, 그래서 하얀 신발이 발견되더라도 가능한 반례의 수가 줄어들지 않는다고 생각한다. 그 결과 우리는 하얀 신발이 가설에 대한 우리 믿음을 강화시키지 못한다고, 다시 말해 가설의 신뢰도를 높이지 못한다고 생각한다.

대상들의 수가 객관적으로 유한할 경우, 그리고 "확증" 활동을 (1)로 이해할 경우, 하얀 신발은 가능한 반례를 줄임으로써 까마귀 가설이 참이 될 가능성을 높여 주며, 그런 의미에서 가설을 확증해 준다. 하얀 신발이 까마귀 가설을 확증해 준다는 헴펠의 주장에는 이러한 가정, 즉 대상들 수의 객관적 유한성이 확증에 있어 핵심적인 사항이며, 또 가설의 "확증" 과정은 가설이 참이 되는 과정과 일치한다는 그의 암묵적 이해가 숨어 있다. 반면 "확증" 활동을 (2)로 이해하면, 대상들의 수가 객관적으로 유한할 경우라도 하얀 신발은 까마귀 가설을 확증해 주지 못한다. 왜냐하면 대상들의 수가 주관적으로 무한하므로 가능한 반례가 제거되지 않기 때문에 하얀 신발이 발견되더라도 가설에 대한 우리의 믿음이 강화되지 않기 때문이다. 하얀 신발이 까마귀 가설을 확증해 주지 못한다는 우리의 직관에는 이러한 가정, 즉 대상들 수의 주관적 무한성이 확증에 있어 핵심적인 사항이며, 또 가설의 "확증" 과정은 가설의 신뢰도가 높아지는 과정과 일치한다는 우리의 암묵적 이해가 숨어 있다.

대상들 수의 객관적 유한성이 확증에 있어 핵심적인 사항이라면, 또 가설의 "확증" 과정은 가설이 참이 되는 과정과 일치한다면, 헴펠의 주장, 즉 하얀 신발의 발견이 까마귀 가설을 확증한다는 주장은 옳은 것이다. 그러나 "확증" 과정이 가설에 대한 우리 믿음의 강화 과정이라면, 그리고 대상들의 수가 주관적으로 무한할 경우에 가설에 대한 믿음은 강화될 수 없다고 한다면, 하얀 신발의 발견은 까마귀 가설을 확증한다고 할 수 없다. 그래서 다음과 같은 물음이 중요하다. "확증"을 어떻게 이해해야 하는가? 혹은, 과학적 탐구에 있어 과학자들은 "확증"을 어떻게 이해하고 있는가? 과학자들은 과학적 탐구의 영역을 유한하다고 느낄까, 아니면 무한하다고 느낄까? 혹은 가설에 대한 우리의 믿음을 강화시키지 못하는 사례에 대해, 그래도 이것은 가설의 참 가능성을 높이는 것이므로 가설을 확증해 준다고 그렇게 믿을까?

헴펠이 완전히 틀렸다고는 할 수 없다. 대상들의 수를 다 셀 수 있다는 확신이 있을 경우, 혹은 그러한 확신이 없더라도 "확증" 과정이 (1)로 이해되는 경우라면 헴펠은 옳다. 그러나 대상들의 수를 다 셀 수 있다는 확신이 없을 경우, 혹은 "확증" 과정이 (2)로 이해되는 경우라면 헴펠의 주장은 거짓이다. 과학적 탐구는 실천의 문제이다. 이것은 순수한 논리적 공간에서 벌어지는 일이 아니라 세계에 대한 우리의 믿음과 직접적으로 관련되어 있는 작업이다. 우리는 세계 내 대상들의 수를 무한하다고 보며, 바로 그렇기 때문에 하얀 신발이 까마귀 가설에 대한 우리의 믿음을 강화시키지 않는다고, 다시 말해 확증해 주지 않는다고 믿는 것이다. 우리의 직관은 이렇게 되어 있으며, 이 점에서 헴펠의 주장은 잘못된 것이다.

결 론

헴펠의 역설은 니코 조건과 동치조건을 참으로 간주함으로써 발생한다. 나의 생각에 헴펠이 이해하고 있는 동치조건은 과학적 탐구를 위한 규제 조건으로서 적절하지 않다. "모든 까마귀는 검다"와 "검지 않은 것은 까마귀가 아니다"라는 명제는, 논리적으로 볼 때는 동치지만, 과학적으로 볼 때는 서로 다른 지위를 가지고 있는 명제들이다. 하나는 가설이며 다른 하나는 가설이 아니다. 따라서 동치조건은, 이러한 과학적 맥락에서 잘못된 원리인 것이다. 결국 이 원리가 옳다는 것에 기대고 있는 헴펠의 역설 역시 정당한 역설이 아닌 그냥 거짓 주장일 뿐이다.

동치조건을 잘못된 것으로 간주함으로써 헴펠의 역설은 해소되지만, 실제로 이 역설은 다른 맥락에서 다시 발생하게 된다. 관찰 영역이 매우 작을 때, 하얀 신발의 발견은, 가능한 반례의 수를 줄여 줌으로써, 가설을 확증하게 된다. 그러나 관찰 영역이 무한할 경우, 하얀 신발의 발견은 가능한 반례의 수를 줄여 주지 못하며, 따라서 가설을 확증하는 힘을 갖지 못한다. 과학은 논리적 공간에서 이루어지는 활동이 아니다. 과학은 실천적 힘을 갖고 있다. 다시 말해 과학은 이 세계의 구조와 관계하는 그러한 담론이다. 그런데 우리의 관찰 행위와 관련해 이 세계는 무한하다. 모든 과학적 가설은, 그 가설이 일반적이면 일반적일수록, 세계의 이러한 무한성과 관련한다. 이렇게 우리의 관찰 행위와 관련해 이 세계가 무한하다면, 하얀 신발은 우리의 까마귀 가설을 확증해 주지 못한다. 궁극적으로 헴펠의 역설은 거짓이다.

8

시간론

이 장에서 나는 라이프니츠의 관계적 시간론을 고찰하고, 이러한 시간론이 뉴턴의 절대적 시간론에 비해 존재론적으로 더 단순하며, 또 이론적으로 우위에 있음을 보이고자 한다. 이를 위해 나는 시간을 둘러싸고 벌어진 라이프니츠와 클라크의 논쟁을 검토한다. 뉴턴을 따라 클라크는 시간이 사물들보다 존재론적으로 우선한다는 절대적 시간론을 펼친다. 이에 반해 라이프니츠는 사물들만 존재하는 것이며, 시간이란 이러한 사물들이 맺는 특정 관계일 뿐이라는 관계적 시간론을 펼친다. 자신의 입장을 방어하기 위해 라이프니츠는 충분이유율에 근거해 클라크의 시간론을 비판하는데, 이러한 비판을 통해 자신의 시간론이 더 우월한 시간론임을 보이고자 한다.

충분이유율이 옳다면 클라크의 시간론은 어려움을 겪게 되고, 그 결과 라이프니츠의 시간론이 옳은 이론임을 보일 수 있다. 그러나 문제는 충분이유율이 옳다는 보장이 없다는 것이다. 따라서 충분이유율을 가정하지 않고서도 라이프니츠의 시간론이 옳음을 보여 줄 필요가 있다. 그래서 나는 시간이 정의되고 있는 『새로운 시론*Nouveaux essais sur l'entendement humain*』

의 한 구절에 의존해 라이프니츠의 시간론이 어떻게 정당화될 수 있는지 검토해 보고자 한다. 그리고 이러한 검토를 통해 다음과 같은 사실을 보이고자 한다. 첫째, 라이프니츠의 관계적 시간론은 이론적으로 잘 정당화될 수 있으며, 둘째, 이 이론은 뉴턴의 절대적 시간론보다 존재론적으로 더 단순하다는 장점을 가지며, 셋째, 이 이론은 모든 시간 현상을 다 설명할 수 있다. 이를 위해 우선 클라크(뉴턴)와 라이프니츠의 서로 다른 시간론을 검토하는 것부터 시작한다.

절대적 시간론과 관계적 시간론

라이프니츠의 시간론은 클라크와 주고받은 다섯 개의 편지에서 가장 잘 정식화되어 있다. 라이프니츠에게 보내는 편지에서 클라크는 뉴턴의 입장을 따라 시간이 절대적이며 실제적인 것이라 주장한다.[1] 반면 라이프니츠는 자신의 편지에서 시간이 관계적이며 관념적이라는 관계적 시간론을 펼친다. 절대적 시간론은 시간에 대한 우리의 직관과 일치한다. 직선으로 표상되는 시간이 사물에 앞서 존재하고, 사물들은 그 시간축을 따라 변화해 나간다. 반대로 관계적 시간론은 우리의 직관에 어긋난다. 이 이론에 따르면 시간이란 존재하지 않는 것으로서, 사물들이 존재할 때 비로소 우리가 그들 사이의 특정 관계로부터 구성해 내는 관념적인 그 무엇이다.[2] 클라크에게 보낸 세 번째 편지에서 라이프니츠는 시간을 다음과 같

1 라이프니츠에게 보내는 네 번째 편지에서 클라크는 다음과 같이 말한다. "공간과 시간이 단지 사물들 사이의 질서가 아니고 실재하는 양이라는 것이 위에서 증명되었다"(CLC 112).

2 클라크에게 보내는 다섯 번째 편지에서 라이프니츠는 다음과 같이 주장한다. "만약 창조된 사물들이 없다면, 시간도 공간도, 그리고 결론적으로 지금의 공간도 없을 것이

이 정의한다.

> 내 견해로는, 내가 여러 번 이야기했듯이, 공간이란, 시간이 그러한 것처럼, 단지 관계적인 그 무엇이다. 공간이란 공존co-existences의 질서이다. 시간이 계기successions의 질서인 것처럼 말이다.[3]

그리고 클라크에게 보낸 네 번째 편지에서 라이프니츠는 뉴턴의 절대적 시간론이 모순적이라면서 다음과 같이 말한다.

> 만약 공간과 시간이 어떤 절대적인 것이라면, 다시 말해 이것들이 사물들의 특정 질서가 아니라면, 내가 말한 것은 모순일 것이다. 그러나 사실은 그렇지 않다. 이 가설[공간과 시간이 어떤 절대적인 것이라는 가설]이 모순이다. 다시 말해 이것은 불가능한 허구이다.[4]

절대적 시간론을 부정하기 위한 라이프니츠의 논변 : 충분이유율

뉴턴과 클라크의 절대적 시간론이 어려움에 처함을 보이기 위해 라이프니츠는 하나의 논변을 제시하는데, 그 논변은 귀류법의 형태를 취함으로써 다음과 같은 사실을 보여 주고자 한다. 즉, 뉴턴과 클라크의 절대적 시간론이 옳다면, 신은 아무 이유 없이 행동한 것이다. 그러나 신은 어떤 이유가 있어야만 특정 행동을 한다(이를 충분이유율이라고 한다. 즉 모든 것에

다"[Koyre(1972). 270에서 재인용].

3 CLC 53.

4 CLC 89.

는 이유가 있어야만 하며, 특히 신은 이유 없이는 행동하지 않는다). 따라서 최초의 가정, 즉 뉴턴과 클라크의 절대적 시간론이 옳다는 가정은 기각되어야 한다. 클라크에게 보내는 세 번째 편지에서 라이프니츠는 이를 다음과 같이 논한다.

> 누군가가 이렇게 묻는다고 가정해 보자. 왜 신은 모든 것을 일 년 더 먼저 창조하지 않았을까. 이로부터 그가 다음과 같이 추론한다고 가정해 보자. 따라서 신이 무언가를 행했는데, 그와 관련해 그가 왜 다르게 행하지 않고 바로 그렇게 행했는지에 대한 이유는 있을 수 없다. 여기서 우리는 그에게 다음과 같이 대답할 수 있다. 만약 시간이 시간적 사물들 밖에 존재하는 어떤 것이라면, 위 사람의 추론은 옳다. 왜냐하면, 왜 사물들이, 그 계기들이 똑같이 유지되면서, 다른 순간이 아닌 어떤 특정 순간에 적용되었는지 하는 이유를 제시하는 것은 불가능하기 때문이다. 그렇다면 이것은 다음의 것도 증명하는 것이다. 즉 사물들 밖에 있는 것으로서의 순간들이란 아무것도 아니며, 그것들은 오직 사물들의 계기적 질서에만 근거하는 것이다.[5]

이를 정리하자면 다음과 같다. 우선 다음과 같이 (1)을 가정하자.

(1) 뉴턴의 절대적 시간론은 옳다.
(2) 그렇다면, 창조 이전에 이미 시간이 존재할 것이다. 그리고 그 시간은 일종의 직선으로 표상되며, 특정 시점 t_1과 다른 시점 t_2는 서로 다를 것이다.
(3) 신은 t_1에서 지금의 세계를 창조할 수도 있었고, t_2에서 지금과 똑같

5 CLC 54.

은 세계를 창조할 수도 있었지만, 실제로 t_2에서 세계를 창조했다. 그런데 t_1에 창조될 뻔한 세계와 t_2에 창조된 세계는 구별이 되지 않는다. 따라서 신은 서로 아무런 차이도 내지 않는 두 세계 중 어느 하나를 더 선호해 창조한 것이다.

(4) 이것은 충분이유율을 깨는 것이다.

(5) 그러나 충분이유율은 옳다.

(6) 따라서 귀류법에 의해 우리의 가정 (1)은 거짓임이 증명된다. 즉 창조 이전에 t_1과 t_2를 포함하는 시간이 존재했다는 주장은 거짓이며, 따라서 (1)도 거짓이다.

라이프니츠의 관계적 시간관 하에서는 이러한 문제가 발생하지 않는다. 왜냐하면 세계가 t_1에서 시작할지 아니면 t_2에서 시작할지를 고민할, 그러한 미리 존재하는 시간이 없기 때문이다. 시간은 사물들에 앞서 존재하는 것이 아니라 사물들의 존재에 기반한, 사물들 사이의 계기의 질서이다.

클라크는 충분이유율을 받아들인다. 따라서 위의 논변은 결정적이라고 할 수 있다. 그리고 만약 시간에 대한 이론이 이 둘밖에는 없다면, 위 논변이 성공적인 만큼 라이프니츠의 관계적 시간론이 옳은 이론이 될 것이다.

그런데 충분이유율은 참인 원리인가? 이 원리를 누구나 받아들일 것이라고 상상하기는 어려울 것 같다. 우선 이 원리가 신의 존재를 가정하고 있는 만큼, 유신론자와 더불어 무신론자들까지도 이 원리를 받아들일 것이라 생각할 이유는 없다. 따라서 절대적 시간론을 부정하기 위한 라이프니츠의 논변이 모든 이에게 만족을 준다고는 보기 어려울 것 같다. 그러나 충분이유율을 이용하지 않고, 다른 방향에서 라이프니츠의 관계적 시간론을 옹호할 길이 있어 보인다. 이제 이를 살펴보자.

라이프니츠의 존재론

자신의 철학적 경력 내내 라이프니츠는 다음과 같은 극단적인 존재론을 취해 왔다. 즉 존재하는 것은 개체, 그리고 개체의 존재 방식인 속성뿐이다.[6] 이것은 매우 극단적인 존재론이다. 이 존재론에는 우리 모두가(아니면 많은 이들이) 존재한다고 생각하는 것들, 즉 시간, 공간 등이 빠져 있다. 시간을 개체들 사이의 특정 관계로 환원시키려는 라이프니츠의 착상도 바로 이러한 존재론에 기반하고 있다. 반면 뉴턴의 존재론은 시간, 공간을 포함하고 있다. 따라서 뉴턴은 시간을 다른 존재론적 범주 내의 사물들로 환원할 필요가 없다. 이제 여기서 한 가지 문제가 제기된다. 존재론적 범주로서 시간은 반드시 필요한가? 만약 반드시 필요하다면, 뉴턴의 시간론이 옳을 것이다. 그러나 그렇지 않다면, 그래서 시간이 보다 기본적인primitive 존재론적 범주로 환원된다면(여기서는 개체와 속성으로) 라이프니츠의 관계적 시간론이 그 존재론적 단순성으로 인해 더 선호되어야 할 것이다.

시간은 경험적 대상이 아니다. 우리의 오감을 통해서는 시간이 포착되지 않는다. 그러나 경험되지 않는다고 해서 반드시 존재하지 않는다고 할 수는 없다. 왜냐하면, 어떤 형이상학적 이론이 어떤 현상을 설명하기 위해 반드시 필요하다고 보는 것은, 존재한다고 할 수 있기 때문이다. 이처럼 만약 시간이라는 것이 이론적으로 반드시 요청된다면 우리는 뉴턴이 그런 것처럼 우리의 존재론에 시간을 포함시켜야 할 것이다. 반대로 시간이라는 존재론적 범주를 따로 설정하지 않고서도 시간과 관련한 모든 것들을 설명해 낼 수 있다면, 우리는 시간을 우리 존재론에 포함시킬 필요

6 "우리가 단순 실체에서 발견할 수 있는 것은 바로 지각들과 그 변화들뿐이다. 단순 실체들의 모든 내적 활동들은 바로 이 지각들과 그 변화들에 존재한다"(Monadologie, 79).

가 없을 것이다. 이제 시간이 정말 이론적으로 꼭 필요한지 살펴보도록 하자. 나중에 그 이유가 드러나겠지만, 시간이 이론적으로 꼭 필요한지 살펴보기 위해 질문을 좀 바꿔야 할 것 같다. 이제 물음은 시간이 무엇인지에 관한 것이 아니라 다음과 같은 것이다. 시계란 무엇인가?

시계란 무엇인가?

시계가 무엇인지 하는 물음에 대해 두 가지 가능한 답이 있을 수 있다. 첫 번째는 다음과 같은 대답이다.

- 시계란 시간을 재는 기계이다.

이 대답은 매우 상식적이고 직관적이며, 또 옳은 것 같다. 여기서 다음과 같은 점을 지적하는 것이 좋을 것 같다. 만약 누군가가 이러한 답을 제시한다면 그는 뉴턴의 시간론을 전제하고 있는 것이다. 왜냐하면 이 대답은, 시계라는 사물의 존재에 앞서 시간이라는 것이 존재하며, 시계란 바로 그러한 시간을 재는 기계임을 시사하기 때문이다. 이 대답이 유일하게 가능한 대답은 아니다. 『새로운 시론』에서 라이프니츠는 다음과 같이 말한다(여기서 필라레트는 로크를 대변하는 상상적 인물이고, 테오필은 라이프니츠 자신을 대변하는 상상적 인물이다).

> 필라레트: 모두들 천체의 운동을 통해 시간을 측정해 왔다. 따라서 시간을 운동의 척도라고 정의하는 것은 매우 이상한 일이다.
>
> 테오필: … 사실 아리스토텔레스는 시간이 운동의 수라고 말했지 운동의 척도라고 말하지 않았다. 우리는 다음과 같이 말할 수 있다. 지속이라는 것은 하나가 끝날 때 다른 하나가 시작되는 그러한 동일한 주기적

운동의 수를 통해 알려진다. 예를 들어 지구의 공전이나 별들의 회전을 통해 말이다.[7]

여기서 라이프니츠는 아리스토텔레스를 따라 시간을 정의한다. 그 정의에 따르면 시간은 운동의 수이다. 여기에 덧붙여 라이프니츠는 지속(시간)이라는 것이 "주기적 운동의 수"를 통해 알려진다고 주장한다. 그리고 시간을 정의하는 요소가 되는 "주기적 운동"의 예로서 "지구의 공전이나 별들의 회전"을 들고 있다. 나는 이러한 대답이 "시계란 무엇인가?"라는 물음에 대한 또 한 가지의 가능한 대답이라고 생각한다. 그리고 이 대답을 보다 정확하게 표현한다면 다음과 같이 표현될 수 있다고 생각한다.

◎ 시계란 주기적 운동 발생 장치이다.

이제 이 대답이 무엇을 뜻하고 왜 이 대답이 라이프니츠적 존재론, 즉 개체와 속성만을 허용하는 존재론과 부합하는지 살펴보도록 하자.

시계 만들기

우리가 원시 시대의 물리학자라고 가정해 보자. 우리는 시간을 재기 위해 시계를 만들려고 한다. 그러나 원시 시대의 물리학자이기 때문에 시계를 바로 만들기는 어렵고, 우선 어설프나마 시계라고 부를 수 있는 것을 찾고자 한다. 어떤 사물이 시계가 되기 위해서는 어떤 조건을 갖추어야 하는가? 흐르는 강물을 시계로 삼고자 하는 사람, 그리고 심장을 시계로 삼고자 하는 사람(갈릴레오가 진자의 규칙성을 찾고자, 심장을 시계로 이용했었다)

7 NE 120.

을 생각해 보자. 약속 장소에서 특정 시간에 만나기 위해 강물을 바라보는 두 사람과, 똑같은 목적을 위해 심장 박동이 만 번 뛰는 것을 재는 두 사람이 있다. 어떤 이들이 약속 장소에서 만나게 될까? 강물을 바라보는 사람들은 서로 만나지 못할 것이다. 반면 심장 박동의 수를 세었던 사람들은 약속 장소에서 만날 수 있을 것이다. 이 둘의 차이는 어디에 있는가? 그 차이는 주기성에 있다. 강물의 흐름은 반복되는 운동이 없기 때문에 주기성을 띠지 않는다. 반면 심장 박동은 계속 반복됨으로써 주기성을 가진다. 우리는 심장이 발생시키는 "주기적 운동의 수"를 셈으로써 시간에 맞춰 약속 장소에 갈 수 있다. 이 경우 심장은 우리의 시계가 되며, 여기서 심장이 하는 역할은 시간을 재는 것이 아니라 주기적 운동(심장 박동)을 발생시키는 것이다.

그런데 심장은 몸의 상태에 따라 빠르게 뛸 수도 있고 느리게 뛸 수도 있다. 그렇다면 심장을 시계로 삼기에 문제가 있는 것 아닌가? 그러나 여기에는 아무런 모순도 없다. 사실 여기서는 '빠르게 뛴다' '느리게 뛴다'라는 표현 자체가 아무런 의미를 갖지 못한다. 왜냐하면 '빠르다' '느리다'라는 표현을 사용하려면 기준이 되는 어떤 시계가 있어야 하는데, 지금의 경우 기준이 되는 시계란 바로 심장이기 때문이다. 만약 우리가 심장을 시계로 삼지 않고, 진자를 시계로 삼는다면, 그때서야 우리는 '심장이 빨리 뛴다' '심장이 느리게 뛴다'라는 표현을 의미 있게 사용할 수 있을 것이다.[8]

그런데 심장을 시계로 삼는 데 아무런 모순도 없다면, 왜 우리는 심장보다 진자를 시계로 삼고자 하는가? 여기에는 이유가 있다. 우리가 시계로

8 지구의 자전 운동을 시계로 삼을 경우, 즉 해시계가 기준 시계가 될 경우, 우리는 어느 한 날과 그 다음날의 길이가 서로 다름을 알 수 없다. 두 날의 길이가 서로 다름을 보이기 위해서는 진자와 같은 다른 시계가 필요하다. 이와 관련해 라이프니츠는 다음과 같이 말한다. "진자는 정오부터 다음 정오까지 여러 날들이 [그 길이에서] 서로 다름을 보여 준다"(NE 120).

삼을 수 있는 사물들, 즉 주기적 운동을 발생시키는 사물들은 크게 두 부류로 나뉜다. 하나는 비례 사건 부류equivalent class에 속하는 사물들이고, 다른 하나는 비-비례 사건 부류non-equivalent class에 속하는 사물들이다.[9] 비례 사건 부류에 드는 사물들의 예로서 우리는 모래시계, 진자, 전자 등을 들 수 있다. 비례 사건 부류에 드는 사물들은, 한 사물이 특정 주기적 운동을 몇 차례 할 때마다, 다른 사물이 그에 정확히 대응하는 주기적 운동을 몇 차례 한다. 예를 들어, 모래시계의 모래들이 아래로 다 쏟아지고, 뒤집어서 또 다 쏟아지기를 10번 반복할 동안, 진자는 오른쪽 위쪽에 100번 도달하고, 그동안 전자는 10만 번 뛴다. 모래시계의 주기적 운동이 20번 반복되면 진자는 위의 주기적 운동을 200번 하며, 그동안 전자는 주기적 운동을 20만 번 한다. 그리고 모래시계의 모래들이 주기적 운동을 100번 할 때, 우리는 진자와 전자의 주기적 운동의 수를 안 보고도 알 수 있다. 반면 비-비례 사건 부류에 속하는 사물들은 이와 다른 모습을 보인다. 심장이 100번 뛸 때 배가 두 번 고팠지만, 심장이 200번 뛰는 다른 경우 역시 배가 두 번 고플 수 있다.

심장이 비-비례 사건 부류에 들어감에도 불구하고 심장을 시계로 삼는 데에는 아무런 문제가 없다. 몸 상태에 따라 세상이 좀 빠르게 혹은 좀 느리게 진행될 뿐이다. 다만 우리는 편의를 위해 비례 사건 부류에 속하는 사물들을, 예를 들어 진자를 시계로 삼는 것이다. 심장과 진자가 서로 다른 부류에 속하지만, 그럼에도 불구하고 심장이나 진자가 하는 역할에는 아무런 차이가 없다. 이 둘 모두 주기적 운동 발생 장치인 것이다.

시계가 시간을 재는 기계로 이해되지 않고, 주기적 운동 발생장치로 이해된다면, 우리는 시간에 대해 다음과 같이 말할 수 있다. 시계가 측정할, 시계 이전에 존재하는 그러한 시간이란 없다. 우리는 주기적 운동 발생 장

9 Carnap (1966), 82-83.

치인 시계만 가지고도 모든 시간적 규정성에 대해 말할 수 있다. "저 말은 빨리 달린다" "약속 시간에 정확히 맞춰 왔다" "저 비행기는 진자가 오른쪽 위에 한번 갔다가 다시 그곳에 갈 때까지 100미터를 간다" "그와 이야기할 때 진자가 100번 흔들린 줄 알았는데, 50번밖에는 흔들리지 않았다"[10] "우리는 예수 탄생 이후 지구가 태양 주위를 2018번 돌고 난 다음 이곳에 모였다." 이렇게 말할 때 우리는 사물들 밖에 존재하는 어떤 시간에 대해 말하는 것이 아니다. 우리가 존재론적으로 개입하게 되는 것은 오직 주기적 운동을 발생시키는 사물들, 그리고 그 사물들과 특정 관계를 맺고 있는 다른 사물들뿐이다. 결국 시간은 사물들 사이의 관계, 즉 사물들의 주기적 운동에 근거해 규정되는 그 무엇으로 환원된다.[11]

시간이 사물들 사이의 관계로 환원된다면, 우리는 시간을 우리의 존재론에 포함시킬 필요가 없다. 시간은 경험되지도 않으며, 또 이론적으로 꼭 필요한 것도 아니다. 그렇다면 사물들 이전에 존재하며, 사물들이 그에 따라 변화해 나간다고 여겨지는 그러한 것은 없는 것이다. 즉 시간이란 없는 것이다. 존재하는 것은 오직 주기적 운동을 발생시키는 사물들뿐이다.

10 우리의 심적 상태에 근거해 시간을 설명할 수도 있을 것으로 보인다. 마음속으로 수를 센다든지, 아니면 내 생각의 지루함(즐거움) 증가 정도에 근거해 시간의 흐름을 설명할 수 있을 것이다. 그러나 시간을 우리의 심적 상태에 근거시킬 경우, 시간이 가져야 할 중요한 특성 하나가 사라지게 되는 것으로 보인다. 우리 각자가 갖는 시간 의식은 매우 주관적이며, 따라서 누구의 시간 의식을 기준 시계로 삼을지 결정하기 어렵다. 그런데 객관성이라는 것은 시간이 가져야 할 중요한 특성으로 여겨진다. 사실 사물 밖에 시간이 존재한다는 이론, 즉 절대적 시간관이 상식적이고 직관적이라고 여겨지는 이유도 바로 이 시간관이 객관성을 확보하고 있기 때문인 것으로 보여진다.

11 시계의 발전은 주기적 운동의 간격을 더 잘게 나누는 방향으로 진행되었다. 사실 더 정밀한 시계란 사물 밖에 있는 시간을 더 정확하게 재는 기계가 아니라, 다른 기계보다 주기적 운동의 간격을 더 잘게 나누는 기계이다. 이와 관련해 라이프니츠는 다음과 같이 말한다. "진자가 측정을 반복하는 데 사용될 수 있음이 밝혀진 것은 그리 오래 되지 않았다. 호이겐스, 무통, 뷔라티니, 그리고 그전에 폴란드의 메트르 드 모네가 하루의 길이와 진자[운동]의 길이의 비례를 언급하면서 이를 보였듯이 말이다. 진자는 (예를 들어) 정확히 1초를, 다시 말해 고정된 별들의 회전, 혹은 천문학적 하루의 1/86400을 나타낸다"(NE 116).

주기성과 시간

라이프니츠의 존재론적 틀 내에서 시간이라는 것은 사물들 사이의 관계로 환원된다. 주기적 운동을 발생시키는 사물들만 있다면 우리는 시간적 규정성에 대해 모두 다 설명할 수 있다. 진자가 한 번 흔들리고, 두 번 흔들릴 때, 우리는 이러한 주기적 운동에 근거해 시간을 정의할 수 있다. 여기서 한 가지 반론이 제기될 수 있다. 진자의 주기적 운동은 시간을 전제하는 것 아닌가? 진자가 두 번 흔들릴 때, 이 두 운동을 서로 다른 것으로 만들어 주며, 또 순서 짓는 원리는 시간 아닌가? 반론이 이렇게 정식화된다면, 이 반론은 다음과 같은 두 착상을 전제하고 있는 것이다.

(1) 시간축상의 두 점 t_1과 t_2는 서로 다르다.

(2) 선후 관계를 이루는 이 두 점이 이에 대응하는 진자의 각 운동을 순서 짓는다.[12]

이 두 착상은 시간이 주기성보다 더 근원적이라는 입장, 즉 절대적 시간론과 부합한다. 라이프니츠의 시간론이 옹호되려면, 이러한 반론은 적절히 처리되어야 할 것이다. 이제 두 가지 방향에서 이 문제를 다루어 보자. 첫째, 나는 위의 착상들 중 (1)이 심각한 인식론적 어려움을 가져온다는 점을 보이고자 한다. 둘째, 나는 위의 착상들 중 (2)가 라이프니츠의 존재론적 틀 내에서 적절히 처리될 수 있음을 보이고자 한다. 이제 이것들을 살펴보기로 한다.

12 뉴턴은 다음과 같이 말한다. "계기(繼起)의 순서와 관련해서 모든 사물들은 시간상에서 위치지어진다. … 이것들이 어떤 위치를 차지하고 있다는 것은 그것들의 본질 내지 본성에서 유래하는 것이며, 그래서 사물들의 원래 위치들이 움직여진다는 것은 불합리한 일이다. 따라서 이것들은 절대적 위치들이다"[(주석IV)백종현(2000)에서 재인용].

먼저, (1)에 따르면, 시간축상의 두 점 t_1과 t_2는 서로 달라야만 한다. 만약 이것들이 서로 다르지 않다면, 이것들은 진자의 각 운동을 서로 다른 운동으로 만들어 주지 못할 것이다. 바로 이 점, 즉 t_1과 t_2가 서로 달라야만 한다는 점이 우리에게 심각한 인식론적 어려움을 준다. 왜냐하면 t_1과 t_2가 어떤 조건 하에서 서로 다른지 설명할 길이 없어 보이기 때문이다. 시간은 경험되는 대상이 아니다. 따라서 경험을 통해 t_1과 t_2가 서로 다르다는 것을 보일 수 없다. 경험을 통해 그 차이를 확인할 수 없다면, 경험 이외의 원리에 의해 그 차이가 확보되는 것인가? 그렇다면 그 원리란 어떤 것인가? 그러나 뉴턴이 그렇듯이 이러한 차이를 확립해 주는 원리란 존재하지 않는다. t_1과 t_2는 그냥 다른 것이다.[13] 그런데 우리가 이런 입장을 취한다면, 우리는 인식론적으로 매우 심각한 어려움에 직면하게 된다. 무언가 서로 다른 것이 있는데, 왜 이것들이 서로 다른지 우리는 알 수 없다. 다르다는 것은 알지만 왜 다른지는 알 수 없다는 것이다. 만약 우리가 이런 인식론적 상황을 허용한다면, 우리는 사물들의 수를 우리 마음대로 조절할 수 있다. 예를 들어 누군가는 내 팔이 세 개라고 말할 수 있다. 두 개의 손 이외에 하나의 손이 더 있는데, 세 번째 손은 나머지 두 손과 다르긴 하지만, 왜 다른지는 말할 수 없다고 하면서 말이다. 이 예에서 볼 수 있듯이, 수적 차이는 질적 차이를 동반해야만 할 것으로 보인다. 그러나 시간 t_1과 t_2는 질적으로 전혀 구별이 안 된다. 그럼에도 불구하고 절대적 시간론에 따르면 이것들은 수적으로 서로 다르다.

라이프니츠는 이런 어려움에 직면하지 않는다. 왜냐하면 라이프니츠는 다른 사물들과의 관계를 통해 진자의 첫 번째 운동과 두 번째 운동이 서로 다름을 보일 수 있기 때문이다.

13 "절대 시간을 채택하려면 내적으로는[속성 면에서는] 다르지 않지만 수적으로는 다른 시간상의 순간들을 가정해야 한다"[마이클 루(2010), 247].

하나의 진자만으로 이루어진 우주를 상상해 보자. 이 우주에서 진자가 두 번 흔들렸다. 첫 번째 진자의 운동과 두 번째 진자의 운동을 우리는 어떻게 구별할 수 있을까? 시간축상의 서로 다른 두 점 t_1과 t_2를 가정하지 않고서도 우리는 이 두 운동을 서로 다른 운동으로 파악할 수 있을까? 시간축이 전제되지 않는다면, 가능한 대답은 오직 다음과 같은 것이 될 것이다. 즉 이 두 운동은 그냥 다르다. 이 대답은 만족스러운 대답이 아니다. 왜냐하면 이 대답은 t_1과 t_2가 그냥 다르다는 대답만큼이나 수적 차이에 대한 이유를 제공하고 있지 못하기 때문이다.

라이프니츠의 세계는(적어도 창조된 세계는) 이와 다르다. 이 세계에는 무수한 사물들이 공존하고 있으며(라이프니츠는 공간을 사물들 사이의 공존의 질서로 정의한다), 그것들은 표현관계를 통해 상호 연계되어 있다. 인식론적으로 봤을 때, 이러한 상황은 진자의 두 운동을 수적으로 차이 나게 해 주는 원리가 될 수 있다. 우리는 진자의 운동만 관찰하는 것이 아니라 진자를 둘러싼 다른 사물들도 관찰하게 된다. 그렇다면 진자의 첫 번째 운동과 두 번째 운동은 다른 사물들의 모습이 어떠한지에 따라 서로 분화된다. 예를 들어 진자가 첫 번째 운동을 할 때, 나의 강아지가 여기 있었는데, 두 번째 운동을 할 때는 저기 있다는 식으로 말이다. 여기서 진자의 두 운동을 수적으로 분화시켜 주는 원리는 다른 사물들과의 관계이다. 우리가 관찰하는 다른 사물들의 모습을 통해 진자의 두 운동은 서로 다른 운동이 된다. 절대적 시간관 하에서의 t_1과 t_2는 질적으로는 다르지 않지만 수적으로는 다르다. 이러한 입장은 우리에게 인식론적 어려움을 준다. 반면 라이프니츠의 세계관 하에서는 이런 인식론적 어려움이 발생하지 않는다. 다른 사물들과의 관계를 통해 진자의 운동이 서로 다른 운동들로 분화될 수 있기 때문이다.

다음으로 (2)를 고찰해 보자. (2)에 의하면, 진자의 첫 번째 운동과 두 번째 운동은 서로 다른 시간 상의 두 점 t_1과 t_2에 의해 선후 관계에 놓인다.

다시 말해 시간축상의 서로 다른 두 점 t_1과 t_2가 진자의 운동을 순서화하는 원리가 된다. 시간축을 전제하지 않으면서도 이러한 순서화의 원리를 제공할 수 있을까? 라이프니츠는 시간적 순서를 논리적 순서로 환원함으로써 이러한 착상에 대응한다. 시간에 대한 짧은 글에서 그는 다음과 같이 말한다.

> 예술과 마찬가지로 자연에서도, 시간에 의해 앞서는 존재être들은 더 단순하고, 시간에 의해 후행하는 존재들은 더 완전하다.[14]

여기서 라이프니츠는 단순/복잡이라는 관계를 통해, 그리고 불완전/완전이라는 관계를 통해 주기적 운동을 순서화한다. 진자의 첫 번째 운동은 두 번째 운동에 시간적으로 앞서는데, 그 이유는 첫 번째 운동이 시간축상의 앞 점에 놓여 있기 때문이 아니라, 첫 번째 운동이 두 번째 운동보다 더 단순하며 불완전하기 때문이다.

단순/복잡, 그리고 불완전/완전의 기준을 통해 각 운동을 순서화하는 것 이외에도 라이프니츠는 새로운 기준을 통해 시간적 순서를 정의하는데, 그 기준이란 자연적 순서이다.

> 하나의 동일한 사물이 갖는 서로 모순되는 두 상태 중에서, 자연적으로 선행하는 것이 시간적으로 선행하는 것이다. 자연적으로 선행하는 것, 이것은 다른 것에 대한 이유raison를 포함하는 것이다. 혹은 마찬가지의 말이지만, 자연적으로 선행하는 것, 이것은 더 쉽게 인식될 수 있는 것이다. 시계에서 볼 수 있듯이, 톱니바퀴의 현재 상태를 완전히 파악하려면, 우리는 그 현재 상태의 이유를 알아야 하는데, 그 이유는 톱니바퀴

14 Rauzy(1995), 44 재인용.

의 이전 상태에 포함되어 있다.[15]

시간적 순서는 자연적 순서에 기반한다. 달리 말해 시간적 순서는 자연적 순서로 환원된다. 그런데 자연적 순서란 무엇인가? 라이프니츠는 다음과 같은 주장을 통해 자연적 순서가 논리적 순서임을 암시한다.

> 자연에 의해 선행하는 용어란, 복합 용어를 단순 용어로 대체할 때 얻어지는 것이다. 자연에 의해 뒤에 오는 용어란, 단순 용어를 복합 용어로 대체할 때 얻어지는 것이다. 혹은 같은 말이지만, 자연에 의해 선행함은 분석을 통해 얻어지고, 자연에 의해 후행함은 종합에 의해 얻어진다. 앞서의 예를 통해 보자면, 15배수quindenaire는 자연에 의해 30배수tricenaire에 선행한다. 2배수binaire도 마찬가지로 30배수에 선행한다. 그리고 여기서 15배수-2배수라는 용어는 30배수에 선행하는 것이다. … 덜 파생적인 용어로 구성된 용어가 자연에 의해 선행한다. 여기서 덜 파생적인 용어란, 가장 적은 수의 단순하고 근본적인 용어들과 등가인 용어를 말한다.[16]

궁극적인 착상은 다음과 같은 것으로 보인다. 단순/복잡이라는 논리적 관계를 통해 어떤 논리적 계열이 발생되는데, 사물들의 운동은 이 계열에 근거해 순서화된다. 자연수 계열을 떠올려 보면 좋을 것 같다. 1은 2에 우선하지만, 1이 2보다 시간적으로 먼저 있는 것은 아니다. 1 다음에 2가 오는 이유는 1이 갖지 못하는 규정성, 즉 "하나 더하기"라는 규정성이 2에 포함되어 있어 2가 1보다 더 복잡하기 때문이다. 그리고 사물들의 운동은 이

15 Rauzy, 104.
16 Rauzy, 89-90.

계열을 따르는 것이다. 이것이 의미하는 바는 “먼저”라는 시간적 규정성이 “우선”이라는 논리적 규정성으로 환원되며, “나중”이라는 시간적 규정성은 “다음”이라는 논리적 규정성으로 환원된다는 것이다. 이렇게 라이프니츠는 시간 계열을 논리 계열에 근거시킨다. 그리고 사물들의 운동이 이 계열을 따르는 것으로 이해한다. 결국 진자의 운동 각각을 서로 다른 선후 운동으로 만들어 주는 것은 서로 다른 두 시간점이 아니다. 두 운동 각각을 서로 다른 선후 운동으로 만들어 주는 원리는 논리적 계열인 것이다. 사물들이 시간축을 따르는 것이 아니라 이러한 논리적 계열을 따르는 것이라면, 궁극적으로 시간이란 없는 것이다. 우리가 관념적으로 가지고 있는 논리적 계열, 그리고 그 계열을 따르고 있는 사물들, 이것들밖에는 없는 것이다. 따라서 애초의 반론, 즉 주기성이 시간을 전제하고 있는 것 아니냐는 반론은 라이프니츠의 존재론적 틀 내에서 적절히 처리될 수 있다.

결 론

라이프니츠는 상당히 극단적인 존재론을 제시하고 있다. 그에 따르면 존재하는 것은 개체와 개체의 존재 방식인 속성뿐이다. 이런 단순한 존재론은 설명의 부담이 크다. 관념, 보편자, 양상, 물질, 시간, 공간 등 우리들이 존재한다고 생각하는 모든 것들이 이 단순한 존재론 내에서 설명되어야 한다. 우리의 관심은 시간이 라이프니츠의 존재론적 틀 내에서 설명될 수 있는가 하는 것이었다. 클라크와의 논쟁을 통해 라이프니츠는 사물 독립적인 시간이 환상이라는 주장을 펼치면서, 이를 증명하기 위해 많은 노력을 기울인다. 그 대표적인 것이 충분이유율에 기반한 절대적 시간론 비판이다. 라이프니츠 당시의 철학적 기후에 비추어 봤을 때, 신학적 근거를 통한 이러한 비판은 이해할 만하다. 그러나 현대의 맥락에서 이 논변을 살펴본다면, 우리는 약간의 실망감을 얻을 수도 있다. 왜냐하면 논변의 핵심이 되는 충분이유율이 반드시 참이라고 볼 수만은 없기 때문이다.

이러한 이유 때문에 이 장에서는 시간의 문제를 조금 다른 방향에서 검토하고자 했다. 그래서 나는 『새로운 시론』에서 시간에 대해 라이프니츠가 언급한 부분에 초점을 맞추어, 시간에 대한 라이프니츠의 주장이 어떻게 이해될 수 있는지를 검토했다. 여기서 핵심은 자연의 어떤 사물들이 시계 기능을 한다는 것이다. 심장이 그렇고, 또 진자가 그렇다. 이것들은 구체적 개체들인데, 자신의 존재 방식으로서 특이한 속성을 지닌다. 즉 이것들은 "주기적 운동"을 발생시킨다. 라이프니츠는 시간을, 이러한 구체적 개체들이 드러내는 속성, 즉 주기성에 근거시킨다. 시간이란 "주기적 운동의 수"이다. 그 수를 셈으로써 우리는 다른 사물들이 드러내는 시간적 규정성들, 즉 "빠르다" "느리다" "동시에" 등의 표현에 의미를 부여한다. 결국 시간은 라이프니츠의 존재론적 틀 내에서, 그 존재론이 허용하는 사물들로 완전히 환원된다. 환원주의적 기획의 이러한 성공은 존재론적 단순성을 확보한다는 것 이상의 의미를 지닌다. 이러한 성공은 우리 논의의 처음 문제, 즉 시간이 절대적인지 아니면 관계적인지의 문제와 관련해 어떤 답을 제시한다. 시간이란 경험되는 대상도 아니고, 또 그렇다고 꼭 필요한 것도 아니다. 주기적 운동을 드러내는 사물들만 있다면 우리는 모든 시간적 규정성에 대해 다 설명할 수 있다. 더군다나 객관적 시간이라는 것을 상정하면 우리들은 심각한 인식론적 어려움에 직면하게 된다. 그렇다면 사물에 앞서 존재하는 그러한 시간이란 없는 것이다. 존재하는 것은 오직 구체적 개체들뿐인 것이다. 심장, 진자, 전자, 지구, 달, 별, 그리고 이러한 사물들을 통해 관념적으로 시간을 구성해 내는 우리들, 오직 이런 것들만이 존재하는 것이다.

9

현상주의 I : 외부세계 존재에 대한 무어 논증 비판

이 장에서 나는 외부세계에 대한 회의론을 옹호하고, 이를 바탕으로 외부세계 존재에 대한 무어의 논증을 비판하고자 한다. 외부세계에 대한 회의론이란, 우리 정신에 펼쳐지는 세계가 어쩌면 꿈일 수도 있다는 철학적 입장이다. 비상식적인 이러한 입장은 이상하게도 철학사에서 반복적으로 제기되어 왔다. 금방 떠오르는 철학자만 해도, 데카르트, 라이프니츠, 버클리, 칸트 등이 이러한 생각을 제기하고 있다.[2] 이들의 이름으로 외부세계에 대한 회의주의가 정당화될 수는 없지만, 이 이름들이 갖는 무게는 우리로 하여금 이러한 회의주의를 쉽게 외면해 버릴 수는 없도록 만든다. 이 장에서 나는 어떤 모델을 제공함으로써, 이처럼 외부세계 회의주의가 쉽

1 이 장은 박제철(2015)에서 가져온 것이다.

2 물론 이들 모두가 이러한 입장을 자신의 최종 입장으로 채택하는 것은 아니다. 예를 들어 데카르트의 경우, 진정으로 존재하는 것이 무엇인지를 찾는 과정에서, 그는 이러한 외부세계 회의주의적 입장을 일단 취한 후, 이를 반박하는 태도를 취하고 있다. 다시 말해, 지식의 근거를 오로지 감각지각에 두는 것을 반박하기 위한 귀류법적인 전제로서 이러한 외부세계 회의주의의 입장을 활용하고 있는 것이다[데카르트(1997), 36-44, 참조]. 이에 관해 적절한 논평을 해 주신 석기용 선생께 감사드린다.

게 반박될 수 있는 이론이 아님을 보이고자 한다. 이것이 이 장의 첫 번째 목적이다.

이 장의 두 번째 목적은 이러한 회의주의에 대한 비판으로 이해될 수 있는 무어의 논증을 살펴보고, 이를 반박하는 것이다. 무어는 외부세계를 증명하고자 한다. 즉 우리가 꿈을 꾸고 있을 수도 있다는 주장을 반박하고자 한다. 나는 무어의 논증에 동원되는 몇 가지 개념장치의 문제점을 지적하고, 이를 바탕으로 무어 논증을 분석함으로써, 그의 외부세계 존재 증명이 어떤 문제를 갖는지 보이고자 한다. 결론은 이렇다. 무어는 상식에 기대고 있을 뿐, 엄밀한 논증을 펼친다고 할 수 없다. 이제 이 결론을 내기 위해, 차례대로 나아간다. 우선 외부세계 회의주의를 이해하기 위한 모델을 제시하는 것으로 출발하도록 한다.

외부세계에 대한 회의론 모델

외부세계에 대한 회의론을 이해하려면, 그래서 그 입장이 정당화되려면 모델이 필요하다. 우선 다음과 같은 모델을 살펴보자. 모델은 어떤 대상, 철수가 그린 그림, 그리고 엄마, 이 셋으로 구성된다. 철수를 남겨 놓고 엄마는 시장에 갔다 온다. 그리고 엄마는 철수가 그린 그림을 보게 된다. 이제 이 그림과 관련해 세 가지 가능성이 제기된다. 첫째, 철수는 집 안의 어떤 물건을 제대로 잘 그렸다. 둘째, 철수는 집 안의 어떤 물건을 왜곡해 그렸다. 셋째, 철수는 집 안에 없는 물건을 그렸다. 이 세 가지 가능성들 중 어떤 것이 진실인지 엄마는 확인할 수 있다. 집안을 잘 살펴서 셋 중 어느 하나가 진실임을 엄마는 보여 줄 수 있다. 이제 이 모델의 특징을 살펴보자. 모델에서는 그림이 하나 있고, 어떤 대상이 하나 있고(없을 수도 있다), 이 둘 밖에서 그림과 대상의 관계(일치 혹은 불일치)를 확인해 줄 엄마가 있다. 여기서의 핵심은 엄마라는 존재가 그림, 그리고 대상, 이 둘 밖에 존재한다는 것이다. 이 조건이 충족되어야만 엄마는 그림과 대상의 관계를 파악할 수 있다.

이제 이 모델과 관련해 우리가 세상을 어떻게 인식하는지 살펴보자. 우리는 우리 정신에 맺힌 상이 우리 밖의 대상들을 제대로 반영하고 있는지, 그렇지 않은지 잘 알 수 있다고 믿는다. "너 잘못 본 거야!"라는 표현이 이를 말해 준다. 그래서 우리 정신이라는 그림, 외부 대상, 그리고 이 둘의 관계를 파악할 그 무언가가(위 모델에서의 엄마처럼) 존재한다고 믿는다. 정말 우리는 우리 정신 밖에 있다고 믿어지는 외재적 대상과, 그 대상을 표상하는 우리 정신 내부의 상, 이 둘의 관계에 대해, 위 모델의 엄마처럼 그 관계를 파악할 수 있을까? 그렇게 할 수 없다. 왜냐하면 위 모델에서 엄마는 그림과 대상 밖에 있지만, 우리는 우리 정신의 그림으로부터 벗어날 수 없기 때문이다. 우리가 세계를 인식할 때, 그러한 인식에 대한 적절한 모델은, 그림, 대상, 엄마, 이 셋으로 이루어진 모델이 아니라, 그림과 대상, 이 둘로 이루어진 모델이다. 다시 말해 우리는 그림 밖의 존재가 아니라, 우리가 그림이다. 그림과 대상으로부터 독립적인 존재는 없다. 우리는 그림 안에 갇혀 있다. 따라서 그림과 대상 간의 관계에 대해, 이 둘이 서로 대응한다거나, 왜곡되었다거나, 대상이 없는 그림이라거나 하는 가능성 중 어느 하나가 옳다고 우리는 주장할 수 없다. 전통적으로, 특히 라이프니츠에 따르면, 위 모델에서의 엄마 역할을 하는 존재가 있다. 바로 신이다. 신은 우리 정신의 그림 밖에서, 그리고 그 그림이 그린다고 믿어지는 대상들 밖에서, 이 둘을 바라보며, 우리 정신이 대상을 잘 그리고 있는지, 왜곡해 그리고 있는지, 아니면 없는 대상을 그리고 있는지를 파악한다. 신은 이런 능력을 가지고 있지만, 우리는 이런 능력을 갖지 못한다. 따라서 우리 인식과 관련한 우리의 판단은 매우 제한적이다. 그래서 철학사적으로 봤을 때, 이 세 가능성은 모두 옹호되어 왔고, 우리는 우리의 인식적 한계로 인해, 이 중 어느 하나만이 옳은 이론이라 주장할 수 없는 것이다.

세 개의 개념을 도입해 이러한 가능성들을 정리해 보자. 첫째, 나는 표상적 내부세계라는 개념을 도입할 것이다. 표상적 내부세계는, 우리 감각기관이 다 닫혔을 때, 예를 들어 내가 꿈을 꾸고 있을 때 내 정신에 펼쳐지는 세계이다. 그리고 그 세계 내의 대상들을 표상적 내부대상이라고 부르자. 표상적 외부세계는 내가 나의 감각기관을 열었을 때 내 정신에 펼쳐지는 세계이다. 이 세계는 꿈에서 깨어난 상태에서 내 정신에 펼쳐지는 세계로서, 우리는 내 정신의 이런 그림들이, 내 정신 밖의 어떤 사물들로 인해 그려진 것이라 믿는다. 셋째, 바로 이렇게 내 정신의 그림들을 만들어 낸다고 믿겨지는 바로 그 사물들의 세계를 나는 실제적 외부세계라고 부를 것이다.

우리는 앞에서 우리 인식의 모델이, 그림, 대상, 엄마, 이 셋으로 이루어진 것이 아니라, 그림, 대상, 이 둘로 이루어져 있다고 주장했다. 모델이 셋으로 이루어지려면, 우리는 그림 밖으로, 우리 정신 밖으로 나가야 하는데, 그것은 불가능하기 때문이다. 따라서 꿈의 경우를 제외한다면(이 경우는 뒤에서 논의될 것이다), 우리에게 남은 것은 그림과 대상, 우리의 용어로 하면 표상적 외부세계와 실제적 외부세계인데, 우리는 이 둘의 관계가 어떠한지 알 수 있는 인식적 위치에 놓여 있지 못하다. 즉 표상적 외부세계라는 우리 정신의 그림이, 존재하는 실제적 외부세계를 제대로 잘 그린 그림인지(상식적으로 이렇게 믿고 있으며, 철학사에서는 오랫 동안 이것이 당연시되었다. 나는 이 입장을 '전통적 실재론'이라고 부르고자 한다), 왜곡해 그린 그림인지(라이프니츠, 칸트 식의 개념 도식론이라고 한다), 없는 것을 그린 그림인지(버클리 식의 외부세계 회의론이라고 한다), 우리는 알 수 없다. 따라서 이 세 이론 중 어떤 이론이 적절한 것인지 우리는 결정할 수 없다. 이러한 결정은 취향의 문제이다. 칸트는 실제적 외부대상을 물자체라고 불렀다. 위에서 본 것처럼 물자체의 존재에 대한 칸트의 확신은 그의 믿음일 뿐이다.

반면 우리가 물자체에 대해 그것이 어떤 특성을 가지는지 알 수 없다는 칸트의 주장은, 우리가 우리 정신 밖으로 나가야만 물자체의 특성을 확인할 수 있는데, 그것은 불가능하다는 우리의 주장과 일치한다.

그래서 실재론, 개념 도식론, 외부세계 회의론, 이 셋은 서로 간의 이론적 우위 없이 난립할 수 있다. 이제 이러한 상황이 우리에게 주는 한 가지 교훈을 살펴보자. 이 세 이론 중 어느 하나가 옳음을 주장하기 위해 필요한 것은, 우리가 우리 정신 밖으로 나가야 한다는 것이다. 즉 표상적 외부세계 밖으로 나가야만, 우리는 이 세 이론 중 어느 하나가 옳은 이론임을 확인할 수 있다. 불가능한 일이긴 하지만 말이다. 그런데 우리는 간혹 표상적 내부세계와 관련해서도 이런 일을 겪는다. 즉, 우리가 꿈을 꾸는 동안, 내가 표상적 외부세계라고 생각했던 것이 사실 꿈에서 깨어나 보면, 표상적 내부세계였음을 깨닫게 되는 경우. 회의주의자들은 실제적 외부세계의 존재를 부정하는 입장에서 한 걸음 더 나아가, 표상적 외부세계가 사실은 표상적 내부세계일 수 있다고 주장한다. 즉 이들에 따르면 우리 모두는 꿈을 꾸고 있는 것이다. 꿈이었음을 알게 될 조건은 꿈에서 깨어나는 것이다. 그러나 우리가 꿈을 꾸고 있는 동안, 그 세계에 갇혀 있는 동안, 우리는 우리에게 펼쳐진 세계가 표상적 내부세계인지, 표상적 외부세계인지 확인할 방법이 없다. 그런데 우리가 영원히 꿈을 꾸고 있다면?

라이프니츠는 실제적 외부대상의 존재를 확신한다. 모나드들의 세계가 바로 그러하다. 라이프니츠는 표상적 외부세계도 긍정한다. 그의 말을 들어 보자.

> 어떤 현상이 [꿈이 아니라] 실제적인지, 어떤 기준을 통해 우리가 그것을 알 수 있는지 살펴보자. 우리는 이것을 현상 그 자체를 통해서, 그리고 그 현상 이전과 이후의 현상을 통해서 판단할 수 있다. 우리는 현상 그 자체를 통해 이것을 결정할 수 있는데, 만약 그것이 생생하고vivid, 복

> 합적이고 내재적으로 일관적일 때 그렇게 결정[그 현상이 실재적이라고 결정]할 수 있다. 빛, 색, 온기 등등의 성질들이 충분히 강하게 드러난다면, 그것은 생생한 것이다. 이러한 성질들이 다양하다면, 그리고 우리로 하여금 여러 실험과 새로운 관찰을 하도록 해 준다면, 그것은 복합적인 것이다. 예를 들어, 하나의 현상에서 우리가 색뿐만 아니라 소리, 냄새, 맛, 촉감 등을 경험한다면. … 어떤 현상은 다음과 같은 경우 일관적이다. 즉 그것이 우리에게 반복적으로 드러났던 다른 현상들의 일상적 본성과 부합한다면.[3]

그러나 라이프니츠는 이러한 표상적 외부세계가 표상적 내부세계일 수도 있다고 주장한다. 즉 우리가 생시라고 생각하는 그림이 사실은 꿈일 수도 있다고 주장한다. 우리 모두는 꿈을 꾸고 있을 수 있다는 것이다.

> 실재적 현상을 구분하는 지금까지 얘기되었던 기준, 이 기준들 모두가 함께 고려된다 하더라도 이러한 기준은 증명이 아니라는 것을 우리는 받아들여야 한다. 매우 큰 확률을 갖기는 하지만 말이다. 혹, 통상적으로 얘기하자면, 이 기준은 심정적moral 확실성만큼은 제공해 주지만, 형이상학적 확실성을 확립하지는 못한다. 반대를 긍정하면 모순에 이르게 되는 그러한 형이상학적 확실성 말이다. 따라서 물체가 존재한다는 것은 그 어떤 논증을 통해서도 절대적으로 증명될 수 없다. 혹은 잘 질서 지어진 꿈이 우리 정신의 대상이 되는 것을 막는 것은 없다.[4]

라이프니츠에 따르면, 내 정신에 그려진 그림이 표상적 내부세계인지,

3 Leibniz, G. W., Leroy E. Loemker(ed)(1969), 363-364.
4 Leibniz, G. W., Leroy E. Loemker(ed)(1969), 364.

즉 지금 내가 꿈을 꾸고 있는 것인지, 아니면 그 그림이 표상적 외부세계인지, 즉 깨어 있는 것인지 구별할 방법은 없다. 우리는 심정적으로 확신하지만, 절대적으로(형이상학적으로) 확신할 수는 없다. 라이프니츠에 따르면, 표상적 외부대상(라이프니츠 용어로 '물체')이 존재한다는 것은 그 어떤 논증을 통해서도 증명될 수 없다.

무어가 이러한 라이프니츠의 입장에 도전한다. 그는 표상적 내부세계와 표상적 외부세계를 구별할 방법이 있다고 생각한다. 다시 말해, 그는 외부세계의 존재를 증명하고자 한다.

외부세계 존재에 대한 무어의 증명

「외부세계에 대한 증명Proof of an external world」이라는 논문에서 무어는 다음과 같은 칸트의 주장을 인용하면서 논의를 펼친다.

> 우리 밖 사물들이 존재함은 … 그저 믿음에 근거해서만 받아들여져야 한다는 것, 이것은 여전히 철학의 스캔들로 남아 있다. 그리고 만약 누군가가 이러한 사물들의 존재를 의심할 만하다고 생각한다면, 우리는 그 어떤 증명으로도 그의 의심을 만족시킬 수 없다.[5]

무어는 이러한 철학적 스캔들에 도전하면서, 자신이 이 문제를 해결할 수 있다고 주장한다. 우선 무어에 따르면, 우리 정신에 나타나는 여러 상황들은 두 종류로 나뉜다. 하나는 우리가 위에서 표상적 내부대상이라고 불렀던 그러한 것들이며, 다른 하나는 우리가 위에서 표상적 외부대상이

5 Moore, G. E. Baldwin T(ed.)(2013), 147에서 재인용.

라고 불렀던 것들이다. 표상적 내부대상에 해당하는 것으로서 무어는, 잔상after-image(예를 들어 내가 빛을 보고 있다가 눈을 감았을 때, 하얗게 보이는 것), 육체적 고통, 꿈, 환영 등을 언급한다. 다른 한편 무어는 표상적 외부대상에 해당하는 것들도 언급하는데, 나의 몸, 동물, 식물, 집, 별 등이 그것이다. 편의를 위해 꿈속에서의 별을 '꿈-별'이라고 표기하고, 표상적 외부대상으로서의 별을 그냥 '별'이라고 표기하자. 이제 표상적 외부대상의 존재, 즉 별의 존재를 증명하기 위한 무어의 전략은, 표상적 내부대상과 표상적 외부대상을 가르는 기준을 제시하는 것으로 시작된다. 이 둘을 가르는 기준에 대해 무어는 다음과 같이 말한다.

> 그렇다면, 우리는 다음과 같이 말할 수 있다. 내가 느끼는 육체적 고통, 내가 보는 잔상, 한편으로 이것들과, 다른 편으로 나의 몸, 이 둘 사이에 느껴지는 차이는, 그래서 철학자들로 하여금 이런 고통이나 잔상은 "내 정신 안에" 있지만, 내 몸은 전혀 그렇지 않고 오히려 언제나 내 정신 '밖에', 혹은 내 정신에 외재한다고external 말하도록 했던 바로 그 차이는 다음과 같은 것, 즉 내가 아무런 경험을 갖지 않으면서 [동시에] 내가 느끼는 어떤 고통, 혹은 내가 보는 어떤 잔상이 존재한다고 가정하면 모순에 봉착하지만, 내가 아무런 경험을 갖지 않으면서 [동시에] 내 몸이 존재한다고 가정하는 것에는 모순이 없다는 것, 바로 그것이다.[6]

무어의 주장을 정리해 보자. '내 마음속', 즉 표상적 내부대상과, '외재적', 즉 표상적 외부대상을 가르는 기준은 다음과 같은 것이다(여기서 '◇'라는 기호는, "가능하다" 혹은, "가능적으로"를 의미하고, '□'라는 기호는, "필연적이다" 혹은 "필연적으로"를 의미한다).

6 Moore, G. E. Baldwin T(ed.)(2013), 163.

'표상적 내부대상' = df -◇(꿈-별 & -경험) ≡ □(꿈-별 → 경험)

'표상적 외부대상' = df ◇(별 & -경험)

표상적 내부대상의 경우 경험 없이는 그것의 존재가 불가능하다. 즉, 그것이 존재한다면, 필연적으로 경험되어야 한다. 반면 표상적 외부대상의 경우, 경험이 되지 않으면서 존재하는 것이 가능하다. 별은 내가 경험하지 않으면서도 존재할 수 있지만, 나의 고통은, 나의 경험을 동반하지 않고는 존재할 수 없다. 즉, 고통이 존재한다면, 나는 반드시 그것을 경험해야만 한다. 표상적 내부대상과 표상적 외부대상을 가르는 이러한 무어의 기준을 나는 '내/외 구분조건'이라고 부르고자 한다. 무어는 내/외 구분조건을 통해 꿈-별과 별을 구분한다. 그리고 이를 통해 그는 표상적 외부대상의 존재를 증명한다. 그는 다음과 같이 말한다.

> 이제 나는, 예를 들어 두 개의 손이 존재함을 증명할 수 있다. 어떻게? 내 두 손을 들면서, 오른손으로 어떤 동작을 하면서, '여기 손 하나가 있다'고 말하고, 또 왼손으로 어떤 동작을 하면서, '여기 다른 손이 있다'고 말하면서. 그리고 이렇게 하면서 내가 외부 사물의 존재를 증명했다면, 당신들 모두는 내가 다른 많은 방식으로도 이러한 증명을 할 수 있음을 보게 될 것이다.[7]

무어의 논증을 정리해 보자. 외부대상 존재에 대한 그의 논증/증명은 두 개의 전제와 하나의 결론으로 구성되어 있다.

7 Moore, G. E. Baldwin T(ed.)(2013), 165-166.

여기 손 하나 있다.
여기 다른 손 하나 있다.

적어도 두 개의 외부대상이 존재한다.

라이프니츠의 경우, 외부대상이 존재함은 증명될 수 없다. 외부대상이 존재한다는 것은 심정적으로 볼 때는 확실하지만, 이러한 확실성이 형이상학적 확실성의 지위까지 얻지는 못한다. 반면 무어는 위의 논증을 통해 외부대상이 존재함을 증명하고 있다. 어떤 주장이 옳을까? 이제 무어의 논증을 분석함으로써, 나는 그것이 잘못되었음을 보이고자 한다. 나는 세 가지 방향에서 이를 보일 것이다. 첫째, 표상적 내부대상과 표상적 외부대상을 가르는 무어의 기준, 즉 내/외 구분조건이 거짓임을 보일 것이다. 둘째, 무어의 논증이 여러 방식으로 해석될 수 있음을 보이고, 무어가 해결할 수 없는 한 가지 해석의 가능성을 확보함으로써, 무어 논증이 거짓임을 보일 것이다. 셋째, 무어가 해결할 수 없는 한 가지 해석에 대한 무어의 대답을 살펴보고, 이것이 적절한 대답이 되지 않는다는 점을 밝힘으로써, 무어의 논증이 잘못되었음을 보일 것이다. 이제 이것을 시작하도록 한다.

내/외 구분조건

앞에서 우리는 외부세계에 대한 회의주의적 성격을 보여 주는 라이프니츠의 주장을 인용했었다. 이를 다시 한 번 인용하도록 한다.

> 실재적 현상을 구분하는 지금까지 얘기되었던 기준, 이 기준들 모두가 함께 고려된다 하더라도 이러한 기준은 증명이 아니라는 것을 우리는

받아들여야 한다. 매우 큰 확률을 갖기는 하지만 말이다. 혹, 통상적으로 얘기하자면, 이 기준은 심정적moral 확실성만큼은 제공해 주지만, 형이상학적 확실성을 확립하지는 못한다. 반대를 긍정하면 모순에 이르게 되는 그러한 형이상학적 확실성 말이다. 따라서 물체가 존재한다는 것은 그 어떤 논증을 통해서도 절대적으로 증명될 수 없다. 혹은 잘 질서 지어진 꿈이 우리 정신의 대상이 되는 것을 막는 것은 없다.[8]

나는 라이프니츠의 주장에 동의한다. 즉 우리 모두는 꿈과 생시를 잘 구분하지만, 그러한 구분은 심정적일 뿐 절대적일 수 없다. 이러한 생각은 자연스럽게 다음과 같은 생각으로 이어진다. 즉, 무어의 내/외 구분조건은 거짓이다. 우리는 내부대상과 외부대상을 절대적인 방식으로 구분할 수 없다는 것이다. 우선, 무어의 내/외 구분조건을 다시 살펴보자.

'표상적 내부대상' = df -◇(꿈-별 & -경험) ≡ □(꿈-별 → 경험)
'표상적 외부대상' = df ◇(별 & -경험)

꿈을 꾸는 동안, 나는 다음과 같은 경험을 한 적이 있다. A라는 사람에게 내가 말했다. "별 하나 따 줄게." A가 물었다. "어떤 별?" 다시 내가 말했다. "몰라! 어딘가 있을 별." 그리고 나는 나중에 그 별을 발견하고 가리켰다. 무어에 따르면, 내 꿈속에서의 이 별은, 별이면서 동시에 내가 경험하고 있지 않은 별이다. 그리고 내/외 구분조건이 제시하는 정의에 근거해 본다면, 이 별은 내부대상이 아니라 외부대상이 된다[9]. 무어는 이 가능성

8 Leibniz, G. W. Leroy E Loemker(ed.)(1969), 364.
9 사실, "□(꿈-별 → 경험)", 그리고 "◇(꿈-별 & -경험)", 이 두 명제는 모순관계에 있다. 따라서 둘 중 어느 하나가 참이라면, 다른 하나는 거짓이 된다. 그런데, 위의 예에서 나는 경험 없이 꿈-별의 존재를 확인했다. 따라서 "□(꿈-별 → 경험)"는 거짓이다. 즉 표상적 내부

을 제거해야 한다. 즉 내/외 구분조건은 보충이 필요하다. 그러나 라이프니츠와 마찬가지로 나는 이러한 보충이 불가능할 것이라 생각한다.

외부세계 존재 증명에 대한 여러 가능한 해석들

외부세계 존재에 대한 무어의 증명은 다음과 같다.

> 여기 손 하나 있다.
> 여기 다른 손 하나 있다.
> ―――――――――――――――
> 적어도 두 개의 외부대상이 존재한다.

무어의 이 논증은 표면적으로는 일의적이지만, 사실 분석을 가하면, 매우 다양한 해석들이 나올 여지가 있다. 가능한 해석들을 살펴보면서, 이 논증이 어떤 문제점을 지니고 있는지 살펴보자.

우선 무어가 의도하지 않았던 것, 혹은 무어가 배제하고자 했던 해석을 살펴보자. 위 논증에 대한 다음과 같은 해석이 그러하다.

> 표상적 외부대상으로서의 손$_1$이 있다.
> 표상적 외부대상으로서의 손$_2$가 있다.
> ―――――――――――――――
> 적어도 두 개의 실제적 외부대상이 존재한다.

무어 논증에 대한 이 해석은 표상적 외부대상으로서의 손$_1$, 손$_2$가 있다

대상이 반드시 경험을 함축하지는 않는다.

는 전제로부터 적어도 두 개의 실제적 외부대상이 존재한다는 결론을 도출하고 있다. 이 해석은 배제되어야 하는데, 무어가 그렇게 배제하고 있기 때문이다.

> 이제 우리가 본 것처럼 칸트는 다음과 같이 주장한다. '우리 밖' 혹은 '외재적'이라는 문구는 실제로 완전히 서로 다른 두 가지 의미로 사용된다. 그리고 이 두 가지 의미 중 칸트가 '초월적' 의미라고 부르는 그러한 의미와 관련해 … 칸트가 다음과 같이 주장한 것, 즉 공간을 차지하는 사물들things to be met with in space은 이러한 의미에서[초월적 의미에서] '외재적'인 것은 아니라고 주장한 것은 악명 높다. … 만약 '외재적'이라는 문구가 이런 의미로 사용된다면, 그렇다면 "두 마리의 개가 존재한다"라는 명제로부터, 어떤 [초월적으로] 외재적 사물이 있다는 명제는 따라 나오지 않는다. … 그러나 다른 의미, 즉 칸트에 따르면 '외재적'이라는 단어가 통상적으로 사용되는 그러한 의미, 칸트가 '경험적으로 외재적인'이라고 불렀던 그러한 의미에서의 외재성은 어떠한가?[10]

이렇게 무어는 칸트의 주장을 인용해, '외재성'이라는 단어가 두 가지 의미를 가진다고 주장한다. 하나는 초월적 외재성이고 다른 하나는 경험적 외재성이다. 무어에 따르면 "두 마리의 개가 존재한다"라는 명제로부터 "경험적으로 외재적인 것이 존재한다"라는 명제는 도출되지만, "초월적으로 외재적인 것이 존재한다"라는 명제는 도출되지 않는다. 따라서 위의 해석, 즉 "표상적 외부대상으로서의 손$_1$, 손$_2$가 있다"는 전제로부터 "적어도 두 개의 실제적 외부대상이 존재한다"는 결론을 도출하고 있는 위의 해석은 배제되어야 한다. 실제로도 이 논증은 타당하지 않다. 전제가 참이

10 Moore, G. E. Baldwin T(ed.)(2013), 159.

라 하더라도 결론이 거짓일 수 있다.

똑같은 논리로, 다음과 같은 해석도 배제되어야 한다.

> 표상적 내부대상으로서의 손$_1$이 있다.
> 표상적 내부대상으로서의 손$_2$가 있다.
> ---
> 적어도 두 개의 표상적 외부대상이 존재한다.

이제 무어가 진정으로 의도했던 해석을 살펴보자. 다음의 논증이 그러하다.

> A-해석:
> 표상적 외부대상으로서의 손$_1$이 있다.
> 표상적 외부대상으로서의 손$_2$가 있다.
> ---
> 적어도 두 개의 표상적 외부대상이 존재한다.

이 논증은 타당하다. 전제가 참이면 결론도 무조건 참이다. 그리고 이 A-해석이 바로 무어가 의도했던 그러한 해석이다. 그런데 문제는 무어의 원래 논증이 이런 방식으로만 해석될 수 있는 것이 아니라는 점이다. 무어의 원래 논증은 이렇게 해석될 수도 있지만, 다른 방식으로도 해석 가능하다. 다음과 같은 해석이 그러하다.

> B-해석:
> 표상적 내부대상으로서의 손$_1$이 있다.
> 표상적 내부대상으로서의 손$_2$가 있다.
> ---
> 적어도 두 개의 표상적 내부대상이 존재한다.

B-해석도 무어의 원래 논증에 대한 가능한 해석이다. 그리고 이 논증 역시 타당하다. 이것 역시 전제가 참이면 결론도 무조건 참이다. 나는 이 책을 쓰는 동안, 꿈속에서, 꿈의 세계에서, A-해석이 말해 주는 논증을 펼친 바 있다. 그리고 그렇게 논증을 펼치면서, 나는 적어도 두 개의 표상적 외부대상이 존재함을 증명했었다. 그리고 꿈에서 깨어난 후, 난 내가 펼친 논증이, 사실은 A-해석이 말해 주는 논증이 아니라, B-해석이 말해 주는 논증임을 깨닫게 되었다. 따라서 무어는 이런 가능성을 배제해야 한다. 즉, 무어는 B-해석의 가능성(꿈 속에서의 논증)을 배제해야 한다. 무어는 B-해석의 가능성을 배제할 수 있을까? 내 생각에, 이는 어려워 보인다. 이제 왜 그런지 살펴보도록 하자.

우리 각자는 여러 믿음들을 갖고 있지만, 다른 사람들도 그 믿음을 받아들이는 것은 아니다. 때로 사람들은 나의 믿음에 의심을 표하기도 한다. 그럴 경우 우리가 할 일은 나의 믿음이 옳다는 것을 보이기 위해 근거를 제시하는 것이다. 이렇게 나의 주장이 옳다는 것을 보이기 위해 근거를 제시하는 행위를 **논증**이라고 한다. 무어의 논증도 이러한 취지를 살리고 있다. 즉 그는 근거/전제를 제시함으로써 자신의 결론을 정당화하고자 한다. 그런데 외부세계 회의론자들은 무어의 결론, 즉 "적어도 두 개의 표상적 외부대상이 존재한다"라는 명제에 의심의 시선을 보내는 사람들이다. 그래서 이러한 회의론자들은 B-해석의 가능성을 열어 놓고, 무어의 결론 대신 "적어도 두 개의 표상적 내부대상이 존재한다"라는 명제만이 참이라고 간주한다. 이에 대해 무어는 자신의 결론을 정당화하기 위해 두 개의 전제/근거를 제시한다. 바로 "표상적 외부대상으로서의 손$_1$이 있다"와 "표상적 외부대상으로서의 손$_2$가 있다"가 그것이다. 그리고 이 전제로부터 무어의 결론은 잘 도출된다. 회의론자들은 이 논증을 통해 설득될 수 있을까? 즉 회의론자들은 무어의 논증을 통해, 그가 주장하는 결론을 받아들이게 될 것인가? 이것이 문제이다. 결론부터 말하자면 회의론자들은 무어의 논증을 통해 설득될 수 없다.

회의론자들은 무어의 결론, 즉 "적어도 두 개의 표상적 외부대상이 존재한다"라는 명제에 대해 회의적이다. 그렇다면 이들은 무어의 전제, 즉 "표상적 외부대상으로서의 손이 있다"라는 명제에 대해서도 회의적일 것이다. 적어도 두 개의 표상적 외부대상이 존재한다는 것에 회의적인 사람이라면, 그래서 그 대상이 사실은 표상적 외부대상이 아니라 표상적 내부대상일 수 있다고 믿는 사람들은, 표상적 외부대상으로서의 손이 있다는 사실에 대해서도 회의적일 것이다. 즉 그 표상적 외부대상으로서의 손이 사실은 표상적 내부대상일 수 있다고 생각할 것이다. 이렇게 볼 때, 무어의 논증은 오류를 지니게 된다. 즉, 무어가 내린 결론을 의심하는 그 누구라도 무어가 사용하고 있는 전제 역시 의심하게 되어 있다. 따라서 이들에게 무어의 논증은 의심스러운 전제로부터 의심스러운 결론을 도출하고 있는 논증, 즉 통상적으로 올바른 논증이란 전제의 참임을 해결해 주어야(선결) 결론의 참임도 정당화되는데, 그렇게 하고 있지 못하는 논증, 요약하자면 선결문제 가정의 오류를 지닌 논증일 뿐이다.

무어는 자신의 결론을 정당화하기 위해 논증/증명을 시도한다. 즉 그는 근거/전제를 제시한다. 그러나 무어의 결론을 의심하는 그 누구라도 그의 전제 역시 의심스러워하게끔 이 논증은 구성되어 있다. 표상적 외부대상의 존재를 의심하는 사람은, 그것이 사실은 표상적 내부대상일 수도 있다는 가능성을 열어 놓고 있는 사람이다. 이 사람에게 내 손은 표상적 내부대상이라고 여겨질 수 있는 것이다. 따라서 이 사람의 의심을 풀어 주려면 내 손이 정말로 표상적 외부대상임을 보여 주어야 하는데, 즉 B-해석의 가능성을 배제해 주어야 하는데, 무어의 논증만으로는 이 상황을 해결할 수가 없다. 왜냐하면 이 사람에게 있어 무어의 논증은 의심스러운 전제로부터 의심스러운 결론을 도출하는, 그래서 선결문제 가정의 오류를 포함하고 있는 잘못된 논증으로 여겨질 것이기 때문이다. 따라서 B-해석의 가

능성은 여전히 남아 있고, 이를 해결하지 못하는 한, 회의론자들을 만족시킬 수 없을 것이다.[11]

잘못된 유비논증

무어는 자신의 논증이 오직 A-해석적 방식으로 이해되어야 한다고 주장한다. 그러나 앞에서 본 것처럼 B-해석의 가능성은 쉽게 배제되지 않는다. 이에 대해 무어는 다음과 같은 유비논증을 펼치며 자신을 정당화한다.

> 예를 들어, 어떤 책의 어떤 페이지에 오자 세 개가 있는 것이 문제라고 가정해 보자. A는 그렇다고 말하고, B는 그것을 의심하는 입장이다. A는 자신이 옳다는 것을 어떻게 증명할 수 있을까? 분명 그는 그것을 증명할 수 있을 것이다. 책을 들고서, 그 페이지를 펼치고, 세 지점을 가리키면서 이렇게 말하는 것이다. '여기 오자 하나, 여기 오자 하나, 그리고 여기 오자 하나.' 이는 분명 오자가 있음을 증명하는 방법이 될 수 있다. … 그리고 이것이 확실한 것일 수 있다면, 이제 다음과 같은 것도 확실한 것이다. 내가 가리켰던 두 곳 중 하나에 한 손이 있었고, 다른 한 곳에 다른 손이 있었다는 것.[12]

문제는, 이 글을 쓰면서 나는 위와 똑같은 상황의 꿈을 꾼 적이 있다는 것이다. 꿈 얘기는 앞에서 했으니 더 할 필요는 없다. 그러나 꿈 얘기가 중요해지는 지점이 있다. 무어는 오자 존재 증명과 외부세계 존재 증명이 유

11 선우환(2010), 189-191 참조.
12 Moore, G. E. Baldwin T(ed.)(2013), 167.

사한 증명이라고 주장하면서, 오자 존재의 증명처럼 외부세계 존재 증명도 정당하다고 주장하는데, 사실 이 두 논증은 완전히 다른 논증이라는 점이 그것이다. 외부세계 존재 증명은 그 증명이 A-해석적으로 이해될지, 아니면 B-해석적으로 이해될지에 따라, 정당한 증명일 수도, 정당한 증명이 아닐 수도 있다. 생시에 그 증명을 펼친다면 그 증명은 성공하지만, 꿈에서 그 증명이 펼쳐지지 말라는 법은 없다. 반면 오자 존재의 증명은, 그 증명이 생시에 펼쳐지든, 아니면 꿈에서 펼쳐지든 아무 상관이 없다. 생시에 이 증명이 펼쳐질 때도 나는, 그리고 우리 모두는, 결론이 전제에 의해 정당화됨을 확신할 수 있으며, 또 꿈에서 이 증명이 펼쳐질 때도 나는, 그리고 우리 모두는, 전제로부터 결론이 도출됨을 확인하는 데 아무런 문제를 느끼지 않을 것이다. 이렇게 오자 존재 증명은 꿈이건 생시건 상관없이 정당하다. 반면 외부세계 존재 증명은 그것이 꿈에서의 증명인지, 아니면 생시에서의 증명인지에 따라 정당한 논증일 수도, 혹은 정당한 논증이 아닐 수도 있는 것이다. 따라서 오자 존재 증명을 근거로, 그것과의 유비를 통해, 외부세계 존재 증명을 정당화할 수 없다. 이 둘은 완전히 서로 다른 증명들이다.

사실 무어의 논증은 (논리학에서 말하는 건전성과는 다른 의미에서, 즉 상식적인 의미에서) 건전하다. 그리고 우리 모두는 무어의 논증에 동의할 것이라 생각된다. 그러나 우리가 무어의 논증에 동의하는 것은 그것이 엄밀한 논증이기 때문이 아니다. 우리가 동의하는 이유는 그것이 상식적인 것이기 때문이다. 사실 상식적으로 봤을 때는, 외부세계의 존재에 대한 증명조차 필요 없다. 우리 모두는 논증에 의존하지 않고도 외부세계의 존재를 확신한다. 여기서 무어 논증의 오류가 발생하는 것이다. 이 논증은 그냥 상식에 기대고 있다는 바로 그것. 그러나 엄밀한 철학적 분석이 가해지면, 그래서 형이상학적 가능성들을 염두에 둔다면, 무어의 논증은 그 힘을 잃게 된다. 칸트의 말처럼, "우리 밖 사물들이 존재함은 … 그저 믿음에 근거해서만 받아들여져야 한다는 것, 이것은 여전히 철학의 스캔들로 남아 있다. 그리고 만약 누군가가 이러한 사물들의 존재를 의심할 만하다고 생각한다면, 우리는 그 어떤 증명으로도 그의 의심을 만족시킬 수 없다." 라이프니츠의 말처럼, "실재적 현상을 구분하는 지금까지 얘기되었던 기준, 이 기준들 모두가 함께 고려된다 하더라도 이러한 기준은 증명이 아니라는 것을 우리는 받아들여야 한다. 매우 큰 확률을 갖기는 하지만 말이다. 혹, 통상적으로 얘기하자면, 이 기준은 심정적moral 확실성만큼은 제공해 주지만, 형이상학적 확실성을 확립하지는 못한다. … 잘 질서 지어진 꿈이 우리 정신의 대상이 되는 것을 막는 것은 없다." 무어의 증명은 실패다.

결론

실제적 외부대상들의 세계에 가 본 사람이라면, 지금 이 세계에서 우리에게 펼쳐지는 그림들이 실제적 외부대상들을 잘 반영하고 있는지, 잘못 반영하고 있는지, 아니면 없는 것을 그리고 있는지 판단할 수 있다. 물론 이것은 불가능하다. 오직 신만이 이러한 역할을 맡을 수 있다. 이와 똑같은 맥락에서, 잠에서 깨어난 우리는 꿈속에서 내가 만난 사람이 예전에 내가 만났던 사람인지, 그 사람과 다른 사람이 섞인, 두루뭉술한 사람인지, 아니면 한 번도 만나 보지 못했던, 즉 현실에 없는 사람인지 판단할 수 있다. 우리는 이런 경험을 거의 매일 한다. 그래서 우리는 꿈과 생시를 잘 구분할 수 있다고 생각한다. 그러나 이렇게 꿈과 생시를 잘 구분할 수 있는 이유는 매일의 경험에서 비롯된 것이다. 꿈을 꾸고, 꿈에서 깨어남으로써, 그리고 이것이 반복됨으로써, 우리는 이 두 상태를 잘 구분할 수 있다고 믿는 것이다. 문제는, 만약 우리가 지금 꿈을 꾸고 있다면, 우리는 이 두 상태를 구분할 처지에 놓이지 못한다는 점에 있다. 라이프니츠의 주장처럼, 잘 질서 지어진 꿈, 아주 생생한 꿈은, 우리로 하여금 바로 그 세계가 생시의 세계인 것으로 믿게끔 만든다. 어떤 때는 꿈속에서 깨어났는데, 여전히 꿈인 경우도 있다. 한 번 더 깨어나서야 비로소 그것이 메타 꿈인지 알게 되는. 물론 한 번 더 깨어나서야 비로소 그런 줄 알게 되는 수도 있다. 이런 가능성들은 외부세계 회의론자들로 하여금, 꿈과 생시의 구분이 그렇게 분명한 것은 아니라는 믿음을 갖게끔 했다. 심정적으로는 이 구분이 분명하지만, 그 어떤 증명도 불가능하다는 것이 그들의 믿음이다. 무어가 여기에 도전했지만, 내 생각에는 실패다. 실패한 이유는 너무나 상식적인 것(무어 논증의 결론 부분)을, 상식에 기대어(무어 논증의 전제 부분) 증명하고 있기 때문인 것으로 보인다.[13] 믿음의 영역, 심정적으로만 확실한 영역은 그 영역의 특성을 존중해 그대로 놔두어야 한다는 것이 전통적 회의론자들의 믿음인 것으로 보인다. 그리고 나는 이들의 믿음에 동의한다.

13 사실 무어는 나의 반론을 충분히 예상하고 그에 대응하고 있다. 즉 위에서 언급한 꿈의 가설을 예상하고 이에 대응하고 있다. 그러나 그 대응이라는 것이 바로 이 책에서 내가 비판한 것, 즉 상식에 기댈 수밖에 없다는 것 정도이다. 그에 따르면 내 손이 있다는 것은 절대 꿈이 될 수 없다는 것이다. 그러나 외부세계 회의론자들이 이를 받아들일 수는 없을 것이다. 이들을 납득시키려면, 논증이나 이론이 필요한데, 무어가 하려고 한 것, 즉 외부세계의 존재에 대한 증명은, 위에서 본 것처럼 선결문제 가정의 오류를 지녀서 설득력이 많이 떨어진다.

10

현상주의 II: 외부세계 회의론 반박에 대한 재반박[1]

앞 장에서 나는 외부세계 회의론을 옹호했다. 외부세계 회의론이란 우리의 인식적 한계로 인해 우리는 외부세계가 실제로 존재하는지 알 수 없다는 주장이다. 이러한 나의 주장에 대해 김진희는 그의 논문 「외부세계 회의론과 의미론적 극복」에서 나의 주장을 비판하고, 외부세계 회의론이 궁극적으로 해결될 수 있다고 주장한다. 그에 따르면 외부세계 회의론은 잘못 설계된, 거짓 이론이다. 그는 다음과 같이 주장한다. "궁극적으로 나는 외부세계 회의론을 주장하는 모든 진술들이 무의미nonsense하다는 사실을 밝힘으로써 외부세계 회의론이라는 문제 자체를 해소시키고자 한다."[2] 나는 이 장에서 김진희의 시도가 실패임을 보이고자 한다. 이를 위해 우선 외부세계 회의론이 무엇인지, 그리고 왜 이 이론이 옹호되어야 하는지 살펴보도록 한다.

1 이 장은 박제철(2017)에서 가져온 것이다.

2 김진희(2016), 304.

외부세계 회의론 모델[3]

외부세계 회의론을 이해하려면, 그래서 그 입장이 정당화되려면 모델이 필요하다. 우선 다음과 같은 모델을 살펴보자. 모델은 첫째, 어떤 특정 대상, 둘째, 철수가 그린 그림, 그리고 엄마, 이 셋으로 구성된다. 철수를 남겨 놓고 엄마는 시장에 갔다 온다. 그리고 엄마는 철수가 그린 그림을 보게 된다. 이제 이 그림과 관련해 세 가지 가능성이 제기된다. 첫째, 철수는 집 안의 어떤 물건을 제대로 잘 그렸다. 둘째, 철수는 집 안의 어떤 물건을 왜곡해 그렸다. 셋째, 철수는 집 안에 없는 물건을 그렸다. 이 세 가지 가능성들 중 어떤 것이 진실인지 엄마는 확인할 수 있다. 집안을 잘 살펴 셋 중 어느 하나가 진실임을 엄마는 보여 줄 수 있다. 이제 이 모델의 특징을 살펴보자. 모델에서는 그림이 하나 있고, 어떤 대상이 하나 있고(없을 수도 있다), 이 둘 밖에서 그림과 대상의 관계(일치 혹은 불일치)를 확인해 줄 엄마가 있다. 여기서의 핵심은 엄마라는 존재가 그림, 그리고 대상, 이 둘 밖에 존재한다는 것이다. 이 조건이 충족되어야만 엄마는 그림과 대상의 관계를 파악할 수 있다.

이제 이 모델과 관련해 우리가 세상을 어떻게 인식하는지 살펴보자. 우리는 우리 정신에 맺힌 상이 우리 밖의 대상들을 제대로 반영하고 있는지, 그렇지 않은지 잘 알 수 있다고 믿는다. "너 잘못 본 거야!"라는 표현이 이를 말해 준다. 그래서 우리 정신이라는 그림, 외부 대상, 그리고 이 둘의 관계를 파악할 그 무언가가(위 모델에서의 엄마처럼) 존재한다고 믿는다. 정말 우리는 우리 정신 밖에 있다고 믿어지는 외재적 대상과, 그 대상을 표상하는 우리 정신 내부의 상, 이 둘의 관계에 대해, 위 모델의 엄마처럼 그 관계를 파악할 수 있을까? 그렇게 할 수 없다. 왜냐하면 위 모델에서 엄마

3 이 장은 앞 장의 바로 이 절을 약간 수정한 것이다.

는 그림과 대상 밖에 있지만, 우리는 우리 정신의 그림으로부터 벗어날 수 없기 때문이다. 우리는 우리 정신 안에 갇혀 있다. 우리가 세계를 인식할 때, 그러한 인식에 대한 적절한 모델은, 그림, 대상, 엄마, 이 셋으로 이루어진 모델이 아니라, 그림과 대상, 이 둘로 이루어진 모델이다. 다시 말해 우리는 그림 밖의 존재가 아니라, 우리가 그림이다. 그림과 대상으로부터 독립적인 존재는 없다. 우리는 그림 안에 갇혀 있다. 따라서 그림과 대상 간의 관계에 대해, 이 둘이 서로 대응한다거나, 왜곡되었다거나, 대상이 없는 그림이라거나 하는 가능성 중 어느 하나가 옳다고 우리는 주장할 수 없다. 전통적으로, 특히 라이프니츠에 따르면, 위 모델에서의 엄마 역할을 하는 존재가 있다. 바로 신이다. 신은 우리 정신의 그림 밖에서, 그리고 그 그림이 그리고 있는 대상들 밖에서, 이 둘을 바라보며, 우리 정신이 대상을 잘 그리고 있는지, 왜곡해 그리고 있는지, 아니면 없는 대상을 그리고 있는지를 파악한다. 신은 이런 능력을 가지고 있지만, 우리는 이런 능력을 갖지 못한다. 따라서 우리 인식과 관련한 우리의 판단은 매우 제한적이다. 그래서 철학사적으로 봤을 때, 이 세 가능성은 모두 옹호되어 왔고, 우리는 우리의 인식적 한계로 인해, 이 중 어느 하나만이 옳은 이론이라 주장할 수 없는 것이다.

세 개의 개념을 도입해 이러한 가능성들을 정리해 보자. 첫째, 나는 표상적 내부세계라는 개념을 도입할 것이다. 표상적 내부세계는, 우리 감각기관이 다 닫혔을 때, 예를 들어 내가 꿈을 꾸고 있을 때, 내 정신에 펼쳐지는 세계이다. 그리고 그 세계 내의 대상들을 표상적 내부대상이라고 부르자.[4] 표상적 외부세계는 내가 나의 감각기관을 열었을 때 내 정신에 펼

4 표상적 내부세계는 무어 논증에 대한 반박을 위해 도입된 개념이다. 하지만 이 글에서 표상적 내부세계라는 개념 장치는 맥락상 큰 의미가 없다. 따라서 앞으로는 표상적 내부세계, 표상적 외부세계 구분 없이, 내 정신에 펼쳐지는 세계를 통칭해 '표상적 세계'라고 표현할 것이다.

쳐지는 세계이다. 이 세계는 꿈에서 깨어난 상태에서 내 정신에 펼쳐지는 세계로서, 우리는 내 정신 안의 이런 그림들이, 내 정신 밖의 어떤 사물들로 인해 그려진 것이라 믿는다. 셋째, 바로 이렇게 내 정신에 그림들을 새겨 낸다고 믿겨지는 바로 그 사물들의 세계를 나는 실제적 외부세계라고 부를 것이다.

우리는 앞에서 우리 인식의 모델이, 그림, 대상, 엄마, 이 셋으로 이루어진 것이 아니라, 그림, 대상, 이 둘로 이루어져 있다고 주장했다. 모델이 셋으로 이루어지려면, 우리는 그림 밖으로, 우리 정신 밖으로 나가야 하는데, 그것은 불가능하기 때문이다. 따라서 꿈의 경우를 제외한다면, 우리에게 남은 것은 그림과 대상, 우리의 용어로 하면 표상적 외부세계와 실제적 외부세계인데, 우리는 이 둘의 관계가 어떠한지 알 수 있는 인식적 위치에 놓여 있지 못하다. 즉 표상적 외부세계라는 우리 정신의 그림이, 실제로 존재하는 실제적 외부세계를 제대로 잘 그린 그림인지(상식적으로 이렇게 믿고 있으며, 철학사에서는 오랫동안 이것이 당연시되었다. 나는 이 입장을 '전통적 실재론'이라고 부르고자 한다), 왜곡해 그린 그림인지(라이프니츠, 칸트 식의 개념 도식론이라고 한다), 없는 것을 그린 그림인지(외부세계 부재론이라고 부르고자 한다), 우리는 알 수 없다. 따라서 이 세 이론 중 어떤 이론이 적절한 것인지 우리는 결정할 수 없다. 이러한 결정은 취향의 문제이다. 칸트는 실제적 외부대상을 물자체라고 불렀다. 위에서 본 것처럼 물자체의 존재에 대한 칸트의 확신은 그의 믿음일 뿐이다. 반면 물자체에 대해 그것이 어떤 특성을 가지는지 우리는 알 수 없다는 칸트의 주장은, 우리가 우리 정신 밖으로 나가야만 물자체의 특성을 확인할 수 있는데, 그것은 불가능하다는 우리의 주장과 일치한다.

그래서 실재론, 개념 도식론, 외부세계 부재론, 이 셋은 서로 간의 이론적 우위 없이 난립할 수 있다. 이 세 이론 중 어느 하나가 옳음을 주장하기 위해 필요한 것은, 우리가 우리 정신 밖으로 나가야 한다는 것인데, 즉 표상적 외부세계 밖으로 나가야 한다는 것인데, 이는 불가능한 것이기 때문이다.

실재론, 개념 도식론, 외부세계 부재론, 이 셋 중 어느 것이 옳은지 우리는 알 수 없다. 우리가 신적인 관점을 취할 수 없기 때문이다. 이것이 바로 외부세계 회의론이다. 외부세계가 없다는 주장이 아니다. 다만 그러한 것이 있는지, 그것이 어떠한 것인지 알 수 없다는 것이다.

김진희의 해결책

김진희는 이러한 외부세계 회의론에 도전한다. 그는 외부세계 회의론이 거짓 이론임을 증명하고자 한다. 그는 퍼트넘과 비트겐슈타인의 이론을 사용해 이를 증명하고자 하는데, 나는 이 두 해결책 모두가 실패라고 생각한다. 우선 퍼트넘의 해결책은 명백하게 오류이다. 퍼트넘의 해결책은 앞에서 설정된 외부세계 회의론 모델, 즉 실제적 외부세계와 표상적 세계 사이의 관계에 대한 모델에 그대로 적용되어, 이로부터 빠져나가기 어렵게 설계되어 있다. 둘째, 비트겐슈타인의 이론을 사용해 외부세계 회의론이 거짓 이론임을 증명하고자 하는 시도는, 거짓 전제를 사용해 거짓 결론을 도출하는 오류를 범하고 있다. 이제 이 두 해결책 각각을 살펴보면서 무엇이 문제인지 확인해 보도록 하자. 김진희는 비트겐슈타인 식의 해결책이 외부세계 회의론을 무력화시키는 결정적 반론이라 생각하기에, 만약 이러한 반론이 잘못된 것으로 드러난다면, 외부세계 회의론은 더 강력해질 것이라 생각된다.

퍼트넘의 해결책

김진희는 "퍼트넘의 지칭주의적 해결책"이라는 절에서 퍼트넘의 "통 속의 뇌 가설"이라는 사고 실험을 소개하고, 이것이 외부세계 회의론을 해결하는 한 가지 가능한 입장이라 주장한다. 우선 퍼트넘의 사고 실험을 살펴보도록 하자.

> 철학자들에 의하여 그 가능성이 많이 논의되는 과학적 공상의 예 하나를 들어 보자. 어떤 인간이(당신 자신이라고 생각해도 좋다) 사악한 과학자에게 수술을 받았다고 하자. 그 사람의 두뇌가 육체에서 분리되어 두뇌를 계속 살아 움직이게끔 해 줄 영양분이 가득 담긴 통 속에 옮겨졌다고 하자. 신경 조직은 그대로 초과학적 컴퓨터에 연결되어 이 컴퓨터가 그 사람으로 하여금 모든 것이 완벽히 정상적인 듯이 보이는 환각을 일으키도록 한다고 하자. … 신경 세포는 그 두뇌의 주인공으로 하여금 이러저러한 환상을 일으키도록 하는 초과학적 컴퓨터에 연결되어 있다.[5]

김진희가 그렇게 이해하듯이, "통 속의 뇌 논변은 실제적 외부세계(통과 뇌가 있는 세계)와 표상적 세계(뇌가 인식하는 세계) 사이에 성립하는 회의론이다."[6] 실제로는 통 속의 뇌이지만, 그 뇌 안에서 펼쳐지는 모든 사건들은 그 뇌로 하여금 자신이 실제로 말하고 행동한다고 생각하게 만든다.

퍼트넘은 이런 식으로 정식화된 외부세계 회의론을 반박하고자 한다. 그의 해결책은 "통 속의 뇌 가설"이 자기논박적 가정이라고 주장함으로써, 이 가설을 받아들이는 외부세계 회의론자들을 논박하는 것이다. "통 속의

5 H. 퍼트넘, 『이성, 진리, 역사』, 26-7, 김진희(2016), 305-6에서 재인용.
6 김진희(2016), 306.

뇌 가설"은 왜 자기논박적인가? 김진희는 이를 다음과 같이 정식화한다.

(CC) 어떤 용어는 오직 그 용어와 대상 사이에 적절한 인과적 관계가 성립하는 한에서 대상을 지칭한다.[7]

i) 우리가 통 속의 뇌라고 가정하자.

ii) 만약 우리가 통 속의 뇌라면, "뇌"는 뇌를 지칭하지 못하며 "통"은 통을 지칭하지 못한다. [CC에 의해]

iii) 만약 "통 속의 뇌"가 통 속의 뇌를 지칭하지 않는다면, "우리는 통 속의 뇌다"라는 문장은 거짓이다.

iv) 그러므로 만약 우리가 통 속의 뇌라면, "우리는 통 속의 뇌다"라는 문장은 거짓이다. [i), ii), iii)에 의해][8]

A라고 하는 존재가 있다고 하자. 그는 통 속의 뇌이다. A는 슈퍼 컴퓨터와 연결되어 있어 그 뇌 안에서 여러 가지 사건들이 발생하도록 고안되어 있다. 즉 A는 대화하고 행동한다. 실제로는 통 속의 뇌이지만, 그는 표상적 세계에 갇혀서, 그 세계 안에서 발생하는 사건들이 실제로 일어난다고 믿고 있다. 이제 퍼트넘의 주장은 다음과 같다. A가 "나는 통 속의 뇌이다"라고 발언할 때, '통 속의 뇌'라는 단어는 통 속의 뇌를 지칭하지 못한다. 왜 그런가? A가 '통 속의 뇌'라는 단어를 통해 무언가를 지칭하려면 그 지칭체와 '통 속의 뇌'라는 단어 사이에 적절한 인과적 관계가 성립해야 하는데, 그렇지 않기 때문이다. 즉 A가 '통 속의 뇌'라는 단어를 의미 있게 사용하기 위해서는 '통 속의 뇌'라는 단어가 지칭하는 적절한 대상이 있어야 하는데, 그런 대상은 A가 갇혀 있는 세계에서는 없기 때문이다. A가 갇혀 있는 세계에서 A는 정상인이다. 따라서 A가 "나는(A는) 통 속의 뇌이다"라고

7 (CC)는 인과적 제약(Causal Constraint)의 약자이다.

8 김진희(2016), 306-7.

발언할 때, A는 자기논박적인 주장을 하는 것이다. "나는 통 속의 뇌이다"라고 발언해 보라. 왜 자기논박적인 주장인지 알게 될 것이다. 퍼트넘은 다음과 같이 말한다. "우리가 정말로 통 속에 있는 두뇌에 불과하다는 가정이 물리적 법칙에 위배되지 않고 우리가 경험해 온 모든 것과 전혀 모순되지는 않더라도 [이 주장은] 절대 참이 될 수 없는 가정이라고 주장하고자 한다."[9]

김진희는 외부세계 회의론에 대한 하나의 가능한 해결책으로서 퍼트넘의 논변을 소개하고 있지만, 사실은 이 해결책이 적절하지 않음을 보이면서 비트겐슈타인의 해결책으로 넘어간다. 나는 퍼트넘에 대한 김진희의 비판은 건너뛰고자 한다. 김진희의 비판이 적절한 것인지 적절하지 않은 것인지, 그 어떤 확신도 없기 때문이다. 다만 나는 퍼트넘의 해결책이 완전히 잘못되었음을 보이면서 다음 주제로 넘어가고자 한다.

앞에서 우리는 외부세계 회의론을 다음과 같이 정식화했다. 우리는 실제적 외부세계와 표상적 세계 사이의 일치 여부를 알 수 없다. 이 둘 사이의 일치 여부를 알 수 있는 존재는 오직 신뿐이다. 우리는 표상적 세계에 갇혀 있어 그것이 실제적 외부세계와 정확히 대응하는지, 잘못 반영하는지, 아예 실제적 외부세계라는 것은 존재하지 않는 것인지, 우리는 결정할 수 없다. 퍼트넘의 "통 속의 뇌" 논변이 보여 주고자 하는 것이 바로 이러한 인식론적 한계 상황이다. 퍼트넘은 이러한 인식론적 한계 상황이 자기논박적이라고 생각한다. 왜냐하면 A가 "나(A)는 통 속의 뇌이다"라고 발언할 때마다, '통 속의 뇌'라는 단어는 적절한 인과적 연결고리를 확보하고 있는 대상을 지칭하는 데 실패하기 때문이다. 즉 A가 "나(A)는 통 속의 뇌이다"라고 발언할 때마다, 이 발언은 필연적으로 거짓이 된다. 스스로 이 발언을 해 보라. 본인 스스로 이 발언이 거짓임을 알게 될 것이다.

9 H. 퍼트넘, 『이성, 진리, 역사』, 28. 김진희(2016), 307에서 재인용.

그러나 퍼트넘의 주장은 문제가 있다. 그 문제란 바로 "A는 통 속의 뇌이다"라는 발언을 A만 할 수 있는 것이 아니라는 점이다. 이 발언을 자기논박적이 아니게끔 발언할 수 있는 존재가 퍼트넘의 가설에 설정되어 있다. 즉 사악한 과학자가 그이다. 사악한 과학자는 실제적 외부세계와 표상적 세계 모델에서의 신처럼, 표상적 세계 밖에서 이 상황을 관찰하고 있다. 그가 '통 속의 뇌'라는 단어를 사용할 때, 그는 이 단어와 대상(통 속의 뇌) 사이에 적절한 인과적 관계가 성립하는 방식으로 이 단어를 사용한다. 당신이 사악한 과학자라고 가정하고, "A는 통 속의 뇌이다"라고 발언해 보라. 이렇게 발언할 때, 당신은 적절한 인과적 지칭에 실패하는가? 이 발언이 필연적으로 거짓인가? A가 이 발언을 한다면, 그는 자기논박적인 방식으로 이러한 발언을 하는 것이다. 그가 갇혀 있는 표상적 세계에서 그는 통 속의 뇌가 아닌 것이다. 그러나 사악한 과학자는 아무 문제없이 "A는 통 속의 뇌이다"라는 발언을 할 수 있다. "A는 통 속의 뇌이다"라는 발언은 누가 이 발언을 하느냐에 따라 자기논박적일 수도, 자기논박적이 아닐 수도 있다. 이렇게 자기논박적이 아닐 수도 있다는 가능성이 사악한 과학자의 존재를 통해 확보되어 있다. 따라서 "A는 통 속의 뇌이다"라는 발언이 자기논박적이라는 사실에 근거해 외부세계 회의론 문제를 해결하려는 퍼트넘의 논변은 실패다. 내가 "나(A)는 통 속의 뇌이다"라고 발언하면, 나는 자기논박적인 주장을 하고 있는 셈이다. 하지만, 신이, 혹은 사악한 과학자가 "A는 통 속의 뇌이다"라고 발언하면, 신은 자기논박적인 주장을 펼치고 있는 것이 아니다. 퍼트넘의 해결책은 앞에서 설정된 외부세계 회의론 모델, 즉 실제적 외부세계와 표상적 세계 사이의 관계에 대한 모델에 그대로 적용되어, 그로부터 빠져나가기 어렵게 설계되어 있다. 외부세계 회의론 모델에서의 신은, 퍼트넘 모델에서의 사악한 과학자이다. 신과 마찬가지로 사악한 과학자는 자기논박적이 아닌 방식으로 메타 주장을 할 수 있다. A가 그렇게 하면 자기논박적이게 되지만, 사악한 과학자가 그렇게 하면, 전혀 자기논박적이지 않게 된다.

자신의 논증을 펼치면서 퍼트넘 역시 사악한 과학자의 입장을 취하고 있다. 그는 다음과 같이 말한다.

> 그렇다면 통 속의 두뇌의 경우 내재적으로도 외부적으로도 나무를 표상하지 않는 감각 자료에 언어가 결부되도록 프로그램이 짜여 있다면 도대체 외부적인 어떤 것을 지시하거나 표상하는 언어 체계가 과연 두뇌에 형성될 수 있을까?
>
> 이에 대한 대답은 부정적이다. 감각 자료, 방출 신경에 대한 작동 신호, 그리고 입력으로서의 감각 자료에 〈언어 유입 규칙〉에 의하여 연결되고 출력으로서의 작동 신호에는 〈언어 방출 규칙〉에 의하여 연결된 언어 또는 개념 체계 등으로 이루어진 통 속의 두뇌가 가진 전 체계는 개미의 그림과 윈스턴 처칠의 관계와 마찬가지로 실재하는 나무와는 아무런 관련도 가지지 않는다. 통 속의 두뇌가 가진 생각과 실재 세계의 인간이 가진 생각 간에 질적인 유사성qualitative similarity(질적 동일성이라 해도 좋다)이 있다고 해서 양자가 동일한 지시 기능을 가지고 있다고는 결코 말할 수 없음이 밝혀진 이상, 통 속의 두뇌가 외적인 사물을 지시한다고 간주할 수 있는 어떠한 근거도 있을 수 없음은 자명해졌다.[10]

여기서 퍼트넘은 사악한 과학자의 입장을 취하고 있다. 그러면서 그는 다음과 같이 주장한다. 즉, 통 속의 두뇌가 가진 생각, 그리고 실재 세계의 인간이 가진 생각, 이 두 생각 간에 성립하는 질적 유사성이 있을지라도, 그 두 생각은 지시 기능에 있어 서로 다른 종류의 것이다. 퍼트넘이 이렇게 말하고 있는 이상, 퍼트넘은 자신의 논증 속에서 사악한 과학자의 입장

10 H. 퍼트넘, 『이성, 진리, 역사』, 39.

을 취하고 있는 것이다. 이렇게 퍼트넘의 논변에 사악한 과학자가 포함되어 있는 이상, "A는 통 속의 뇌이다"라는 명제를, 자기논박적이지 않게 발언할 수 있는 주체가 그 모델 안에 설정되어 있다고 보아야 할 것이다.

퍼트넘의 논변은 외부세계 회의론에 대한 적절한 반론이 될 수 없다. "A는 통 속의 뇌이다"라는 발언을 자기반박적이지 않은 방식으로 표출할 주체가 그 논변에 설정되어 있기 때문이다. 그런데 이보다 더 큰 문제가 퍼트넘의 논변 속에 숨어 있다. 바로 적절한 지칭과 관련해 퍼트넘의 논변은 외부세계 회의론을 오히려 돕게 된다는 것이 그것이다.

외부세계 회의론의 구도를 살펴보자. 그 구도 하에서는 두 개의 세계가 설정되어 있다. 하나는 실제적 외부세계이고, 다른 하나는 표상적 세계이다. 퍼트넘의 통 속의 뇌 가설에서 어떤 것이 실제적 외부세계에 해당하고, 어떤 것이 표상적 세계에 해당할까? 김진희의 해석대로 실제적 외부세계에 대응하는 것이 통과 뇌가 있는 세계이며, 표상적 세계에 대응하는 것이 바로 뇌가 인식하는 세계이다. 이제 외부세계 회의론자는 다음과 같이 주장한다. 우리는 우리의 표상적 세계에 갇혀 있어서, 즉 뇌가 인식하는 세계에 갇혀 있어서, 실제적 외부세계가 존재하는지, 즉 뇌와 통의 세계가 존재하는지 확신할 수 없다. 이러한 외부세계 회의론의 주장은 정확히 퍼트넘의 생각과 일치한다. 퍼트넘에 따르면, 뇌가 인식하는 세계에 갇혀 있는 A는, 실제적 세계에 놓여 있는 통과 뇌에 대한 지칭행위에서 항상 실패한다. 그가 '통' '뇌' 등의 단어를 사용해 적절히 지칭할 수 있는 것은 그가 갇혀 있는 인식 세계 내의 대상들뿐이지 실제로서의 통과 뇌가 될 수 없다. 만약 그가 '통'과 '뇌'라는 단어를 사용해 실제로서의 통과 뇌를 지칭하고자 한다면, 그 단어와 실제로서의 통과 뇌 사이에 적절한 인과적 관계가 설정될 수 없기에, 지칭에 실패하게 되는 것이다. 사정이 이렇다면, A는 실제세계에 대한 그 어떤 지칭도, 그 어떤 기술description도 할 수 없게 된다. 즉 A는 실제적 외부세계와 인식적으로 단절되어 있다. 그런데 이것은 외부세계 회의론자들의 전형적 주장이다. 외부세계에 대해, 그것의 존재라든지, 그것이 어떠한 것이라든지, 우리는 전혀 알 수 없다는 그러한 주장. 퍼트넘의 논변은, 원래 취지와는 달리 외부세계 회의론과 친근하게 연결되어 있다. 달리 말해 퍼트넘의 논변은 외부세계 회의론을 돕고 있다. 외부세계 회의론자들도, 또 퍼트넘도 다음과 같은 동일한 입장을 취하고 있다. "자신의 인식적 세계에 갇혀 있는 A는 자신의 인식적 세계 밖으로 나아갈 수 없다." 외부세계 회의론자들은 이에 대해 다음과 같이 말한다. "우리는 표상적 세계에 갇혀 있어서, 실제적 외부세계에 인지적으로 접근할 수 없다." 퍼트넘은 동일한 방식으로 다음과 같이 말한다. "A라는 통 속의 뇌는 "나는 통 속의 뇌이다"라는 발언을 할 때마다, 지칭에 실패한다. A는 자신의 세계에 인식적으로 갇혀 있는 것이다. 그가 실제세계에 접근하고자 할 때마다, 그는 지칭에 실패함으로써, 이러한 접근에도 실패하는 것이다." 이 두 입장 모두 자신의 세계에 인식적으로 갇혀 있는 주체가 그 세계를 넘어설 수 없음을 주장한다. 이 둘 모두, 표상적 세계에 갇힌 존재는 실제적 외부세계에 인지적으로 접근할 수 없다는 핵심적 생각을 공유하고 있다.

이제 다른 방식으로 이러한 결론을 정식화해 보자. "A는 통 속의 뇌이다"라고 A가 발언한다면, 이 발언은 무조건 거짓이다. 김진희는 이를 다음과 같이 설명한다.

> 이제 ii)[만약 우리가 통 속의 뇌라면, "뇌"는 뇌를 지칭하지 못하며 "통"은 통을 지칭하지 못한다]를 살펴보도록 하자. (CC)의 논의와 연관하여 ii)를 풀어 쓴다면 다음과 같을 것이다. "(CC)에 따라 지칭은 적절한 맥락을 선제하는데, BIV[통 속의 뇌 가설] 명제는 그렇지 못하기 때문에 지칭이 불가능하다." 이 주장을 이해하기 위해 BIV 명제가 성립한 상황을 생각해 보자. BIV가 성립한다면 우리는 통 속의 뇌이다. 해당 상황에서 세계는 통 속

의 뇌가 느끼는 세계(표상세계)와 통과 뇌가 위치해 있는 세계(실제적 외부세계)로 완전히 분리된다. 그런데 BIV 명제, "우리는 통 속의 뇌다"라는 명제에 포함된 이름 '통'과 '뇌'에 해당하는 대상은 실제적 외부세계에 위치한다. 그런데 우리는 실제적 외부세계를 경험할 방법이 없다. 그러므로 (CC)에 따라, 해당 상황에서 '통'과 '뇌'의 지칭은 실패한다.[11]

그러나 위에서 언급한 것처럼, 지칭에 실패하지 않으면서도 이 발언을 적절하게 할 수 있는 주체가 퍼트넘의 논변에는 포함되어 있다. 바로 사악한 과학자이다. 이 사악한 과학자는 우리의 외부세계 회의론 모델에서의 신과 같다. 신은 실제적 외부세계와 표상적 세계 밖에서 이 둘 사이의 관계를 적절하게 파악할 수 있다. 즉 이 둘이 서로 대응하는지, 왜곡되어 대응하는지, 아니면 실제적 외부세계란 아예 없는지, 신은 알 수 있다. 이제 외부세계 회의론의 핵심적 주장은 다음과 같다. 우리는 신과 달리 표상적 세계 내에 갇혀 있는 존재이기에, 표상적 세계와 실제적 외부세계 사이의 관계에 대해 그 어떤 입장도 취할 수 없다. 즉, 신이 배제된다면, 그래서 우리만 존재한다면, 외부세계 회의론은 정당화된다. 외부세계가 존재하는지 우리는 알 수 없다. 신이 존재한다고 가정하면, 우리는 신적 관점에 근거해 실제적 외부세계와 표상적 세계 사이의 관계를 적절히 해명할 수 있다. 그러나 문제는, 만약 우리만 있다면, 우리들만으로는 이러한 관점을 정당화할 수 없다는 점이다. 신이 배제된다면, 실제적 외부세계의 존재는 회의적일 수밖에 없다. 이러한 사실을, 즉 신이 배제된 경우를 "통 속의 뇌 가설"에 적용해 보자. 그렇다면 이 가설에서 사악한 과학자는 제거된다. 사악한 과학자가 포함된 가설에서는 "A는 통 속의 뇌이다"라는 발언을 의미 있게, 적절히 수행할 주체가 존재한다. 그러나 이러한 주체가

11 김진희(2016), 308-9.

제거되면, 오직 A만 남게 되므로, A만이 이 발언을 할 수 있다. 그런데 A가 이 발언을 한다면, 그는 필연적으로 거짓 발언을 하게 되는 것이다. 왜냐하면 그의 정신에 펼쳐지는 세계 내에서 그는 통 속의 뇌가 아니기 때문이다. 이렇게 사악한 과학자가 배제되면, 그 경우 김진희의 퍼트넘에 대한 해석은 옳은 것이다. "A는 통 속의 뇌이다"라는 발언은 자기논박적인 발언이므로, 통 속의 뇌 가설 자체가 깨지게 되는 것이다. 우리는 통 속의 뇌가 존재하는 상황을 충분히 상상할 수 있지만, 사악한 과학자가 배제될 경우, 이러한 상황은 자기논박적인 것으로 밝혀지게 된다.

김진희는 "통 속의 뇌 가설"이 스스로 논박되었으므로, 이 가설이 함축하고 있는 입장, 즉 외부세계 회의론도 논박된다고 주장한다. 그런데 위에서 보았듯이, 통 속의 뇌 가설이 거짓이라는 사실은 오히려 외부세계 회의론을 돕고 있다. 사악한 과학자가 배제된다고 가정했을 때, "통 속의 뇌 가설"이 거짓 가설이라는 사실은 우리에게 다음과 같은 것을 보여 주기 때문이다. 즉, 표상적 세계에 갇혀 있는 A는 실제적 외부세계에 인지적으로 접근할 수 없다는 사실. 인지적으로 접근할 수 있다면, "A는 통 속의 뇌이다"라는 발언은 자기논박적이지 않을 것이다. 인지적으로 접근 가능하다면, 그는 적절한 지칭에 성공할 것이고, 그렇다면 "A는 통 속의 뇌이다"라는 발언은 참이 된다. 그러나 퍼트넘에 따르면 위 발언은 거짓이고, 거짓인 이유는 적절한 인과적 지칭에 실패했기 때문이고, 실패한 궁극적 이유는 A가 실제적 외부세계에 놓인 통과 뇌에 인지적으로 접근할 수 없기 때문이다.[12] 표상적 세계에 갇혀 있는 A는 실제적 외부세계에 인지적으로 접근할 수 없다. 인지적으로 접근하려고 시도할 때마다, 그는 지칭에 실패함

12 A는 실제적 외부세계에 놓인 통과 뇌에 인지적으로 접근할 수 없다 → A가 "나는 통 속의 뇌이다"라고 발언할 때, A는 적절한 인과적 지칭에 실패한다 → "나는 통 속의 뇌이다"라는 발언은 거짓이다.

으로써, 이러한 인지적 접근도 실패하기 때문이다. 이것이 퍼트넘의 생각이다. 그런데 이러한 주장은 외부세계 회의론자들의 전형적인 주장이다. 신이 아닌 이상, 우리는 실제적 외부세계에 인지적으로 접근할 수 없으며, 따라서 우리 정신 안에 펼쳐지는 표상적 세계와 실제적 외부세계 사이의 관계에 대해 우리는 말할 수 없다는 그러한 주장이다. 외부세계의 존재에 대해 우리는 그 어떤 확신도 할 수 없다는 그러한 주장이다.

왜 이런 문제가 발생했을까? 나는 다음과 같은 김진희의 주장에서 그 답을 발견할 수 있다고 생각한다.

> 퍼트넘은 BIV[통 속의 뇌 가설]를 통해 정식화된, 외부세계 회의론 문제를 해결하기 위해 의미론적 접근법을 채택한다. 그는 BIV가 "자기논박적 가정"이라고 주장함으로써 BIV식의 가설을 받아들이는 외부세계 회의론자들을 논박하고자 한다.[13]

김진희에 따르면 "통 속의 뇌 가설"은 외부세계 회의론을 정식화하고 있다. 따라서 통 속의 뇌 가설이 "자기논박적인 가정"이라면, 외부세계 회의론도 자기논박적인 것으로 드러난다. 이제 "통 속의 뇌 가설"이 정말로 자기논박적인지가 관건이다. "통 속의 뇌 가설" 전체가 자기논박적인가? 그렇지 않다. 통 속의 뇌 가설은 충분히 상상가능하다. 퍼트넘조차도 "사실 나는 우리가 정말로 통 속에 있는 두뇌에 불과하다는 가정이 물리적 법칙에 위배되지 않고 우리가 경험해 온 모든 것과 전혀 모순되지는 않더라도"[14]라고 주장한다. 물론 이 가설이 자기논박적이라는 주장을 하면서 말이다. 나는 여기에 오류가 있다고 생각한다. 나는 이 가설 전체가 부정되

13 김진희(2016), 306.

14 H. 퍼트넘, 『이성, 진리, 역사』, 28.

지는 않는다고 생각한다. 그렇다면 무엇이 부정되는가? 무엇이 자기논박적인가? A가 "나는 통 속의 뇌이다"라고 발화할 때마다, 그는 필연적으로 거짓 진술을 하게 된다는 퍼트넘의 주장에서, 실제로 부정되는 것은 무엇인가? "통 속의 뇌 가설" 전체가 부정되는가? 그렇지 않다. 오직 부정되는 것은 다음과 같은 상식적 주장일 뿐이다: "A의 발언, 즉 '나는 통 속의 뇌이다'라는 A의 발언은 참이다." A는 적절한 지칭에 실패함으로써, 그의 발언은 항상 거짓인 것이다. 따라서 우리는 분명히 구분해야 한다. "통 속의 뇌 가설"이 부정되는지, 아니면, A의 발언이 참이라는 상식적 견해만 부정되는지. "통 속의 뇌 가설"은 아무 문제가 없다. 오직 문제가 있는 것은, 이 가설 속에 등장하는 A가 참인 발언을 할 수 있다는 상식적 견해뿐이다. 따라서 "통 속의 뇌 가설"이 외부세계 회의론을 함축한다 하더라도, 이 가설 전체가 부정되는 것이 아니기 때문에, 외부세계 회의론 역시 부정되지 않는다. 오직 부정되는 것은, 이 가설 속에서 등장하는 A가 참인 발언을 한다는 사실뿐이다.

이제, 통 속의 뇌 가설은 아무 문제가 없고, 오직 그 가설 속에 설정된 주장, 즉 "A가 참인 발언을 한다"라는 상식적 주장만큼은 부정된다고 생각해 보자. 통상적으로 우리는 A가 참인 발언을 할 수 있다고 본다. 퍼트넘은 이러한 상식적 견해에 도전하고 있다. 그에 따르면 A가 이러한 발언을 할 때마다, 그는 필연적으로 거짓 발언을 하는 것이다. 이제, "A가 참인 발언을 한다"라는 상식적 주장이 부정된다고 해 보자. 퍼트넘은 이러한 부정이 "통 속의 뇌 가설" 전체의 부정을 낳고, 그 결과 외부세계 회의론에 대한 부정을 낳는다고 주장한다. 그러나 "A가 참인 발언을 한다"라는 상식적 주장에 대한 부정이, 왜 이러한 부정을 품고 있는 "통 속의 뇌 가설" 전체에 대한 부정으로 연결되어야 하는가? 우리가 본 것처럼 "A가 참인 발언을 한다"라는 상식적 견해에 대한 부정은, 오히려 외부세계 회의론과 매우 친화적으로 연결되게 된다. 이 둘 모두, 표상적 세계에 갇힌 존재는 실제적 외부세계에 인지적으로 접근할 수 없다는 핵심적 생각을 공유하고 있다. 따라서 퍼트넘은 잘못된 생각을 하고 있는 셈이 된다. 퍼트넘의 논변에서 "통 속의 뇌 가설" 전체가 부정되는 것은 아니다. 이 가설 전체가 부정되는 것이 아닌 이상, 이 가설이 함축한다고 보이는 외부세계 회의론도 부정되지 않는다. 오직 부정되는 것은 "A가 참인 발언을 할 수 있다"라는 우리의 상식적 견해뿐이다. 그런데 이러한 상식적 견해가 부정된다면, 퍼트넘의 생각과는 달리 외부세계 회의론은 오히려 정당화된다. 통 속의 뇌가 자신의 세계에 갇혀 있기 때문에, 그가 "나는 통 속의 뇌이다"라고 발언할 때마다, 즉 자신의 인식세계 밖으로 나가려는 언어 행위를 할 때마다, 그 발언 속의 단어 '통' '뇌' 등등의 단어는 지칭에 실패하게 되고, 그 결과, 그는 자신의 인식세계 밖으로 나가려는 시도에 있어 실패하게 되는 것이다. 즉 자신의 세계에 갇혀 있는 통 속의 뇌는, 자신의 세계 밖으로 나가려는 시도에 있어 항상 실패하게 되는 것이다. 이것은 외부세계 회의론의 입장과 정확히 일치한다.

A가 "나는 통 속의 뇌이다"라고 발화할 때, 자기논박적인 것은, "통 속의 뇌 가설"이 아니라, 오직 다음과 같은 상식적 견해, 즉 "A가 참인 발언을 할 수 있다"라는 상식적 견해뿐이다. 이로부터 두 가지의 결과가 나오게 된다. 첫째, "통 속의 뇌 가설"이 부정되는 것이 아니므로, 외부세계 회의론 역시 부정되지 않는다. 둘째, A가 "나는 통 속의 뇌이다"라고 발화할 때, 그는 필연적으로 거짓을 말하고 있는 것인데, 그로부터 우리는 다음과 같은 사실, 즉 A는 자신의 인식세계 내에 갇혀 있을 수밖에 없다는 사실을 추론해 낼 수 있다.[15] 그리고 이러한 사실은 바로 외부세계 회의론자들이

15 A가 "나는 통 속의 뇌이다"라고 발화할 때, 그는 항상 적절한 인과적 지칭에 있어 실패한다. 따라서 A는 필연적으로 거짓을 말하게 되는 것이다. 이로부터 우리는 다음과 같은 사실을 추론해 낼 수 있다. A는 자신의 표상적 세계를 떠나려는 시도를 함에 있어, 항상 실패한다. 즉 그는 자신의 표상적 세계에 갇혀 있다.

전형적으로 방어하고자 하는 사실이다.

비트겐슈타인적 해결책

김진희는 비트겐슈타인이 제시한 '축-명제' 개념과 그의 후기 언어철학적 구조를 통해 외부세계 회의론을 극복할 수 있는 논증을 구성할 수 있다고 주장한다. 그 논증은 다음과 같다.

i) 언어는 축-명제를 의미 조건으로서 선제한다.
ii) 우리의 발화가 의미를 얻기 위해서는 이 선제조건을 의심해서는 안 된다. [i)에 따라]
iii) 외부세계 회의론의 주장은 모든 것을 회의한다.
iv) 모든 것을 회의하는 주장은 축-명제에 대해서도 회의할 수밖에 없다.
v) 따라서 외부세계 회의론의 주장은 무의미하다. [i)-iv)에 따라][16]

이 논증에서 '축-명제'라는 단어만 빼고는 이해 못 할 단어는 없다. 따라서 이 단어에 대한 설명만 하면 이 논증은 완전히 이해될 것이다. 김진희에 따르면, 축-명제란 "어떤 상황에서도 우리가 유의미한 언어활동을 하기 위해서는 반드시 받아들이고 있어야만 하는 명제들을 의미한다." 무언가를 의심하는 명제를 발화할 때조차도 이 축-명제는 확실하게 선제되어야 한다. 이렇게 볼 때 축-명제란 우리가 의미 있는 언어활동을 하기 위해 반드시 전제되어야 하는 의미 조건, 언어의 토대 등으로 이해될 수 있겠다.

16 김진희(2016), 315.

외부세계 회의론자로서 나는 이 개념을 받아들인다. 즉 의미 있는 언어활동을 하기 위해 반드시 전제되어 있는 언어적 토대로서의 축-명제가 있으며, 또한 있어야 한다. 따라서 나는 김진희의 논증 중 "i) 언어는 축-명제를 의미 조건으로서 선제한다"와 "ii) 우리의 발화가 의미를 얻기 위해서는 이 선제조건을 의심해서는 안 된다" 이 둘 모두를 참이라 간주한다. 문제는 "따라서 외부세계 회의론의 주장은 무의미하다"라는 결론을 이끌어내기 위해 사용된 다른 두 개의 전제, 즉 "iii) 외부세계 회의론의 주장은 모든 것을 회의한다."와 "iv) 모든 것을 회의하는 주장은 축-명제에 대해서도 회의할 수밖에 없다"라는 전제이다. 정말 외부세계 회의론의 주장은 축-명제를 포함해 모든 것을 회의하는가? 내가 볼 때 이 두 전제는 거짓이다. 외부세계 회의론자라고 해서 반드시 의미 있는 언어활동의 전제가 되는 축-명제를 회의할 필요는 없다. 외부세계 회의론자들이 회의의 눈으로 바라보는 것은, 이러한 명칭이 충분히 암시하듯이, 오직 외부세계뿐이다. 외부세계만 의심하는 사람들에게, "당신은 모든 것을 의심한다"고 비판하는 것은 정당하지 않다. 애인의 외도를 의심하는 사람에게, "너는 모든 것을 의심한다"고 비난한다면 그 역시 잘못된 일인 것처럼 말이다. 따라서 거짓 전제에 근거해 도출된 결론, 즉 "따라서 외부세계 회의론의 주장은 무의미하다"라는 결론도 거짓이다.

김진희는 왜 거짓 전제를 사용해 거짓 결론을 도출하는 것일까? 그의 주장을 살펴보자.

> 외부세계에 대한 앎이 불가능해지게 되면 우리의 표상은 임의적이라는 비판을 피하기 어려워지며, 이는 주관주의로, 지식회의론으로 이어지게 된다. 외부세계 회의론은 지식회의론의 충분조건이다. 왜냐하면 외부세계 회의론은 결국 "외부세계에 대해 우리는 아무것도 알 수 없다"이며, 외부세계 회의론이 선제하는 표상주의 도식에 따르면 이 주장은

곧 "우리는 어떤 참된 것(외부세계)에 대해서도 알 수 없다"는 주장이 되기 때문이다. 따라서 외부세계 회의론은 모든 지식의 불가능성을, 모든 확실성의 불가능성을 함축한다. 즉 외부세계 회의론자의 주장은 모든 명제의 확실성을 부인하는 주장이다.[17]

이 주장에서의 핵심적 문제는 "외부세계 회의론이 지식회의론의 충분조건"이라는 점이다. "외부세계 회의론 → 지식회의론"이라는 주장은 인과적으로 과도하게 미끄러진 주장이다. 외부세계의 존재를 의심하는 사람이라고 해서 모든 지식을 의심한다고 할 수 있을까? 외부세계 회의론자에게 적어도 다음과 같은 명제는 의심의 여지없이 확실하게 참이다. "외부세계는 있을 수도 있지만 없을 수도 있으며, 우리는 우리의 인식적 한계로 인해 이 두 가지 선택지 중 어느 하나만을 옳다고 할 수 없다." 외부세계 회의론자들이 이 명제를 확신할 수 없다면, 그는 자기논박적인 사람이 될 것이다. 즉 "나는 실제적 외부세계의 존재를 확신할 수 없지만, 나의 확신조차도 나는 의심한다"라는 자기논박적인 주장을 펼치는 사람. 김진희의 주장과는 달리, "외부세계 회의론자의 주장은 모든 명제의 확실성을 부인하는 주장"이 아니다. "축-명제"라는 비트겐슈타인의 개념 장치를 그 세부적인 내용의 모든 면에서 동의하지는 않는다 하더라도, 우리가 의미 있는 언어활동을 하기 위해서는 그 언어활동에 선제되어 있는 의미 조건, 언어의 토대 등이 필요하다는 점은 그 누구도 부정하기 어려울 것이다. 따라서 세 번째 전제 즉 "iii) 외부세계 회의론의 주장은 모든 것을 회의한다"라는 전제, 그리고 네 번째 전제 즉 "iv) 모든 것을 회의하는 주장은 축-명제에 대해서도 회의할 수밖에 없다"라는 전제는 거짓이라고 봐야 한다. 외부세계 회의론자들은 외부세계만, 오직 외부세계만 의심한다. 물론 다른

17 김진희(2016), 318.

것도 의심할 수 있겠지만, 외부세계 회의론자에게 외부세계 이외의 것들, 예를 들어 언어의 토대가 되는 의미 조건 등도 의심한다고 비난하는 것은 잘못된 일이다. 앞에서 말한 것처럼 애인의 외도를 의심하는 사람에게 "당신은 모든 것을 의심한다"고 비난하는 것은 잘못된 일인 것처럼 말이다. 이렇게 세 번째 전제, 네 번째 전제가 모두 거짓이니, 그러한 거짓 전제들로부터 도출된 결론, 즉 "따라서 외부세계 회의론의 주장은 무의미하다"라는 결론도 거짓이다. 퍼트넘의 논변도, 비트겐슈타인의 축-명제 개념을 통해 정식화된 김진희의 논변도, 외부세계 회의론 문제를 해결하는 데 모두 실패하고 있다. 김진희가 비트겐슈타인 식의 논변이 외부세계 회의론에 대한 강력한 반박이라 주장하고 있으므로, 만약 이러한 논변이 실패라면 외부세계 회의론은 더 강해지게 될 것이다. 외부세계 회의론은 역사가 길다. 외부세계 회의론은 그 긴 역사만큼이나 지금도 강하게 살아남아 있다.

결론

상식에 어긋나는 외부세계 회의론은 왜 이렇게 끈질기게 살아남을까? 외부세계 회의론 모델이 말해 주듯이 우리는 우리의 인식론적 관점에 갇혀 있는, 그래서 인식론적으로 한계를 갖는 존재이기 때문이다. 이 한계를 넘어서려는 시도는 모두 실패다. 물론 실제적 외부세계와 표상적 세계를 넘어서는 존재가 있다면 이 문제는 해결될 수 있다. 문제는 그러한 존재가 우리의 인식적 한계를 넘어서는 존재여야 한다는 것이다. 바로 신이 그러하다. 그러나 신을 우리의 인식론 모델에 포함시키는 것은 상당히 위험하다. 동의하는 사람도 있겠지만, 그렇지 않을 사람도 많을 것이기 때문이다. 신을 배제하는 방식으로도 외부세계 회의론을 부정할 방법이 있음을 주장하는 철학자들이 있다. 김진희의 주장처럼, 퍼트넘과 비트겐슈타인이 이렇게 할 방법을 제시했다고 해석할 수 있다. 그러나 이 모든 시도는 실패다. 퍼트넘이 "통 속의 뇌 가설"을 부정함으로써 외부세계 회의론을 논박했다는 해석은, 내가 볼 때 실패다. "통 속의 뇌 가설"이 부정되면, 외부세계 회의론이 논박되는 것이 아니라 오히려 강화된다. 통 속의 뇌는 "나는 통 속의 뇌이다"라고 의미 있게 발화할 수 없다. 이 발언은 지칭에 실패함으로써, 자기논박적이 되기 때문이다. 그런데 이러한 사실로부터 우리가 얻을 수 있는 교훈은 외부세계 회의론이 거짓이라는 것이 아니라, 오히려, 외부세계 회의론이 옳다는 것이다. 왜냐하면, "통 속의 뇌 가설"이 자기논박적이라는 사실로부터 우리는 다음과 같은 결론, 즉 통 속의 뇌가 외부세계로 나아가려고 할 때마다, 그는 지칭에 실패함으로써, 그러한 나아감에 있어서도 실패할 것이라는 결론을 얻어 낼 수 있기 때문이다. 즉 통 속의 뇌는 자신의 표상적 세계에 갇혀서, 실제적 외부세계에 인식적으로 접근할 수 없다는 것이다. 이것은 외부세계 회의론의 전형적인 주장이다.

비트겐슈타인에 대한 김진희의 해석도 외부세계 회의론을 논박함에 있어 실패로 보인다. 김진희는 비트겐슈타인의 입장을 따라, 우리가 절대 회의할 수 없는 기본적 명제가 있다고 주장한다. 그러면서, "외부세계 회의론은 모든 지식의 불가능성을, 모든 확실성의 불가능성을 함축한다"고 하면서 외부세계 회의론이 잘못되었다고 주장한다. 하지만 외부세계 회의론은 모든 지식의 불가능성을 주장하지 않는다. 외부세계 회의론은 오직 외부세계에 대한 인식만을 부정한다. 따라서 비트겐슈타인이 옳다 하더라도, 그것으로 인해 외부세계 회의론이 부정되는 것은 아니다. 김진희는 퍼트넘과 비트겐슈타인의 논변이 외부세계 회의론에 대한 강력한 반박이라 생각한다. 그런 만큼, 이 두 논변이 실패하고 있다는 사실에 기반해 우리는 다음과 같이 결론 내릴 수 있다. 외부세계 회의론은 매우 강하며, 아직까지도 여전히 살아남아 있다.

참고문헌

김진희(2016), 「외부세계 회의론과 의미론적 극복—인식론적 충돌을 넘어 창조적 해결책으로」, 『철학논집』 제45집, 서강대학교 철학연구소, 297-322.

데카르트(1997), 『성찰, 자연의 빛에 의한 진리탐구, 프로그램에 대한 주석』, 이현복 옮김, 문예출판사.

마이클 루, 박제철 역(2010), 『형이상학 강의: 전통 형이상학에 대한 분석적 탐구』, 아카넷.

박제철(2008)a, 「라이프니츠 철학 체계 내에서의 식별 불가능자 동일성의 원리와 우연 속성의 개체성의 원리」, 『철학』, 한국철학회.

_____ (2008)b, 「아리스토텔레스 『범주론』에서의 실체와 관계」, 『철학논집』, 철학연구소.

_____ (2010), 「구별불가능자 동일성의 원리—막스 블랙의 논변에 대한 비판적 고찰」, 『철학논집』, 철학연구소.

_____ (2011), 「라이프니츠의 관계적 시간론」, 『철학』, 한국철학회.

_____ (2014)a, 「라이프니츠 철학의 결정론적 성격—반론들과 그에 대한 대답들」, 『인문과학연구』, 인문과학연구소.

_____ (2014)b, 「흄의 인과성 주장에 대한 해석적 모델과 그에 대한 옹호」, 『과학철학』 제17권 제1호, 한국과학철학회.

_____ (2014)c, 「헴펠의 역설에 대한 해결」, 『과학철학』 제17권 제3호, 한국과학철학회.

_____ (2015), 「외부세계 존재에 대한 무어 논증 비판」, 『철학탐구』 제40집, 중앙대학교 중앙철학연구소.

_____ (2017), 「외부세계 회의론 반박에 대한 재반박」, 『철학탐구』 제45집, 중앙대학교 중앙철학연구소.

백종현(2000), 「뉴턴과 칸트의 시간」, 『과학사상』 No.32, 49-68.

선우환(2002), 「설명의 반사실 조건문적 의존 모형」, 『철학연구』 59집, 93-119.

선우환(2010), 「선결문제 요구의 오류를 어떻게 규정할 것인가?」, 『철학』, 185-214.

송하석(2007), 「인과와 귀납」, 『철학적 분석』 16집, 49-69.

양선이(2010), 「새로운 흄 논쟁: 인과관계의 필연성 문제를 중심으로」, 『철학연구』 88집, 163-201.

Ayer, A. J.(1954), "The identity of indiscernibles," *Philosophical Essays*, London: St. Martin's Press, in Loux(2001).

Ballard, K. E.(1960), "Leibniz's Theory of Space and Time," *Journal of the History of Ideas* 21, pp.49-65.

Bergmann, G.(1967), *Realism*, Madison, WI: University of Wisconsin Press.

Black, M.(1952), "The identity of indiscernibles," *Mind*, in Loux(2001).

Carnap, R.(1966), *Philosophical Foundations of Physics: An Introduction to the Philosophy of Science,* Basic Books.

Casullo, A.(1984), "The contingent identity of particulars and universals," *Mind*.

CLC: Leibniz, G, *Correspondance Leibniz-Clarke*, Présentée d'après les manuscrits originaux des bibliothèque de Hanovre et de Londres par André Robinet, Paris, PUF, 1957.

E: Hume, D, *Enquiries concerning Human Understanding and Concerning the Principles of Morals*, Selby-Bigge, 1777, Oxford.

Fitelson, B.(2006), "The Paradox of Confirmation." *Philosophy Compass* 1: 95-113.

Frankfurt, H.(1972) ed. *Leibniz: A Collection of Critical Essays*, New York.

Hall, Ned and L. A. Paul (manuscript) 'Causation and the Counterexamples: A Traveler's Guide', http://lapaul.org/papers/causation-preemption.pdf.

Hempel, C.G.(1945), "Studies in the logic of confirmation I & II," *Mind*, 54: 1-26 & 97-121.

Koyré, A.(1972), "Leibniz and Newton," in Frankfurt(1972).

Lewis, D.(1973). 'Causation,' *The Journal of Philosophy*, volume 70, pp.556-567.

Leibniz, G. W., Leroy E. Loemker(ed.)(1969), *Philosophical Papers and Letters*(second edition), D. Reidel Publishing Company.

Locke, J.(1690), *Essay Concerning Human Understanding*, John Yolton(ed.) London: Dent 2 vols, 1961.

Loux, M.(2001), *Metaphysics: Contemporary Readings* (1st Edition), Routledge.

Mates, B.(1986), The philosophy of Leibniz. Metaphysics and language, Oxford University Press, New York.

Monadologie: Leibniz, G., *Principes de la nature et de la grâce fondés en raison. — Principes de la Philosophie ou Monadologie*. Publiés intégralement d'après les manuscrits de Hanovre par André Robinet, Paris, PUF, 1954.

Moore, G. E., Baldwin, T.(ed.)(2013), *G.E. Moore: Selected Writings*, Routledge.

NE: Leibniz, G., *Nouveaux essais sur l'entendement humain*, Chronologie, bibliographie, introduction et notes par Jacques Brunschwig, Flammarion, 1990.

Nicod, J.(2000) *Foundations of geometry and induction*, London: Routledge.

Putnam, H., *Reason, Truth, and History*, Cambridge, 1981; 『이성, 진리, 역사』, 김효명 옮김, 민음사, 2002.

Rauzy, J.-B.(1995) "Quid sit natura prius? La conception leibnizienne de l'ordre," in: *Revue de Métaphysique et de Morale*, 1, pp.31-48.

Rauzy : Leibniz, G, *Recherches générales sur l'analyse des notions et des vérités*, Introductions et notes par Jean-Baptiste Rauzy, Textes traduits du latin par E. Cattin, L. Clauzade, F.D. Buzon, M. Fichant, J.B. Rauzy et F. Worms, Paris, PUF, 1998.

Schroeder, S.(2009), "Hempel's Paradox, Law-likeness and Causal Relations," *Philosophical Investigations* 32(3): 244-263.

Sprenger, J.(2009), "Hempel and the paradoxes of confirmation," *Handbook of the History of Logic. Volume 10: Inductive Logic*: 235-263.

Stalnaker, RC.(1968). 'A Theory of Conditionals' In N., Rescher(ed.), *Studies in Logical Theory*, pp. 98-112. Oxford: Basil Blackwell Publishers (http://www.fitelson.org/269/Stalnaker_ATOC.pdf).

T: Hume, D., *A Treatise of Human Nature*, ed. L. A. Selby-Bigge, 1775, Oxford.

Van Cleve.(1985), "Three versions of the bundle theory," *Philosophical Studies*, in Loux(2001).